D1690252

ROMANIA OCCIDENTALIS

Hrsg. von Johannes Kramer

Band 27

Sabine Claudia Schulz
Mehrsprachigkeit im Aostatal

Wissenschaftlicher Verlag A. Lehmann

Veitshöchheim bei Würzburg

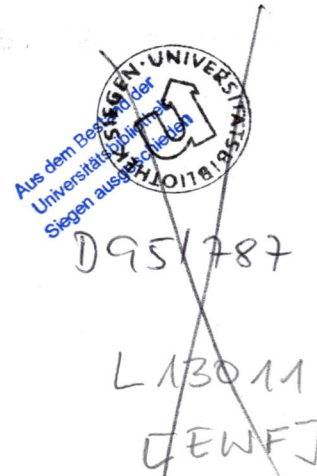

Das Buch oder Teile davon dürfen weder photomechanisch, elektronisch noch in
irgendeiner anderen Form ohne schriftliche Genehmigung
des Verlages wiedergegeben werden.

© Wissenschaftlicher Verlag A. Lehmann, Veitshöchheim bei Würzburg 1995

Druck: CityDruck, Würzburg

ISBN 3-88162-056-7

MEHRSPRACHIGKEIT
IM AOSTATAL

Inauguraldissertation zur Erlangung
der Doktorwürde im Fachbereich
Sprach- und Literaturwissenschaften
der Universität-Gesamthochschule
Siegen.

vorgelegt von: Sabine Claudia Schulz,
Hilchenbach

Betreuer: Prof. Dr. Johannes Kramer

Hilchenbach und Aosta, im September 1994

Vorwort

Die Anregung zur vorliegenden Arbeit geht auf sprachwissenschaftliche Vorlesungen und Seminare zurück, die von Herrn Prof. Dr. Johannes Kramer an der Universität-Gesamthochschule Siegen abgehalten wurden. Sie weckten schon früh mein Interesse an der Sprachen- und Dialektvielfalt in der Romania, ganz besonders aber an der Frage der Sprachminderheiten in Italien. Angelehnt an die von Herrn Prof. Dr. Kramer durchgeführten Untersuchungen zum Ladinischen und an den zahlreichen Arbeiten über Deutsch und Italienisch in Südtirol, entstand der Wunsch, ähnliche Forschungen in der kleinsten Region Italiens, im Aostatal, zu betreiben.

Da nur eine breit angelegte soziolinguistische Untersuchung Aufschluß über die Sprachsituation im Aostatal liefern konnte, wurden zwei Exkursionen unternommen, von denen die eine im Juli 1989 zunächst in drei Berggemeinden am Fuße des Großen Sankt Bernhards führte; eine weitere dann im Juli 1990 in die Stadt Aosta. Die Befragungen zur Vitalität der drei Sprachen Italienisch, Französisch und Frankoprovenzalisch wären ohne die Unterstützung der Biblioteche Riunite della Regione e della Città di Aosta nicht möglich gewesen. Dem Direktor der Bibliothek, Herrn Vuillermoz, sowie dem gesamten Personal danke ich daher für die freundliche Bereitstellung der notwendigen Literatur, des statistischen Datenmaterials und nicht zuletzt für die Mithilfe bei der Auswahl von geeigneten Gewährspersonen für die Befragung.

Besonderer Dank gilt in diesem Zusammenhang auch Frau Faustina Munier, die keine Zeit und Mühe scheute, die von mir in Französisch und Italienisch entworfenen Wortlisten in die für die einzelnen Untersuchungsgebiete zutreffenden dialektalen Formen umzusetzen. Meine Verbundenheit gilt ebenso allen anonymen und namentlich genannten Befragten, die sich für diese linguistische Untersuchung bereitgestellt haben und mir viele weitere hilfreiche Hintergrundinformationen für die Realisierung dieser Arbeit geliefert haben.

Weiterhin bedanke ich mich bei Herrn Horst Wermeckes für die Bereitstellung der für die Auswertung der zahlreichen Daten notwendigen Software sowie bei Herrn Rainer Lörk, der mir bei der Erstellung der Computergraphiken und Tabellen seine freundliche Unterstützung zuteil werden ließ.

Schließlich danke ich Herrn Prof. Günter Bauer, der mich immer wieder ermunterte, die umfangreiche Auswertung der Befragung fortzusetzen; Frau Angela Crummenerl für die Mithilfe bei der Korrektur sowie Herrn Bernd Löhr für die freundliche Unterstützung beim Druck der Arbeit.

Nicht zuletzt gilt mein Dank auch der Universität-Gesamthochschule Siegen, die mich mit einem Stipendium finanziell bei meinen Untersuchungen unterstützt hat.

Ihnen allen sei an dieser Stelle noch einmal herzlich gedankt - ohne sie hätte die Arbeit nicht in dieser Form entstehen können.

Inhaltsverzeichnis

	Seite
Tabellenverzeichnis	VII
Abbildungsverzeichnis	IX

A.	EINLEITUNG	1
	1. Die autonome Region Aostatal	1
	2. Ziel der Arbeit und Vorgehensweise	3
	3. Schwierigkeiten bei der Durchführung	7
B.	GEOGRAPHIE	10
	1. Geographische Abgrenzung des Aostatales	10
	2. Landschaft	12
	3. Aosta, Hauptstadt der autonomen Region Aostatal	14
	4. Täler	16
	4.1 Tal der Walser	18
	5. Statistische Angaben zum Aostatal	20
C.	GESCHICHTE DES AOSTATALES UNTER LINGUISTISCHEN GESICHTSPUNKTEN	21
	1. Vorbemerkung	21
	2. Prähistorische Daten	22
	3. Salasser	23
	4. Römisches Imperium	25
	5. Mittelalter	28
	5.1 Frühes Mittelalter und Burgund	28
	5.2 Das Frankoprovenzalische	31
	6. Savoyen	35
	6.1 Höhepunkt der valdostanischen Autonomie	39
	6.2 Verfall der valdostanischen Autonomie	44
	6.3 Französische Revolution und Napoleon	46
	7. Anschluß an das italienische Königreich	47
	8. Kampf um die Autonomie und Widerstand gegen den Faschismus	52
	8.1 Wiedererlangung der Autonomie	57
	8.2 Erläuterungen zum Autonomiestatut	60

D.	WIRTSCHAFTLICHE ENTWICKLUNG DES AOSTATALES	63
	1. Vorbemerkung	63
	2. Handel, Landwirtschaft und Industrie	64
	3. Emigration und Immigration	66
	4. Fremdenverkehr	70
	5. Aktuelle wirtschaftliche Lage	71
	6. Zusammenfassung	72
E.	KIRCHE IM AOSTATAL	73
	1. Stellung der valdostanischen Kirche zur französischen beziehungsweise italienischen Sprache	73
F.	ZUSAMMENFASSUNG DER HISTORISCHEN EREIGNISSE	76
	1. Vorbemerkung	76
	2. Chronologische Aufstellung	77
G.	ÖFFENTLICHE UND KULTURELLE INSTITUTIONEN IM AOSTATAL	79
	1. Vorbemerkung	79
	2. Schule	80
	3. Öffentliche Ämter	91
	4. Kulturelle Organisationen	93
	5. Bibliotheken	95
	6. Radio und Fernsehen	96
	7. Kino und Theater	97
	8. Presse	98
	9. Politische Parteien	101
H.	ZUSAMMENFASSUNG DER GEOGRAPHISCHEN, HISTORISCHEN UND SOZIOKULTURELLEN VORAUSSETZUNGEN FÜR ZWEISPRACHIGKEIT	103
J.	KURZER FORSCHUNGSÜBERBLICK	105
	1. Literatur zur Zweisprachigkeit im Aostatal	105
	2. Literatur zum Frankoprovenzalischen	108
	3. Definitionen zur Zweisprachigkeit	111
K.	EMPIRISCHE UNTERSUCHUNG ZUR VITALITÄT DES FRANZÖSISCHEN, FRANKOPROVENZALISCHEN UND ITALIENISCHEN IM AOSTATAL	115
	1. Vorbemerkung	115
	2. Erläuterungen zu den Statistiken	122

3. Vorstellung der Orte, in denen die Befragung
   durchgeführt wurde 126
   3.1 Etroubles 127
   3.2 Saint-Oyen 129
   3.3 Saint-Rhémy 130
   3.4 Aosta 133
4. Erläuterung zur Vorgehensweise bei der Enquête . . . 135
   4.1 Erläuterung zur Darstellungsform der Untersuchungsergebnisse 139
5. Ergebnisse der Enquête in den Gemeinden
   Etroubles, Saint-Oyen und Saint-Rhémy 141
   5.1 Analyse zur allgemeinen Sprachverwendung . . . 141
   5.2 Analyse zur aktiven Beherrschung des Frankoprovenzalischen 167
   5.3 Analyse zur passiven Beherrschung des Frankoprovenzalischen unter gleichzeitiger Berücksichtigung der französischen Sprachkompetenz . . 187
6. Ergebnisse der Enquête in der Stadt Aosta 197
   6.1 Analyse zur allgemeinen Sprachverwendung . . . 197
   6.2 Analyse zur aktiven Beherrschung des Frankoprovenzalischen 227
   6.3 Analyse zur passiven Beherrschung des Frankoprovenzalischen unter gleichzeitiger Berücksichtigung der französischen Sprachkompetenz . . 251
7. Gesamtergebnis der Enquête 258

L. SCHLUSSBETRACHTUNG 264

Quellenverzeichnis 267
Tabellen 269
Abbildungen 271

Literaturverzeichnis 273

Tabellenverzeichnis:

		Seite
Tab. 1:	Bevölkerungsentwicklung am Beispiel von vier Gemeinden sowie für das gesamte Aostatal	117
Tab. 2:	Statistik zu Geburten, Todesfällen, Zuzügen, Abgängen für: ETROUBLES	118
Tab. 3:	Statistik zu Geburten, Todesfällen, Zuzügen, Abgängen für: SAINT-OYEN	119
Tab. 4:	Statistik zu Geburten, Todesfällen, Zuzügen, Abgängen für: SAINT-RHÉMY	120
Tab. 5:	Statistik zu Geburten, Todesfällen, Zuzügen, Abgängen für: AOSTA	121
Tab. 6:	Allgemeine Sprachverwendung in ETROUBLES, SAINT-OYEN, SAINT-RHÉMY	
	Altersgruppe 1	150
	Altersgruppe 2	151
	Altersgruppe 3	152
	Altersgruppe 4	153
	Altersgruppe 5	154
	Altersgruppe 6	155
	Altersgruppe 7	156
Tab. 7:	Aktive Beherrschung des Frankoprovenzalischen in ETROUBLES, SAINT-OYEN, SAINT-RHÉMY	
	Farben	157
	Zahlen	158
	Lebensmittel	159
	Kirche	160
	Wochentage/Zeitangaben	161
	Körperteile	162
Tab. 8:	Passive Beherrschung des Frankoprovenzalischen unter gleichzeitiger Berücksichtigung der französischen Sprachkompetenz in ETROUBLES, SAINT-OYEN, SAINT-RHÉMY	
	Alte Berufe	170

	Landwirtschaftliche Geräte	171
	Gebirgstiere	172
	Gebirgspflanzen	173
	Gemüsesorten	174
	Kleidung	175
	Möbel	176
Tab. 9:	Allgemeine Sprachverwendung in AOSTA	
	Altersgruppe 1	210
	Altersgruppe 2	211
	Altersgruppe 3	212
	Altersgruppe 4	213
	Altersgruppe 5	214
	Altersgruppe 6	215
	Altersgruppe 7	216
Tab. 10:	Aktive Beherrschung des Frankoprovenzalischen in AOSTA	
	Farben	217
	Zahlen	218
	Lebensmittel	219
	Kirche	220
	Wochentage/Zeitangaben	221
	Körperteile	222
Tab. 11:	Passive Beherrschung des Frankoprovenzalischen unter gleichzeitiger Berücksichtigung der französischen Sprachkompetenz in AOSTA	
	Alte Berufe	234
	Landwirtschaftliche Geräte	235
	Gebirgstiere	236
	Gebirgspflanzen	237
	Gemüsesorten	238
	Kleidung	239
	Möbel	240

Abbildungsverzeichnis:

		Seite
Abb. 1:	Übersichtskarte zum Aostatal	9
Abb. 2:	Täler im Aostatal	17
Abb. 3:	Traditionelle Sprachgrenzen im Aostatal	19
Abb. 4:	Emigration und Immigration im Aostatal	68
Abb. 5:	Beschäftigungsfelder der ital. Immigranten	69
Abb. 6:	Beispiel für zweisprachige Beschriftung	91
Abb. 7:	Etroubles	127
Abb. 8:	Saint-Oyen	129
Abb. 9:	Saint-Rhémy	130
Abb. 10:	Aosta (Piazza E. Chanoux)	133
Abb. 11:	Aktive Beherrschung des Frankoprovenzalischen, Computergraphiken zu den Ergebnissen der Enquête in Etroubles, Saint-Oyen und Saint-Rhémy	
	Bild a	163
	Bild b, Bild c	164
	Bild d, Bild e	165
	Bild f, Bild g	166
Abb. 12:	Passive Beherrschung des Frankoprovenzalischen unter gleichzeitiger Berücksichtigung der französischen Sprachkompetenz, Computergraphiken zu den Ergebnissen der Enquête in Etroubles, Saint-Oyen und Saint-Rhémy	
	Bild a	177
	Bild b, Bild c	178
	Bild d, Bild e	179
	Bild f, Bild g	180
	Bild h	181

Abb. 13: Passive Beherrschung des Frankoprovenzalischen ohne Berücksichtigung der französischen Sprachkompetenz, Computergraphiken zu den Ergebnissen der Enquête in Etroubles, Saint-Oyen und Saint-Rhémy

    Bild a   182
    Bild b, Bild c   183
    Bild d, Bild e   184
    Bild f, Bild g   185
    Bild h   186

Abb. 14: Aktive Beherrschung des Frankoprovenzalischen, Computergraphiken zu den Ergebnissen der Enquête in Aosta

    Bild a   223
    Bild b, Bild c   224
    Bild d, Bild e   225
    Bild f, Bild g   226

Abb. 15: Passive Beherrschung des Frankoprovenzalischen unter gleichzeitiger Berücksichtigung der französischen Sprachkompetenz, Computergraphiken zu den Ergebnissen der Enquête in Aosta

    Bild a   241
    Bild b, Bild c   242
    Bild d, Bild e   243
    Bild f, Bild g   244
    Bild h   245

Abb. 16: Passive Beherrschung des Frankoprovenzalischen ohne Berücksichtigung der französischen Sprachkompetenz, Computergraphiken zu den Ergebnissen der Enquête in Aosta

    Bild a   246
    Bild b, Bild c   247
    Bild d, Bild e   248
    Bild f, Bild g   249
    Bild h   250

A. EINLEITUNG

1. Die autonome Region Aostatal

Im äußersten Nordwesten Italiens liegt die autonome Region Valle d'Aosta, eine Landschaft von besonderer Schönheit. Vom Haupttal des Flusses Dora Baltea zweigen mehrere langgestreckte Seitentäler ab, die im Schatten der höchsten Berge Europas liegen.

Das Aostatal gilt seit Jahrhunderten als beliebtes Durchzugsgebiet: zum einen diente es bereits den Römern als Transitstrecke für Heer und Handel, zum anderen stellt es heute durch seine beiden Pässe Großer und Kleiner Sankt Bernhard einen wichtigen Verbindungsweg für den Tourismus dar.

Die Gründe, die aus dem Aostatal eine im ganzen Alpengebiet einmalige Region machen, sind nicht nur in seinen historischen und ethnischen Ursprüngen, sondern auch in der Eigenständigkeit des an zahlreichen landschaftlichen, natürlichen und menschlichen Reizen reichen, im Laufe der Zeiten unversehrt gebliebenen Milieus zu suchen. Die höchsten Berge Europas, die vielen Wälder und Weiden, die große Anzahl von Gebirgsseen, in denen sich düstere Moränen und steile Felswände spiegeln, stellen noch heute einen Teil unberührter Natur dar, der von der Kultur unseres Zeitalters kaum eine Vorstellung hat.

In dieses Naturmilieu fügt sich die Komponente Mensch mit ihrem einfachen und alten Interesse der Ansiedlung und Nutzbarmachung des Bodens ein. Seine enge Verbundenheit mit der Natur wird durch die Bauweise der Häuser, deren Materialien die einfachsten verfügbaren Elemente, nämlich Holz und Stein, darstellen, widergespiegelt.

Zu den ackerbaulichen und viehzüchterischen Tätigkeiten des Valdostaners gesellte sich im Laufe der Zeit die industrielle hinzu: Eisenindustrie, Wasserkraftwerke und Bergbau sowie Handel, Bauwirtschaft und Tourismus stellen heute zusammen mit Landwirtschaft und Weinbau die wichtigsten Einnahmequellen dieses Tales dar.

Trotz Industrialisierung und Tourismus und den damit verbundenen Zuwanderungen fremder Menschen hat sich die Eigenständigkeit des Valdostaners, dessen Autonomiebestrebungen bereits bis ins frühe Mittelalter zurückgehen, stets bewahrt. Das Gefühl der Selbstverantwortung und Unabhängigkeit ist stärker ausgeprägt als in den anderen Regionen Italiens, was vor allem durch die Forderung, die französische Sprache sprechen zu dürfen, immer wieder zum Ausdruck kommt.

2. Ziel der Arbeit und Vorgehensweise

Im Rahmen des sprachwissenschaftlichen Teilgebietes Kontaktlinguistik stellt die Beschäftigung mit Sprachminderheiten in der Romania von je her ein interessantes und viel beachtetes Betätigunsfeld dar. Die Präsenz von mindestens drei Sprachen im Aostatal, nämlich Französisch, Italienisch und Frankoprovenzalisch, deren Vitalität im folgenden gemessen werden soll, regt daher geradezu zu einer dialektologisch-soziolinguistischen Untersuchung an.

Eine solche empirische Forschungsarbeit setzt eine gründlich erarbeitete theoretische Grundlage der historischen und geographischen Besonderheiten der Region ebenso voraus wie die Kenntnis der aktuellen linguistischen Situation im Aostatal.

Der erste Teil der Arbeit, der die Kapitel B bis J umfaßt, bietet daher die historisch-soziologische Grundlage für den eher anwendungsbezogenen zweiten Teil, der die empirische Untersuchung zur Zweibeziehungsweise Mehrsprachigkeit in Kapitel K beinhaltet.

In Kapitel B wird das Aostatal zunächst hinsichtlich seiner geographischen und landschaftlichen Gegebenheiten vorgestellt. Dabei handelt es sich gleichzeitig um eine soziographische Darstellung, die die verschiedenen Strukturen des Tales mit berücksichtigt. Es muß nämlich davon ausgegangen werden, daß diese Uneinheitlichkeit auch Einfluß auf die Etablierung der unterschiedlichen im Aostatal ansässigen Volks- und Sprachgruppen hatte.

Kapitel C stellt demgegenüber die historische Entwicklung des Tales unter linguistischen Gesichtspunkten dar. Eine ausführliche Analyse der geschichtlichen Situation ist unabdingbar, um den status quo dieser Region begreifen zu wollen. Da die historische Entwicklung des Aostatales in einem direkten Abhängigkeitsverhältnis zu seiner sprachlichen steht, werden beide Punkte zusammen bearbeitet.

Daran anschließend werden in Kapitel D die wirtschaftlichen Verhältnisse im Aostatal kurz umrissen. Auch die Bearbeitung dieses Themas

erfolgt unter linguistischen Aspekten. Dabei werden vor allem
Emigration und Immigration, deren Einfluß auf die sprachliche Ent-
wicklung im Aostatal besonders hervorzuheben ist, analysiert.

Ein weiterer bedeutender Einflußfaktor für den linguistischen Ent-
wicklungsprozeß des Aostatales wird durch die Kirche repräsentiert.
Ihre Haltung zur französischen beziehungsweise italienischen Sprache
wird in Kapitel E dargelegt.

Kapitel F beinhaltet schließlich eine chronologische Zusammenstellung
aller in der Entwicklung des Aostatales entscheidenden Ereignisse.

In Kapitel G werden die verschiedenen im Aostatal ansässigen kulturel-
len und öffentlichen Institutionen, die mögliche Träger einer Zwei-
sprachigkeit darstellen, präsentiert. Neben den vielen kleineren und
größeren Instituten zur Bewahrung der valdostanischen Tradition und
Sprache wird in diesem Kapitel auch auf die Arbeit der Schulen und
Ämter im Hinblick auf realisierte Zweisprachigkeit eingegangen. Ferner
beschäftigt sich dieser Teil der Arbeit mit der Analyse der Massenme-
dien im Aostatal und der kurzen Beschreibung von Kino, Theater und
Bibliotheken. Ebenso enthält dieses Kapitel einen kleinen Querschnitt
der politischen Situation im Aostatal. Auch diese Darstellungen er-
folgen unter linguistischen Betrachtungswinkeln.

Im folgenden werden in Kapitel H alle geographischen, historischen
und kulturellen Voraussetzungen für Zwei- beziehungsweise Mehrspra-
chigkeit zusammengefaßt und im Hinblick auf die empirische Untersuchung,
die den tatsächlichen Grad dieser Zwei- beziehungsweise Mehrsprachigkeit
messen soll, kritisch gegenübergestellt. Die hier getroffenen Hypothesen
werden dann durch die Enquête verifiziert oder widerlegt werden.

Nach einer kurzen Berichterstattung über den gegenwärtigen Stand der
Forschung zum Bilinguismus sowie zum Frankoprovenzalischen im Aostatal
und der Vorstellung einiger Definitionen zur Zweisprachigkeit in Kapitel
J beginnt mit Kapitel K die eigentliche empirische Untersuchung.

Kapitel K beinhaltet zunächst eine allgemeine Einführung in die Untersuchung zur Vitalität des Französischen, Italienischen und Frankoprovenzalischen in den zu untersuchenden Gemeinden. Darüber hinaus werden Erläuterungen hinsichtlich der Auswahl der beiden Hauptuntersuchungsgebiete geliefert, welche zum einen durch die Berggemeinden Etroubles, Saint-Oyen und Saint-Rhémy sowie zum anderen durch das Stadtgebiet von Aosta repräsentiert werden. Voraussetzung für eine derartige Enquête stellen auch Statistiken zur Bevölkerungsentwicklung und eine kurze Vorstellung der Orte, in denen die Befragung durchgeführt wurde, dar. Diese werden in Kapitel K ebenso geliefert wie eine ausführliche Beschreibung zur Vorgehensweise bei der Befragung. Im weiteren Verlauf des Kapitels werden die Ergebnisse der aus drei Teilen bestehenden Enquête für die beiden Untersuchungsgebiete "Berggemeinden" und "Stadt" jeweils getrennt tabellarisch und graphisch präsentiert und analysiert. Teil 1 der Enquête gibt dabei jeweils Aufschluß über die allgemeine Sprachverwendung der befragten Valdostaner, Teil 2 überprüft ihre aktiven Kenntnisse im heimischen Dialekt, also im Frankoprovenzalischen, und Teil 3 der Umfrage bezieht sich auf die passiven Kenntnisse des Frankoprovenzalischen unter gleichzeitiger Untersuchung der französischen Sprachkompetenz.

In einer abschließenden Gesamtanalyse werden die in den einzelnen Untersuchungsgebieten erzielten Ergebnisse miteinander verglichen und ein Fazit hinsichtlich der Vitalität der drei Sprachen Französisch, Italienisch und Frankoprovenzalisch formuliert.

Die vorliegende Arbeit kann keinen Anspruch auf Allgemeingültigkeit erheben. Zum einen beschränkt sie sich auf eine lexikalische Untersuchung; zum anderen kann eine Enquête mit einer Anzahl von 280 Gewährspersonen (jeweils 140 Personen pro Untersuchungsgebiet) nicht als repräsentativ für eine Region mit einer Anzahl von mehr als 100.000 Bewohnern bewertet werden. Das Aostatal ist durch seine Aufteilung in Täler, mittlere und höhere Bergregionen und die dadurch verschiedenartigsten Ausprägungen hinsichtlich der Herkunft seiner Bewohner, der Arbeitsmärkte und nicht zuletzt der unterschiedlichen Sprachen und Dialekte auch gar nicht als Ganzes faßbar. Dennoch stellt die Sprachverwendung in den analysierten Gemeinden kein völlig isoliertes Exempel dar. Vielmehr können die Ergebnisse dieser Untersuchung auf die linguistische Situation vieler anderer ähnlich strukturierter Berg- und Stadtregionen im Aostatal übertragen werden.

Die Schlußbetrachtung in Kapitel L bietet daher neben einer allgemeinen Zusammenfassung, in der die theoretischen Voraussetzungen mit den tatsächlichen Ergebnissen aus der empirischen Untersuchung verglichen werden, den Versuch, einen Ausblick auf die Zukunft der mehrsprachigen Region Aostatal zu geben.

3. Schwierigkeiten bei der Durchführung

Das Vorhaben, eine empirische linguistische Untersuchung in einer alpenländischen Region (und das noch dazu in italienischem Staatsgebiet) durchführen zu wollen, verbirgt mitunter größere Komplikationen, die zunächst in dieser Form nicht hätten erwartet werden können.

Zum einen erwies sich die Literatursuche zu diesem Thema in der heimischen Region als problematisch, so daß wiederholte Aufenthalte im Aostatal unabdinglich und fast schon zur Regel wurden, zumal das notwendige Material auch dort nicht ohne erhebliche Anstrengungen erhältlich war. Besonders schwierig stellte sich in diesem Zusammenhang die Beschaffung der für die Bevölkerungsentwicklung notwendigen Statistiken dar. Die für ihre Kompliziertheit bekannte italienische Bürokratie zeigte sich erneut bestätigt durch das etwas schwerfällige Verhalten der einzelnen Gemeindeverwaltungen, die angaben, entsprechende Statistiken über Geburten, Todesfälle, Immigrationen und Emigrationen würden zwar existieren, seien aber nicht zugänglich. So erschien die Beschaffung zunächst recht aussichtslos. Schließlich konnten jedoch zumindest für die Zeit von 1971 bis 1989 die für die Untersuchung unbedingt notwendigen Daten gewonnen werden.

Die Durchführung der Enquête schien zu Anfang ebenfalls etwas problematisch. Zum einen stellte sich die Gestaltung der in Frankoprovenzalisch gehaltenen Fragebögen als äußerst schwierig dar, denn auch die von der Bibliothek Aosta großzügigerweise zur Verfügung gestellten Wörterbücher erwiesen sich nur als begrenzt hilfreich, da das Frankoprovenzalische von Ort zu Ort nicht nur phonetische Modifikationen, sondern oft auch lexikalische Unterschiede aufweist. Dieses zunächst unüberwindbar scheinende Hindernis konnte jedoch dank der freundlichen Unterstützung einer Reihe von Gewährspersonen, die keine Mühe scheuten, die bereits in Französisch und Italienisch entworfenen Wortlisten mit mir zusammen in die Form des Frankoprovenzalischen, wie sie von den Sprechern der zu untersuchenden Gemeinden üblicherweise verwendet wird, zu übertragen, bewältigt werden. Die Befragung selbst erwies sich dann als relativ unproblematisch. Nachdem das erste Mißtrauen der - vor allem in den Berggemeinden sehr verschlossen wirkenden Bewohner - abgebaut worden war, konnte sie recht zügig durchgeführt werden.

Ein ganz anderes Problem stellte sich durch den politischen Charakter, den das Phänomen der Zweisprachigkeit grundsätzlich innehat.[1] Zwingenderweise müssen auch im Aostatal die Ansichten der Verfechter der französischen Sprache mit denjenigen, die im Rahmen einer italienischen Einheitspolitik das Italienische als Staatssprache befürworten, divergieren.

Für die Literatur zum Aostatal bedeutet das, daß die meisten Linguisten und Historiker die sprachliche Situation recht emotionsbeladen und wenig objektiv beschreiben. Fast alle Arbeiten, die sich mit der Entwicklung des Aostatales beschäftigen, stammen aus der Feder heimischer Schriftsteller und beweisen eine außerordentlich starke Präferenz gegenüber der französischen Sprache.

Trotz der Vorzüge, die diese Darstellungen auf Grund der eigenen Betroffenheit ihrer Verfasser sicherlich bieten, (zum Beispiel Hintergrundinformationen, über die eine außenstehende Person nur selten verfügt), erwies es sich eben wegen dieser Subjektivität als schwierig, ein neutrales Bild von der Entwicklung und der heutigen Situation des Aostatales zu zeichnen.

Diese Komplikationen konnten allerdings nachträglich durch die empirische Untersuchung, die einige Aussagen der zum Teil persönlich konsultierten Linguisten als reines Wunschdenken identifizierte, behoben werden.

---

[1] vgl.: Kramer, J. (1981): S. 7 ff.

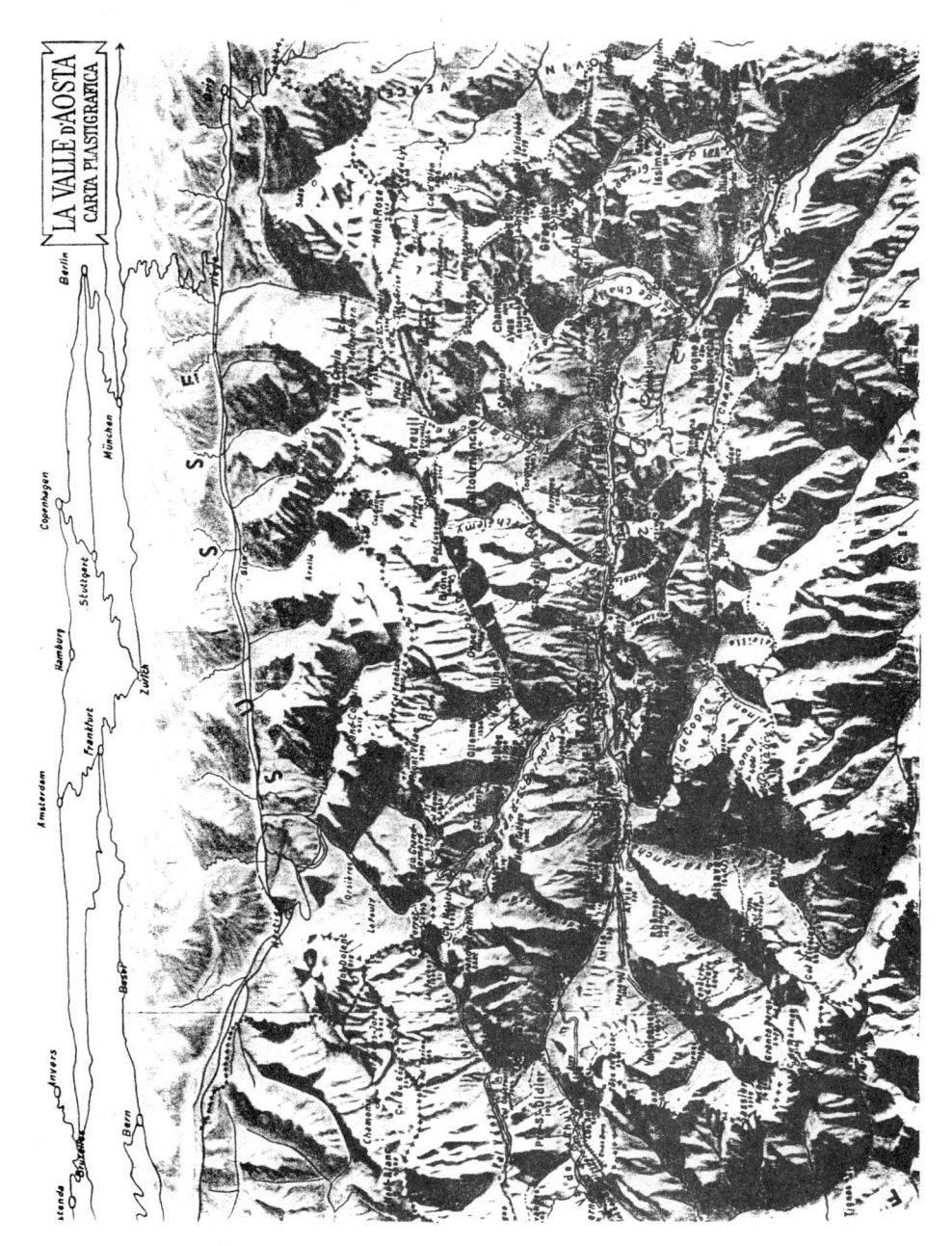

Abb. 1: Übersichtskarte zum Aostatal

B. GEOGRAPHIE

1. Geographische Abgrenzung des Aostatales

Das Aostatal, das im Französischen mit "Vallée d'Aoste" oder "Val d'Aoste" bezeichnet wird, trägt in der italienischen Sprache den Namen "Valle d'Aosta". Diese Bezeichnungen für eines der schönsten Alpentäler gehen auf die Antike zurück. Im Jahre 25 v. Chr. gründeten die Römer die Kolonie "Vallis Augustana" mit der Hauptstadt "Augusta Praetoria Salassorum".[1] Diese schon damals blühende Provinzstadt ist heute Hauptstadt der autonomen Region Aostatal.

Das Aostatal, welches sich im Nordwesten Italiens in der Form eines Rechteckes über eine Fläche von 3262 km² erstreckt, ist ein inneralpines Gebiet, das weder diesseits noch jenseits der Berge liegt. "Cependant elle ne doit pas être considerée ni comptée entre celles qui composent l'Italie, Piemont ou la Savoye, mais comme un Estat intramontain."[2]

Im Norden grenzt das Tal an die Walliser Alpen, im Westen an das Mont-Blanc-Massiv, im Süden - als Teil des Parco Nazionale mit dem Gran Paradiso - an die Grajischen Alpen. Das Aostatal ist somit am Zusammenschluß dreier Länder gelegen: Frankreich, Schweiz und Italien. Seine Grenzen sind natürliche Grenzen, nämlich die höchsten Berge Europas: im Süden der Gran Paradiso (4061 m), im Westen der Mont Blanc (4807 m), im Norden das Monte-Rosa-Massiv (4638 m). Im Osten wird das Aostatal durch die Schlucht von Bard und den Montjovet-Felsen abgeschlossen.

Die Regionshauptstadt Aosta, etwa 80 km nordwestlich von Turin, ist im Hochtal der Dora Baltea gelegen. Dieser Gebirgsfluß hat seinen Ursprung am Mont Blanc und erstreckt sich über mehr als 100 km bis hin zur Canavesischen Ebene, weitet sich in seinem Verlauf und vereinigt zwölf Nebentäler.[3]

---

[1] vgl.: Janin, B. (1980): S. 9 ff.
[2] vgl.: de Tillier, J.-B. (o.J.): zitiert aus: Böttcher, O. (1969): S. 25
[3] vgl.: Martin, J.-P. (1982): S. 11

Während das Aostatal über Jahrhunderte nur über zwei Verbindungswege, die nur vier bis fünf Monate im Jahr benutzbar waren, erreichbar war, sind die Zufahrten in die Schweiz und nach Frankreich heute durch die modernen Paßstraßen und Tunnelanlagen am Großen und Kleinen Sankt Bernhard wesentlich erleichtert worden. Das Aostatal wird somit zum "Carrefour d'Europe", das heißt zur bedeutendsten Verkehrsachse durch die Alpen.[1]

---

[1] vgl.: Böttcher, O. (1969): S.25

2. Landschaft

Die politischen und verwaltungstechnischen Grenzen geben dem Aostatal wie bereits erwähnt die Gestalt eines unregelmäßigen Rechteckes. Sein physikalisch-geographisches Bild jedoch ähnelt mehr einem großen Baum, dessen Stamm von der Dora Baltea gebildet wird. Von diesem Tal gehen wie riesige Äste zwölf Seitentäler ab. Weitere fünf große Täler münden - durch enorme Moränenhalden verdeckt - indirekt in das Haupttal ein. Diese Seitentäler verzweigen sich weiter in unzählige kleine Täler, die in die zerklüfteten Gebirge eindringen und dem Betrachter ein landschaftlich bezauberndes Bild bieten. "Dans cette région d'abri, montagnes et vallées vivent en harmonie."[1]

In den Bergen nordwestlich von Aosta kommen schiefrige Gneise vor. Eiszeitliche Gletscher haben auf der anderen Seite bizarre Endmoränenwälle hinterlassen. Wunderschönen Anblick bieten auch die vielen Kastanienkulturen und Almen, die bis zu den Fels- und Gletschergürteln des Hochgebirges reichen und zusammen etwa 45 Prozent der Gesamtfläche des Aostatales bedecken.

Zusammen mit dem angrenzenden französischen Nationalpark Vanoise bildet der Gran Paradiso das größte Naturreservat der Alpen, das eine Fläche von mehr als 1200 km² erfaßt. Schluchtartige Täler, Seen und Gletscher stellen ein ideales Biotop für die Tier- und Pflanzenwelt der Berge dar.[2]

Dank seiner günstigen Lage bezüglich der vier Himmelsrichtungen in der Mitte des europäischen Kontinents, erfreut es sich generell klimatisch bevorzugter Verhältnisse mit bemerkenswerter Sonneneinstrahlung, die das Entstehen einer üppigen und verschiedenartigen Vegetation gefördert haben. Die beträchtliche Unterschiedlichkeit der Höhenlage, die die verschiedenen Zonen des Tales kennzeichnet, ist die Ursache für die Bildung von verschiedenen mikroklimatischen Verhältnissen. In den Hochgebirgsgegenden herrscht nordisches Klima mit ziemlich niedrigen Durchschnittstemperaturen vor, die das Fortbestehen von Eis- und Schneemassen

---

[1] vgl.: Janin, B. (1980): S. 16
[2] vgl.: Führer, J. (1980): S. 10 ff.

während des ganzen Jahres begünstigen. Die sommerliche Schneegrenze, die zwischen 2500 und 3350 Meter liegt, ist die höchste der Alpen.[1]
Die Flußebenen des Aostatales hingegen sind im Sommer oft durch Trockenperioden und große Hitze gekennzeichnet, während die Temperaturen im Winter selten unter den Gefrierpunkt fallen. So findet man im mittleren Abschnitt des Haupttales ein Milieu und eine Vegetation mittelmeerähnlichen Charakters vor; in den unteren Seitentälern haben Klima und Vegetation eher das Aussehen einer Hügellandschaft, und in den Hochtälern wiegt das alpine Klima mit ausgedehnten Nadelwäldern und weiten Weideflächen vor.[2]

Wegen seiner ausgezeichneten klimatischen und landschaftlichen Bedingungen war das Aostatal schon zu frühen Zeiten bewohnt. Im allgemeinen werden drei Besiedlungszonen unterschieden:[3]

Zum Hochgebirge (ab 1200 Meter Höhe) gehören 21 Gemeinden. Diese Gebiete sind bis etwa 2000 Meter bewohnbar und werden weniger landwirtschaftlich sondern eher touristisch (Skisport und Alpinismus) genutzt. Zusätzlich liefert das Schmelzwasser der Gletscher die Voraussetzung zur Produktion von hydroelektrischer Energie.

Die Zonen des Mittelgebirges (600 bis 1200 Meter Höhe) sind in landwirtschaftlicher Hinsicht wesentlich besser ausschöpfbar. Neben Getreideanbau und Obstplantagen bieten diese Gebiete auch die Möglichkeit zur Anlage von Weinbergen. Auf Grund dieser Vorzüge verzeichnen sie eine wesentlich höhere Bevölkerungszahl, die mit derjenigen der Hochgebirgsregionen nicht zu vergleichen ist.

Der Bereich des Hochtales schließt einen großen Teil der "Vallée Centrale", zu dem auch Aosta (561 m) gehört, ein. Zusätzlich zur intensiven Bodennutzung profitieren diese Zonen vor allem von der Ansiedlung von Handel und Industrie.

---

[1] vgl.: Martin, J.-P. (1982): S. 12
[2] vgl.: Mellano, A. (1986): S. 3
[3] vgl.: Martin, J.-P. (1982): S. 13

3. Aosta, Hauptstadt der autonomen Region Aostatal

Im Jahre 25 v. Chr. wurde in der Talsohle, in der sich der Gebirgsbach Bhutier mit der Dora vereinigt, das einstige "Augusta Praetoria", das heute den Namen Aosta trägt, durch die Römer gegründet. Es handelte sich dabei ursprünglich um einen befestigten Stützpunkt, welcher sich jedoch in nur wenigen Jahren zu einem wichtigen strategischen und kommerziellen Zentrum entwickelte und von den Römern zu Recht als das "Rom der Alpen" bezeichnet wurde.[1]
Die Stadt, die noch heute perfekt begrenzt ist, hatte die Form eines Rechteckes (724 x 572 m) mit einem Umfang von 2592 m. Die Macht der Römer, die sich über fünf Jahrhunderte erstreckte, spiegelt sich in der Errichtung imposanter Bauwerke, von denen noch heute einige erhalten sind, wider.[2]

Nach der römischen Herrschaft änderte sich nur wenig. Die hervorragenden Bauten (Türme, Tore, Amphitheater und Mauern) wurden im Mittelalter nur spärlich erweitert. Im Gegenteil, einige Errungenschaften und Erfindungen der Römer, die mit moderner Zivilisation zu vergleichen sind, zum Beispiel Abflußleitungen in den Städten, wurden einfach entfernt, so daß Aosta in vielen Dingen im Mittelalter weniger entwickelt war, als dieses noch zu Zeiten des römischen Imperiums der Fall gewesen war. Das gleiche regressive Bild zeigt sich auch für die Einwohnerzahl Aostas. Während die Stadt im Jahre 1782 nur ca. 5000 Einwohner zählte, so kann man, bedingt beispielsweise durch das Amphitheater mit über 20000 Plätzen, davon ausgehen, daß zur Blütezeit Aostas, also unter römischer Herrschaft, eine weitaus höhere Population vorgelegen haben muß. Erst mit der Entwicklung von Handel, Handwerk und Ackerbau dehnte sich die Stadt so weit aus, daß heute sogar Teile des Großen-Sankt-Bernhard-Tales von ihr erfaßt werden.

Im Laufe der Jahrhunderte änderte sich auch der Name der Stadt. Aus dem ehemaligen "Augusta Praetoria" wurde zunächst "Augusta", daraus schließlich entstand der moderne Name Aosta beziehungsweise "Aoste" in der französischen Schreibweise.

---

[1] vgl.: Lengereau, M. (1968): S. 19
[2] vgl. im folgenden: Mellano, A. (1986): S. 38 ff.

Heute ist Aosta wieder eine wichtige Industrie- und Handelsstadt, in der seit einigen Jahren auch der Tourismus eine bedeutende Rolle spielt. Aosta ist Regionshauptstadt und Sitz der valdostanischen Regierung, die stets darauf bedacht ist, die autonomen Rechte der Region vor dem Staat Italien zu vertreten.

Auffällig ist, daß trotz der relativ großen Ausdehnung - Aosta zählt heute ca. 36200 Einwohner - negative Erscheinungen moderner Städte, wie Smog und Lärm, bedingt durch die gebirgige Umgebung nicht sichtbar werden. Das enge Beieinanderliegen von Natur, Bergwelt und Tradition auf der einen, sowie technischer Fortschritt, moderne Denk- und Lebensweise, verbunden mit einer gewissen Toleranz gegenüber verschiedenen Kulturen und Sprachen, die sich in dieser Stadt täglich begegnen, auf der anderen Seite, zeichnen das reizvolle Bild der autonomen Regionshauptstadt Aosta.

4. Täler

Wie in der Einleitung bereits erwähnt, gliedert sich das Aostatal abermals in viele größere und kleinere Seitentäler, die sich nicht selten in der Ausprägung ihrer Dialekte unterscheiden. Dabei kann es sich zum einen um rein phonetische Unterschiede, oft aber auch um lexikalische Diversifikationen handeln. Eines dieser Täler, das Große-Sankt-Bernhard-Tal, beheimatet unter anderem drei der im folgenden linguistisch zu untersuchenden Gemeinden: Etroubles, Saint-Oyen und Saint-Rhémy. Es befindet sich im Norden des Aostatales und wird durch die Schweiz (Wallis) begrenzt. Es ist vor allem durch den Paßübergang, den alten "Summus Poenninus", wie er von den Römern bezeichnet wurde, bekannt, welcher in 2472 Meter Höhe das Tal von Aosta mit dem schweizerischen Tal, das bei Martigny mündet, verbindet.[1]

Im folgenden sollen nur einige der unzähligen Täler, die sich wiederum in viele kleine Seitentäler und Nischen verzweigen, genannt werden. Von hoher Bedeutung für das Aostatal sind das Ayastal, am westlichen Abschnitt des Monte-Rosa-Massivs gelegen, das Tal von Champorcher, das durch sein ausgewogenes Klima und den bekannten Kurort St. Vincent jährlich viele Kurgäste und Touristen anzieht, aber auch das Valtournanche-Tal am Fuße des Matterhorns, welches über so bekannte Wintersportplätze wie Breuil-Cervinia verfügt. Schließlich sei an dieser Stelle noch das Tal von Cogne genannt, welches unterhalb des Nationalparks Gran Paradiso gelegen ist und in alten Zeiten wegen der hohen Qualität seiner Mineralien Standort der valdostanischen Bergwerksindustrie war.
La Thuile und das Kleine-Sankt-Bernhard-Tal begrenzen das Aostatal im Westen. Diese Gebiete sind vor allem durch den lebhaften Fremdenverkehr am Fuße des Mont Blanc und durch so bekannte Wintersportzentren wie Courmayeur von großer wirtschaftlicher Bedeutung für das Aostatal.

---

[1] vgl. im folgenden: Mellano, A. (1986): S. 54 ff.

In den hier aufgeführten Tälern, die nur eine kleine Auswahl aus der großen Zahl darstellen, ist das Frankoprovenzalische mit seinen lokalen Eigentümlichkeiten und Varietäten zusammen mit dem Italienischen die Alltagssprache der Bewohner, während das Tal von Gressoney im Nordosten, unterhalb des Monte Rosa gelegen, eine Ausnahme bildet. Auf die dort ansässige Volksgruppe der Walser, die einen deutschen Dialekt sprechen, soll im folgenden Abschnitt näher eingegangen werden.

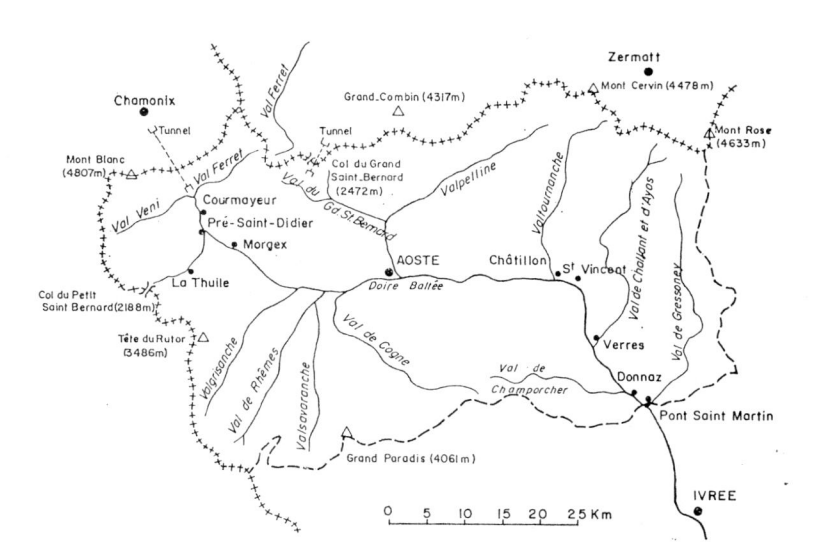

Abb. 2: Täler im Aostatal

4.1 Tal der Walser[1]

Das letzte Seitental, das im Nordosten die Grenze zu Piemont bildet, La Vallaise oder das Tal von Gressoney, stellt eine deutsche Sprachinsel im Aostatal dar. Nur in drei Orten dieses Tales, nämlich in Issime, Gressoney-Saint-Jean und Gressoney-La-Trinité wird ein deutscher Dialekt gesprochen, dessen Verwender Walser genannt werden. Die Herkunft dieser heute noch etwa 1000 Personen zählenden Volksgruppe erklärt sich durch die teilweise Eroberung des Wallis durch die Alemannen im 13. Jahrhundert. Nachdem diese sich zunächst im Oberwallis niedergelassen hatten, gelangten sie bald über den Theodulpaß ins Tal von Gressoney und schließlich auch ins Tal der Lys. Dokumente aus dieser Zeit bezeugen, daß diese Täler kirchlich schon seit 1218 zum Wallis gehörten. Das heißt, noch vor der eigentlichen Germanisierung des Wallis bestanden bereits sehr enge Verbindungen zwischen Wallis und Gressoney. Die Bewohner dieses Gebietes, die sogenannten Walser, galten als ein Volk von reichen Händlern und Kaufleuten. In der Literatur werden sie oft als "Juden von Aosta" bezeichnet, das Tal selbst als "Krämertal". Ihre Handelstätigkeit erstreckte sich außer auf das Aostatal vor allem auf das Wallis und führte sogar bis zum Oberrhein.

Der germanische Ursprung dieser Volksgruppe wird noch heute in vielen Orts- und Familiennamen deutlich. Steinmatten, Alpenzu, Eselboden sind nur einige Beispiele von vielen. Wenn die aktive Verwendung dieses deutschen Dialektes auch zugunsten des Italienischen immer mehr zurückgeht, so läßt sich bei der Bevölkerung von Gressoney dennoch ein gewisser Stolz und der Wunsch, alte Traditionen zu bewahren, beobachten. Während die französische Sprache - auch Gressoney war bis etwa 1915 zweisprachig: deutsch und französisch - durch die Italianisierung immer mehr in den Hintergrund rückte, konnte sich das Deutsche gegenüber dem Italienischen etwas besser bewahren. In den Schulen wird neben Italienisch und Französisch seit 1959

---

[1] vgl. im folgenden: Lengereau, M. (1968): S. 171 ff. und Guide de Agostini (1988): S. 275

auch Deutsch fakultativ für interessierte Schüler, aber auch für Erwachsene unterrichtet.

Das Tal von Gressoney stellt also im Aostatal eine linguistische Besonderheit von einer bemerkenswerten Originalität dar, die sich außer in sprachlicher Hinsicht auch durch die Eigentümlichkeit seiner volkstümlichen und politischen Traditionen immer wieder bestätigt.[1]

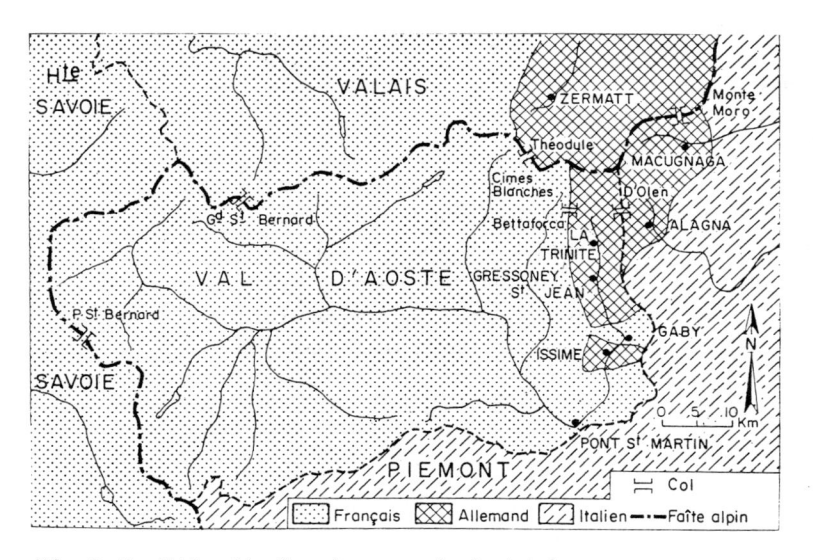

Abb. 3: Traditionelle Sprachgrenzen im Aostatal

---

[1] Zum Phänomen der deutschen Sprache im Aostatal siehe u.a.: Hassler, O. (1949); Balmer, E. (1949); Kreis, H. (1966).

5. Statistische Angaben zum Aostatal[1]

Fläche:	3262,26 km²
Einwohnerzahl: (Stand: 31.12.1988)	114769, davon 56888 Männer und 57881 Frauen
Einwohner pro km²:	35,2
Zahl der Gemeinden:	74
Land- und forstwirtschaftliche Fläche:	2165,46 km²
Wälder:	75544 Hektar
Straßen:	1806 km

Diese Angaben sollen lediglich einen kleinen Überblick über die Ausdehnung und Fläche des Aostatales geben. Genauere Angaben, die sich im besonderen auf die in Teil II dieser Arbeit durchgeführte empirische Untersuchung in den einzelnen Gemeinden beziehen, werden an anderer Stelle geliefert. (siehe Statistiken, Kapitel K)

---

[1] Die folgenden Daten stützen sich auf Angaben des "Ufficio Lettorale di Aosta" (aus dem Jahre 1988), sowie auf "Il Censimento del 1981".

C. GESCHICHTE DES AOSTATALES UNTER LINGUISTISCHEN GESICHTSPUNKTEN

1. Vorbemerkung

Das Aostatal stellt eine der fünf autonomen Regionen Italiens dar, deren Autonomie durch ihre besonderen linguistischen Charaktermerkmale begründet ist.
Im folgenden nun soll, um die heutige sprachliche Situation besser verstehen zu können, ein geschichtlicher Abriß gegeben werden. Dieser berücksichtigt die einzelnen Etappen der über Jahrhunderte reichenden valdostanischen Sprachentwicklung, die von einem frankoprovenzalischen Dialekt zur französischen Sprache, die im Mittelalter das Latein abgelöst hatte, bis hin zum Italienischen führt. Dabei sollen auch die besonderen Freiheitsvorstellungen der Valdostaner sowie deren politische und verwaltungsrechtliche Realisierung aufgezeigt werden.

Das Aostatal, "la petite patrie", hat eine eigene Geschichte, die vor allem eine Geschichte des Kampfes und der Verteidigung ihrer Autonomie im politischen, administrativen, kulturellen und nicht zuletzt linguistischen Sinne, ist. Dabei gilt die Bewahrung der französischen Sprache von jeher als raison d'être im Kampf um die Autonomie, auch wenn sich dahinter oft ganz andere Forderungen, wie zum Beispiel die Sicherung finanzieller Vorteile, verbergen.

2. Prähistorische Daten

Das Aostatal war um das Jahr 10000 v. Chr. von riesigen Gletschern bedeckt, die sich bis hin zur Poebene erstreckten. Temperatur- und Klimaveränderungen bewirkten schließlich einige 1000 Jahre v. Chr. das Schmelzen dieser Eismassen und ließen eine reiche Vegetation entstehen. Das führte zunächst dazu, daß wilde Tiere in den Wäldern des Aostatales einen geeigneten Lebensraum fanden und bald darauf zu den ersten Ansiedlungen von Menschen in dieser Region. Wahrscheinlich handelt es sich bei diesem Volk von Jägern um ligurische Volksstämme, über die jedoch keine genauen historischen Zeugnisse vorliegen.[1]

"Leur civilisation, qui se développa paisiblement pendant quelques milliers d'années, fut bouleversée par l'arrivée des Celtes qui, en 800 et en 400 av. J.-C., abandonnèrent l'Europe centrale pour se déplacer vers la Gaule, l'Espagne et l'Italie du Nord. Les envahisseurs se mêlèrent rapidement aux anciens habitants et cette union donna naissance au nouveau peuple des Salasses."[2]

---

[1] vgl.: Janin, B. (1980): S. 118
[2] Ghignone, G. (1982): S. 101

3. Salasser

Während auch in anderen geschichtlichen Abhandlungen nur vage Vorstellungen über die ursprünglichen Bewohner des Aostatales herrschen, so wird dennoch überall davon ausgegangen, daß ab etwa 400 v. Chr. die Salasser in dieser Region ansässig waren. "Il y a tout lieu de croire que les premiers habitants de la Vallée d'Aoste étaient celtes e appartenaient à la tribu des Salasses."[1]

Die Autonomie des valdostanischen Volkes wird heute noch immer auf die hohe Eigenständigkeit und das große Unabhängigkeitsbewußtsein, das bereits den Salassern eigen war, zurückgeführt. "Au début de nôtre ère, les Salasses, adversaires puis sujets de Rome, étaient l'une des peuplades alpines les plus renommées et les mieux organisées. On la considère comme la souche du peuple valdôtain actuel."[2]

Weniger Einigkeit jedoch herrscht über den keltischen oder ligurischen Ursprung der Salasser. Diese Frage wird seit dem 19. Jahrhundert immer wieder unter der Verfechtern der französischen beziehungsweise italienischen Sprache diskutiert.[3] Die Befürworter des Französischen unterstreichen die keltische These: " Les Romains n'ont laissé chez nous que des vestiges de pierre; leur rapport à la formation de notre race est insignificant et peut être considéré comme nul. Notre race est celto-bourguignonne."[4] Diese These wird durch die Behauptung untermauert, daß der frankoprovenzalische Dialekt ähnliche Endungen wie die Sprache der Savoyer und der Walliser besitzt. Diese Behauptung jedoch, ebenso wie die Annahme, der Name der Stadt Aosta sei typisch französisch (begründet durch das Vorkommen weiterer Städte mit dem Namen Aoste in der Dauphiné, einem Aouste in der Drôme sowie einer weiteren Stadt in den Ardennen), scheinen jegliche römische Einflüsse als auch die enge Verbindung des Lateinischen mit dem Italienischen einfach zu leugnen.

---

[1] Martin, J.-P. (1982): S. 17

[2] Janin, B. (1980): S. 115

[3] vgl. Fugier, M. (1972): S. 6 ff.

[4] vgl. Chenal, A. (1960)

Im Gegensatz dazu scheint die ligurische These plausibler zu sein, was aus philologischen und archäologischen Beweisstücken sogar recht eindeutig hervorgeht. Zahlreiche Suffixe in valdostanischen Ortsnamen sprechen für einen vulgärlateinischen beziehungsweise ligurischen Ursprung: "Le suffixe -od nous dit-on, est venu par le latin vulgaire du ligure -asco ou -asca. De plus, il semble que ce suffixe ne se rencontre que dans la Vallée d'Aoste. Il est à peu inexistant en Provence, en Dauphiné, en Savoie et en Suisse romande. Il semble être caractéristique de la toponymie valdôtaine."[1] Typische Ortsnamen, die diese Endung besitzen, sind zum Beispiel Gignod oder Entrod. "Un deuxième suffixe qui semble signicatif est -anche ou -enche. Celui-ci, en étant également passé par le bas latin -autio ou -autia viendrait au ligure -inco ou -inca , vallée parcourue par un cours d'eau."[2] Auch mit dieser Endung existieren viele valdostanische Ortsnamen, von denen Valtournanche, Valgrisenche oder Valsavarenche nur einige Beispiele darstellen.

Demnach scheinen die Salasser also keine Kelten gewesen zu sein. Eine Keltisierung in zwei Etappen (eine erste zwischen 800 und 450 v. Chr. sowie eine weitere nach 450), muß aber dennoch stattgefunden haben.[3] Allerdings geben diese Thesen keinen genauen Aufschluß darüber, ob die Kelten von Norden oder Süden ins Aostatal gekommen sind. Dieses ist bisher nicht eindeutig geklärt worden.

---

[1] Fugier, M. (1972): S. 7 f.

[2] ibid., S. 8

[3] vgl.: Zanotto, A. (1964): zitiert aus: Fugier, M. (1972): S. 8

4. Römisches Imperium

Die Salasser, die als ein friedliches, von der Jagd lebendes Bergvolk angesehen werden, mußten sich bereits im Jahre 143 v. Chr. den ersten kriegerischen Angriffen der Römer aussetzen. Diese nämlich hatten bald die günstige Lage des Tales als Sprungbrett zu den beiden Gallien erkannt: die beiden Pässe des Großen und Kleinen Sankt Bernhard ermöglichten es ihnen, die Gebiete Zentraleuropas schneller zu erreichen als über den langen Weg entlang der Mittelmeerküste.[1] Aus diesem Grund war ihnen äußerst viel daran gelegen, das Aostatal zu erobern, was ihnen jedoch durch den harten Widerstand der Salasser, die über ein ausgeprägtes Unabhängigkeitsgefühl verfügten, erst im Jahre 25 v. Chr. unter Tarentius Varro gelang, nachdem sie zuvor einige Niederlagen hatten erleiden müssen. "Le Consul Appius Claudius dut essuyer une sanglante défaite, qu'une revanche successive ne parvint pas à oublier. L'alternance de paix précaires et des escarmouches se prolongea pendant un siècle. Les Salasses s'amusaient à humilier les Romains en compliquant leurs voyages à travers la Vallée d'Aoste: ils faisaient précipiter des rochers sur les convois et prétendaient de lourds péages."[2] Noch heute erinnert man sich im Aostatal gern dieses Widerstandes gegen die Römer, der als Parallele zum Kampf der Valdostaner für ihre Rechte seit dem Jahre 1860 und wiederum gegen Rom, angesehen wird.

Mit der Besiegung der Salasser jedoch erfolgte unter Tarentius Varro schließlich die Gründung der Kolonie "Augusta Praetoria Salassorum" und die Romanisierung der Region. Römische Zeugnisse berichten von der Ausrottung etwa 36000 Salasser. Die jungen Männer, die noch unversehrt waren, wurden hingegen auf dem Markt von Ivrea als Sklaven verkauft oder aber für den Kriegsdienst eingesetzt. Die wenigen verbliebenen Salasser konnten sich vor einer vollständigen Vernichtung in den abgeschlossenen Seitentälern retten.[3]

---

[1] vgl.: Ghignone, G. (1982): S. 103
[2] Zanotto, A. (1986): S. 12
[3] Böttcher, O. (1969): S. 29

Während die römischen Quellen meist von einer nahezu vollständigen Ausrottung und Versklavung der Salasser sprechen: "Ainsi, après avoir tué et déporté tant de personnes, purent-ils affirmer: 'maintenant tous les environs jusqu'aux sommets en montagnes, sont en paix' (...)"[1], kann heute jedoch mit Sicherheit nachgewiesen werden, daß außer in den Bergregionen auch einige Salasser in der römischen Kolonie integriert überlebt haben. "Les uns survécurent et furent même intégrés dans la colonie d'Augusta Praetoria, quoiqu'en situation subalterne d'incolae. D'autres allèrent peupler les territoires des vallées latérales et les plus hauts replats de la vallée centrale."[2]

Die folgenden 450 Jahre römischer Herrschaft sind mit der Romanisierung des Aostatales verbunden. Die Dominanz der römischen Kultur ließ Aosta zu einer blühenden Provinzstadt heranwachsen. Aosta war mit einer Einwohnerzahl von etwa 15000 die größte Stadt innerhalb der Alpen.[3] Die vielen verbliebenen Monumente und glänzende geschichtliche Dokumente zeugen noch heute von der Blüte und dem Reichtum dieses Zentrums. Auch Landwirtschaft und Straßenbau profitierten von der römischen Herrschaft: es wurden Obstplantagen und Weinberge angelegt sowie Pässe über den Großen und Kleinen Sankt Bernhard gebaut, die den Römern eine schnellere Reise nach Gallien ermöglichten. Die wirtschaftliche und militärische Macht der Römer bewirkte auch eine starke Ausdehnung der lateinischen Kultur und Sprache. Dabei versuchten sie nie, den unterworfenen Völkern die eigene Sprache aufzuzwingen. Die Verwendung des Lateinischen wurde vielmehr als Ehre angesehen.[4]

Schriftstücke aus dieser Epoche sind in klassischem Latein verfaßt, welches jedoch nur von den gebildeten Schichten verstanden wurde. Die einfachen Bürger und Koloniebewohner bedienten sich ebenso wie die Menschen in anderen Teilen des römischen Reiches des "sermo vulgaris", da sie die komplizierten Strukturen des klassischen Lateins nicht beherrschten. Viele Autoren weisen jedoch darauf hin, daß einige Elemente des keltischen Sprachgutes nicht verloren gegangen sind. Vor allem in

---

[1] Strabonius, De situ orbis (o.J.): zitiert aus: Ghignone, G. (1982): S. 103
[2] Zanotto, A. (1986): S. 13
[3] vgl.: Lengereau, M. (1968): S. 19
[4] vgl.: Tagliavini, C. (1973): S. 67

den ersten Jahrhunderten römischer Herrschaft schlichen sich in die unter Salassern und Römern geführten Konversationen immer wieder keltische Elemente ein.[1] Diese Tendenz zur Vermischung der beiden Sprachen wurde durch Mischehen zwischen römischen Kolonialisten und Salassern noch verstärkt, so daß viele Wörter keltischen Ursprungs schon bald einen Teil des Vokabulars darstellen.[2]

"Tout en admirant l'apport de civilisation amené par les Romains, l'importance des vestiges archéologiques et monumentaux qui nous sont restés d'eux, on ne peut négliger le patrimoine linguistique celtique, qui survécut à la romanisation et passa directement dans le francoprovençal, qui est aujourd'hui encore la langue parlée de la majorité de la population autochtone."[3] Diese These eines Überlebens eines keltischen Sprachgutes ist insbesondere für die Autonomiebestrebungen der Region, Französisch beziehungsweise Frankoprovenzalisch als gleichwertige oder sogar dem Italienischen übergeordnete Sprache anzuerkennen, relevant. Auch in der Literatur wird immer wieder darauf hingewiesen, daß durch die Verschmelzung der Salasser mit den Bewohnern der römischen Kolonien eine neue Rasse entstand, die durch Eigenständigkeit und starkes Zusammengehörigkeitsgefühl geprägt war. Somit wäre also schon in der Antike der Grundstein für den Partikularismus des Aostatales gelegt: "(...) une race nouvelle bientôt marquée elle même par les éternelles conditions de la vie des Alpes, leur climat, leur isolement, leurs rudes travaux de la forêt et de la prairie, travaux éminemment propices à la formation d'un esprit communautaire et particulariste."[4]

---

[1] vgl. u. a.: Frutaz, F.-G. (1913); Lengereau, M. (1968); Zanotto, A. (1964)
[2] vgl.: Frutaz, F.-G. (1913): S. 9
[3] Zanotto, A. (1986), S. 13
[4] Menabrea, H. (o.J.): zitiert aus: Zanotto, A. (1986): S. 13

5. Mittelalter

5.1 Frühes Mittelalter und Burgund

Die Anfänge dieser Epoche bieten auf Grund der äußerst raren historischen Zeugnisse ein sehr verschwommenes Bild. Fest steht jedoch, daß das historische Schicksal des Aostatales mit Beginn des frühen Mittelalters seinen Lauf nimmt.

Im Jahre 312 n. Chr. war das Aostatal unter Konstantin von der Provinz Ligurien abgetrennt und der Präfektur Gallien zugeschlagen worden. Zu diesem Zeitpunkt gilt der Fluß Lys zum ersten Mal als natürliche Grenze zwischen Gallien und Italien.[1] Diese Tatsache wird heute von vielen Valdostanern als deutliches, bereits in der Geschichte angelegtes Zeichen für ihre Zugehörigkeit zur französischen Kultur und Sprache gewertet.

Etwa 160 Jahre später, im Jahre 476 n. Chr., erlebte das Aostatal nach dem Verfall des römischen Reiches den Einzug großer Invasionen: Ostgoten, Burgunder, Byzanthiner und Lombarden zogen in Folge in dieses Gebiet ein. Die Lombarden wollten, nachdem sie Norditalien erobert hatten, auch Feldzüge ins fränkische Territorium durchführen. Dieses scheiterte jedoch am Widerstand des Merowingerkönigs Gontrand von Burgund und führte schließlich nach langen Verhandlungen dazu, daß die Lombarden ihm im Jahre 574 n. Chr. die Täler von Susa und Aosta abtraten. Für viele Historiker und Linguisten stellt das Jahr 574 unter ethnischen und linguistischen Aspekten ein sehr entscheidendes Datum für das Aostatal dar.[2]

"L'année 574 est donc la date décisive dans l'histoire linguistique de la Vallée d'Aoste. (...) C'étaient évidemment eux aussi qui avaient, les premiers, tout intérêt à ce que les incursions des Lombardes cessassent. L'occupation franque de la Vallée d'Aoste fut donc effectuée par des gens qui provenaient de cette partie du grand royaume qui avait été, jusqu'en 534, le royaume des Burgondes."[3]

---

[1] vgl.: Keller, H.-E. (1958): S. 23

[2] vgl. u. a.: Colliard, L. (1976); Keller, H.-E. (1958); Zanotto, A. (1964)

[3] Keller, H.-E. (1958): S. 25

"L'importance de cette date n'a échappé à aucun des savants qui sont intéressés à l'histoire linguistique de notre vallée. (...) Il est clair, que toute la vallée participera dorénavant aux évolutions qui agitent le royaume franc. La francisation, dans le sens plus large du mot, de la Vallée d'Aoste commence dès maintenant (...)"[1]
"Cette année-là, les Lombards cédèrent la Vallée d'Aoste au royaume franco-burgonde du roi Gontran. Ce fait marque le passage de la Vallée celto-ligure et latine à l'espace culturel franco-roman, exactement au moment où les divers groupements ethniques commençaient à se différencier et où les structures embryonnaires des langues néolatines venaient de s'esquisser. L'influence ethnique, linguistique, juridique, sociale et religieuse franco-burgonde se révéla décisive; elle demeure la base de l'ethnie alpine et de la civilisation valdôtaine."[2]

Durch die Zugehörigkeit zum burgundischen Königreich erlebte das Aostatal also einschneidende Veränderungen. Die engen Verbindungen zum Westen wurden durch die neuen Orientierungszentren Chambéry, Genf und Lyon bestimmt. "Après 575 le parler valdôtain va subir des profondes transformations du fait de l'union étroite de la Vallée d'Aoste avec l'Ouest. Chambéry, Genève, Lyon, vont devenir les nouveaux centres d'irradiation; les relations administratives, économiques et religieuses entre notre vallée et les centres se font désormais en latin gallo-romain; la langue de tous les lours se transforme sous l'influence de l'Ouest. Le parler local va devenir le franco-provençal, c'est-à-dire un parler appartenant au domaine français."[3]

Es versteht sich von selbst, daß durch diese sprachlichen und politischen Veränderungen und durch die enge Verbundenheit mit den oben genannten Städten im Aostatal derselbe linguistische Verwandlungsprozeß einsetzt, wie der, der die südöstlichen Gebiete Frankreichs charakterisiert. Die Sprache des Aostatals nimmt also somit schon bald französische Ausprägungen an. "Ainsi, à cause de son substrat ethnique et de l'insertion de son territoire dans l'agglomérat gallo-romain d'abord et franco-burgonde ensuite, l'évolution linguistique de la Vallée s'effectua avec

---

[1] Rosselini, A. (1962): S. 494

[2] Colliard, L. (1976): S. 1

[3] Rosselini, A. (1962): S. 495 f.

un déroulement parallèle et identique à celui qui eut lieu à Lyon, Chambéry et Genève."[1]

Die hier aufgezeigte parallele sprachliche Entwicklung läßt sich heute eindeutig an Orts- und Familiennamen nachweisen.

Auch W. v. Wartburg weist zu diesem Zeitpunkt zum ersten Mal auf das Vorhandensein eines frankoprovenzalischen Dialektes hin, indem er behauptet, daß sich linguistische Strömungen, die frankoprovenzalischen Mundarten zugrunde liegen, bis nach Pont-Saint-Martin ausgebreitet haben.[2]

Über die Existenz frankoprovenzalischer beziehungsweise französischer Strukturen herrscht also relativ große Einigkeit unter Historikern und Linguisten. Dabei wird vor allem dem Frankoprovenzalischen als örtliche Mundart große Aufmerksamkeit geschenkt. Im folgenden nun sei das Frankoprovenzalische in seinen wesentlichen Merkmalen charakterisiert und definiert.

---

[1] Colliard, L. (1976): S. 18
[2] vgl.: Wartburg, W. v. (1956): S. 143

5.2 Das Frankoprovenzalische[1]

Im Jahre 1878 versuchte G. I. Ascoli nach seinen berühmten "Saggi Ladini" eine weitere Gruppe zusammengehöriger romanischer Idiome zu identifizieren, welcher er in seinen "Schizzi franco-provenzali" nach rein sprachlichen Kriterien Eigenständigkeit und Einheit zusprach: das Frankoprovenzalische. "Das Frankoprovenzalische ist eine neue romanische Dialektgruppe, die in sich neben einigen nur ihr eigenen Zügen andere vereinigt, welche sie teils mit dem Französischen, teils mit dem Provenzalischen gemein hat, und die nicht das Ergebnis eines späteren Zusammenflusses verschiedener Elemente ist, sondern eine historische Eigenständigkeit besitzt, die sich kaum anders darstellt, als die, um deretwillen man die anderen romanischen Hauptidiome unterscheidet."[2]

Über die Eigenständigkeit des Frankoprovenzalischen bestand jedoch nicht immer Einigkeit unter den Linguisten.[3] In neuerer Zeit wurde dieses Problem durch P. Gardette wiederum aufgegriffen: "Le francoprovençal a des caractéristiques phonétiques, un vocabulaire propre, qui permettent de le mettre à part des dialectes d'oil comme des dialectes d'oc, en sorte qu'on peut parler d'une langue francoprovençale et dire que trois langues se partagent le domaine gallo-roman: la langue d'oil, la langue d'oc et le francoprovençal."[4] Auch er schreibt dem Frankoprovenzalischen also auf Grund seiner phonetischen und lexikalischen Charaktermerkmale Eigenständigkeit zu und ordnet es in den Bereich der galloromanischen Sprachen ein, zu dem neben dem Frankoprovenzalischen das Französische, das Provenzalische (und Gaskognische) sowie bedingt das Katalanische gehören.[5]

Obwohl die Frage nach der tatsächlichen Eigenständigkeit des Frankoprovenzalischen nie ganz geklärt werden konnte, steht heute jedoch fest, daß sich das von Ascoli festgesetzte Bestimmungsprinzip durchgesetzt hat. Er faßte unter der Bezeichnung Frankoprovenzalisch eine Dialektgruppe, die von anderen Linguisten auch als Südostfranzösisch oder

---

[1] vgl. im folgenden, wenn nichts anderes angegeben ist, Tagliavini, C. (1973)

[2] Ascoli, G. I. (1878): S. 71 ff.

[3] vgl. z. B. die Arbeiten von Meyer-Lübke, W. (1920)

[4] Gardette, P. (1964): S. 69; zitiert aus: Tagliavini, C. (1973): S. 344

[5] vgl.: Tagliavini, C. (1973): S. 279

Mittelrhonisch bezeichnet wird, zusammen, die im südöstlichen Teil Frankreichs, in der französischen Schweiz sowie in einigen italienischen Alpentälern (Aostatal) gesprochen wird.[1] Diese weisen gewisse gemeinsame Kriterien auf und unterscheiden sich sowohl von den französischen als auch provenzalischen Mundarten. Dabei wird immer wieder betont, daß es sich bei dieser sprachlichen Einheit um eine rein mündliche handelt, denn keiner der einzelnen frankoprovenzalischen Dialekte hat je die Stufe einer Schriftsprache erreicht. "Si haut, qu'on peut remonter dans le temps, à Lyon, à Grenoble, en Savoie, dans ce qui fait aujourd'hui la Suisse romande, on constate que l'idéal de qui écrivait peu ou prou était le français, ou, à pis aller, le bourguignon."[2]

Rein frankoprovenzalische Schriftstücke oder gar anspruchsvolle Literatur sind daher also selten, was nicht zuletzt durch die starke Überlagerung des Französischen, beziehungsweise in Savoyen zunächst des Lateinischen als Schriftsprache, begründet ist. So zeigen sich Spuren einer Dialektliteratur von relativ geringem literarischen Wert in Savoyen erst ab dem 16. Jahrhundert.[3]

Im folgenden nun soll das Frankoprovenzalische kurz charakterisiert werden:[4]
Allgemein steht es im Vokalismus dem Provenzalischen sehr nahe, während es im Konsonantismus eher mit dem Französischen übereinstimmt. Einige Beispiele für diese Einteilung seien an dieser Stelle genannt. Betontes a bleibt wie im Provenzalischen erhalten, wird aber unter palatalem Einfluß zu e. Diese Veränderung ist im Frankoprovenzalischen noch ausgeprägter als im Französischen. (z.B. in Grenoble: pra < pratu pan < pane(m); aber chieu < casa, vgl. französisch chez)
Ebenso wie im Provenzalischen bleiben -u und -o im Auslaut als -o bewahrt (z.B. desiro gegenüber französisch je désire)

Viele Linguisten glaubten, daß nur dieses eine Kriterium des betonten Vokalismus das Frankoprovenzalische vom Französischen unterscheiden

---

[1] vgl. Ascoli, G. I. (1878): S. 71 ff.
[2] Aebischer, P. (1950): S. 5
[3] vgl.: Tagliavini, C. (1973): S. 381
[4] vgl.: ibid., S. 345 ff.

würde und messen ihm daher keine Eigenständigkeit in der Romania zu.
Sie berufen sich außerdem noch auf die Diphthongierung, die ihrer Meinung nach genau wie im Französischen ablaufen würde. Dabei betrachten sie allerdings immer nur das Nordfranzösische.[1]

Schließlich ist für diese Beurteilungen des Frankoprovenzalischen auch kennzeichnend, daß sie aus dem Stand der heutigen Mundarten abgeleitet sind und mit Beispielen aus diesen erläutert werden, beziehungsweise, daß alte Belege untersucht werden und in das Bild, das diese ergeben, die mundartlichen Verhältnisse zurückprojiziert werden. Gegen diese recht zweifelhafte Methode wandten sich auch K. Jaberg und F. Schürr, die erkannten, daß die Diphthongierung durch Längung dem Frankoprovenzalischen nicht von Haus aus eigentümlich zu sein scheint. Somit sollte das Frankoprovenzalische zunächst dem Provenzalischen nähergestanden haben.[2]

Da, wie bereits erwähnt, keine altfrankoprovenzalische Literatur existiert, dienen nur Belege und Urkunden aus dieser Zeit zur Untersuchung, (z.B. der "Somme de Code", Grenoble, 13. Jahrhundert). Aus diesen alten Schriften wurde ersichtlich, daß das Frankoprovenzalische früher eine wesentlich größere Einheitlichkeit besaß, als das heute der Fall ist.[3]

Die altfrankoprovenzalischen Zeugnisse tragen also Charaktermerkmale, die auch dem Provenzalischen eigen sind. Dennoch darf man das Frankoprovenzalische nicht einfach dem Süden zurechnen. Es ist vielmehr notwendig, auch die Strukturen des Konsonantismus, in denen es mit dem Französischen übereinstimmt, näher zu untersuchen.

Für den Konsonantismus ist die Palatalisierung charakteristisch:
c vor a wird im größten Teil des Gebietes zu ts (z.B. tsa < campu(m); fuertse < furca im Unterwallis). Analog wird g vor a zu dz (z.B. dzuono < galbinu(m)).

Tagliavini weist in diesem Zusammenhang bereits darauf hin, daß in einem Teil des frankoprovenzalischen Sprachraumes, vor allem in Savoyen,

---

[1] vgl. dazu die Arbeiten von Meyer-Lübke, W. (1920); Duraffour, A. (1932) et all.

[2] vgl.: Stimm, H. (1952), S. 5 ff.

[3] vgl.: ibid., S. 6 f.

ts zu s wird, was zu weiteren verschiedenen Ergebnissen führen kann.[1]

Die Lautentwicklung des Frankoprovenzalischen soll nicht weiter ausgeführt werden, da sie nicht das eigentliche Ziel dieser Arbeit darstellt. Wie bereits in der Einleitung erwähnt, weist fast jeder Talzug des Aostatals verschiedene lexikalische und phonetische Ausprägungen seines Dialektes auf, deren Analyse Gegenstand einer weiteren Untersuchung sein müßte, jedoch im Rahmen der vorliegenden Arbeit nur am Rande betrachtet werden soll.

Fest steht, daß das Frankoprovenzalische eine Mischung aus dem Französischen und Provenzalischen ist, wobei es dem Französischen im Konsonantismus, dem Provenzalischen im Vokalismus nahe steht.

Der Wortschatz des Frankoprovenzalischen ist als recht konservativ zu bezeichnen und enthält bedingt durch das Vorkommen in alpinen Gebieten eine große Anzahl vorromanischer Relikte.[2] Was das Aostatal betrifft, so kann man dort im Frankoprovenzalischen einige Elemente burgundischer Herkunft feststellen, was sich durch die lange Zugehörigkeit zum burgundischen Königreich erklärt.[3]

Da fast jeder Talzug seine sprachlichen Eigenheiten besitzt, ist eine Aufteilung in Untermundarten entsprechend schwierig. Dieses hängt außerhalb der Grenzen des Aostatales auch mit dem Fehlen einer historischen und politischen Einheit zusammen.[4]

Während das Frankoprovenzalische heute in seinem Hauptverbreitungsgebiet, der französischen Schweiz, nur noch selten in wenigen Landgemeinden gesprochen wird (zugunsten des Französischen), scheint es im Aostatal noch relativ lebendig.

---

[1] vgl.: Duraffour, A. (1932): zitiert aus: Tagliavini, C. (1973): S. 345
[2] vgl.: Hubschmid, J. (1949): zitiert aus: Tagliavini, C. (1973): S. 347
[3] vgl.: Gamillscheg, E. (1937): zitiert aus: Tagliavini, C. (1973): S. 243
[4] vgl.: Keller, O. (1928): S. 172 ff.

6. Savoyen

Mit dem Ende des Reichs von Karl dem Großen folgte erneut eine dunkle Periode, aus der nur wenige historische Schriften hervorgegangen sind. Nach den Langobarden und deren Besiegung erfolgte eine etwa 50jährige Besetzung durch die Sarazenen; dann gehörte das Aostatal schließlich wieder zum II. Burgunderreich, welches sich über das Tal der Rhone, über die beiden Seiten der westlichen Alpen, sowie über die französische Schweiz, das Jura und die Bourgogne erstreckte.[1]

Nach dem Ende des Königreichs Burgund im Jahre 1032 verfiel das ehemalige Territorium in viele kleine Lehnsherrschaften. Das Aostatal wurde von nun an während der ersten Jahrzehnte vom Hause Savoyen regiert. Humbert-aux-Blanches-Mains (985-1048) verwaltete als Fürst von Savoyen Aosta, Savoyen und einen Teil des schweizerischen Wallis. Genaugenommen besaß er aber nur Feudalrechte ohne eine wirkliche Souveränität über das Tal. In dieser Situation, die sich über mehr als 150 Jahre fortsetzte, konnten sich in Aosta mehrere reiche Adelsfamilien behaupten, die als Feudalherren ihre Macht auf das Tal ausübten und die Bevölkerung unterdrückten. Außerdem gab es ständig Streitigkeiten um die politische und militärische Überlegenheit unter den einzelnen Feudalherren. Das zehnte bis zwölfte Jahrhundert war also von Rivalität, bewaffneten Auseinandersetzungen, Aufständen der Bauern und großer wirtschaftlicher Not gekennzeichnet. Schließlich wurde durch diese ständig mehr aufstrebende Macht der Feudalherren die Herrschaft der Savoyer über das Tal immer schwächer. Erst im Jahre 1191 gelang es den Valdostanern, sich mit Hilfe des Bischofs Valbert von Aosta an den regierenden Fürsten Thomas I. von Savoyen zu wenden, mit der Bitte, daß er sie unter seinen Schutz stelle.[2]

Diese Absprache führte zu einem bilateralen Vertrag, der berühmten "Charte des Franchises", die den Bewohnern der Stadt Aosta bestimmte Privilegien zusicherte, um den lokalen Adel zu schwächen. Das heißt, korrespektiv wurde auf der einen Seite die Autorität Savoyens über das Aostatal definitiv bestätigt; auf der anderen Seite wurde den Bürgern Aostas, die ihrerseits Thomas I. die Treue gelobten, ausdrücklich Schutz

---

[1] vgl.: Chignone, G. (1982): S. 106

[2] vgl.: Böttcher, O. (1969): S. 31 f.

vor der Tyrannei der Adelsfamilien gewährt. Eine wichtige Klausel
sah außerdem vor, daß die Gebieter keine Steuern ohne die Zustimmung des Rates der Steuerzahler (der zukünftigen "Assemblée Générale") erheben durften. Dafür sollte der jeweilige Herrscher alle
sechs Jahre ein Geschenk erhalten.
"Quod a tramite misericordiae et pietatis non deviat effectu debet
prosequenti compleri. Ea propter ego Thomas maurianensis comes et
in Italia marchio, visis et cognitis calamitatibus et etiam oppressionibus et iniuriis illatis, trado civitatem Augustae cum suburbiis,
consilio episcopi Walperti et baronum meorum, quorum nomina imferius
subscribentur libertati, itaquod numquam deinceps ego vel successores
mei tallias vel exactiones invitas per me vel per mistrales meos
faciam, sed ab omni inquietatione ecclesias et bona episcopi, clericorum et religiosorum virorum, pro viribus meis, deffendere tenear.
(...)"[1]

Zusammenfassend sollte die "Charte des Franchises" die Herrschaft
Savoyens über das Tal erneut bestätigen und schriftlich garantieren,
Friede, Sicherheit und Ordnung gewährleisten sowie den Valdostanern
Rechte, Institutionen und Freiheiten zugestehen und ihnen Unabhängigkeit und Eigenständigkeit ermöglichen.

Mit der "Charte des Franchises" bildete sich im Aostatal eine Art
von erster Autonomie. Diese Periode, welche etwa sieben Jahrhunderte
andauerte, wird in der Literatur als "siècle d'or" bezeichnet.[2] Neben den oben genannten Privilegien wurde die erste valdostanische
Autonomie außerdem durch die Etablierung der "Assemblée Générale",
die sich aus der zuvor erwähnten Versammlung der Steuerzahler formiert hatte, realisiert. Diese bestand aus den drei Ständen Klerus,
Adel und Vertretern des Volkes und wurde vom regierenden Fürsten
einberufen. Den Vorsitz hatte sein Vertreter: "le Bailli".[3]

Um die Einhaltung der in der "Charte des Franchises" festgelegten
Rechte und Pflichten zu sichern, wurden die "Audiences générales

---

[1] de Tillier, J.-B. (1985): S. 13 ff.
[2] vgl.: Zanotto, A. (1986): S. 17
[3] vgl.: Ghignone, G. (1982): S. 112 f.

aux Grand Jours" eingerichtet, die alle sieben Jahre stattfanden und auf denen der jeweilige Herrscher persönlich Recht sprach.[1]

Diese Einrichtungen sind charakteristisch für das politische Leben in dieser Region. Sie spiegeln die freiheitlichen Institutionen der ersten valdostanischen Autonomie und das Gefühl der Selbstverantwortung und Unabhängigkeit, das im Aostatal stärker ausgeprägt war als in anderen Provinzen des alten Herzogtums Savoyen, wider.

Die sprachliche Situation im Aostatal ist in etwa mit derjenigen, die auch für das Gebiet der langue d'oil in dieser Epoche beschrieben wird, zu vergleichen. "D'autre part, la langue de culture ou langue écrite en Vallée d'Aoste telle que l'attestent les textes que nous avons conservés de la fin du Moyen Age se trouve dans la mouvance linguistique de la Bourgogne. Il s'agit bien, pour l'essentiel, d'une langue d'oil, c'est-à-dire d'une variété du francien mâtiné de traits dialectaux."[2]

Die einzigen Schriftstücke des 13. und 14. Jahrhunderts waren zunächst in Latein und später in Französisch verfaßt.[3] Mit dem 14. Jahrhundert gilt es als unumstritten, daß die Schriftsprache im Aostatal eine Form von Altfranzösisch ist. Auf einer Versammlung der "Assemblée Générale" im März 1377 in Aosta verkündigte der regierende Fürst: "legi publice alta voce et intelligibili lingua romana facimus per nostrum secretarium (...)"[4] Diese Aussage besagt, daß die einstige offizielle Schriftsprache nunmehr durch eine romanische Sprache abgelöst wurde. Daß es sich bei dieser um eine Form des Altfranzösischen handeln mußte, beweisen die folgenden historischen Zeugnisse aus der Zeit von 1377 bis 1382 und 1396:[5]

"Monseignour de Savoie deit baillia contans a Pierre Magnin clerc tramis a duoz chivaux en la Val Doust pour devers monseigniour leuesque douste et le priour de S. Ours pour empromcter finances pour Monseigr. (...)"

"L'an mille trois centz nonente six sous le lour douziesme (du mois

---

[1] vgl.: Böttcher, O. (1969): S. 32 f.
[2] Martin, J.-P. (1982): S. 28 f.
[3] vgl.: Brocherel, J. (1952): S. 106 ff.
[4] Martin, J.-P. (1982): S. 29
[5] ibid., S. 29 f.

de) may. Constitué Jean de Pre lequel de son gré pour ce (?) luy confesse tenir à fiefz et de reverent Eu. (...)"

Während das Altfranzösische also die Schriftsprache des Aostatales wurde, diente das Frankoprovenzalische weiterhin als mündliche Sprachform zur Verständigung der Valdostaner untereinander.

Seit dem 13. Jahrhundert liegen sogar bereits einige literarische Zeugnisse in altfranzösischer Sprache vor. So ist auf den Mauern des Schlosses von Quart zu lesen:

"Les doulces doulors
 Et les maux paysans
 Qui viennent d'amors
 Sont dols et cuysans."[1]

Daneben finden sich im 15. Jahrhundert viele weitere Beweise für das Vorhandensein einer altfranzösischen Literatur im Aostatal in den reichhaltig ausgestatteten Bibliotheken und Schlössern der Region.[2]

---

[1] vgl.: Thibaut de Champagne (+ 1258), zitiert aus: Colliard, L. (1976): S. 19
[2] vgl. Martin, J.-P. (1982): S. 32

6.1 Höhepunkt der valdostanischen Autonomie

Durch die große Entfernung zum Verwaltungssitz der Lehnsherren und durch die wachsende Selbständigkeit der Lehnsträger kapselten sich die Bewohner des Aostatales immer mehr ab und begünstigten so das Aufkommen einer feudalen Kleinstaaterei. Die unter römischer Herrschaft erlebte Blütezeit erfuhr einen weiteren Aufschwung durch Verbesserungen in der Landwirtschaft, aber auch durch die Ausschöpfung der Minen und die Wiederaufnahme des Handels.[1] Etwa fünf Jahrhunderte lang gewährten diese günstigen wirtschaftlichen Verhältnisse den Valdostanern hervorragende Lebensbedingungen. Den Höhepunkt seiner Eigenständigkeit jedoch erlebte das Tal in der Zeit von 1537 bis 1773.

Zu Anfang des 16. Jahrhunderts war das Haus Savoyen unter Charles II. auf Grund erheblicher Einbußen im Militärwesen sowie durch den Verlust einiger Territorien nicht mehr im Stande, dem Aostatal den notwendigen Schutz zu erweisen. Das Aostatal war somit den schweizerischen Truppen, mit denen sich Savoyen bereits seit 1450 im Kriegszustand befand, relativ wehrlos ausgesetzt. Hinzu kam, daß die Schweizer unter Calvin den Valdostanern ihren protestantischen Glauben aufzwingen wollten. Sie richteten sich also nicht nur gegen den valdostanischen Katholizismus, sondern gleichzeitig gegen die lange Verbundenheit des Tales mit Savoyen, der unter anderem der katholische Glaube zu Grunde lag.

In dieser kritischen Zeit, im Februar 1536, beschloß die "Assemblée Générale", sich dem Hause Savoyen weiterhin loyal zu verhalten, das heißt, den katholischen Glauben aufrechtzuerhalten und Savoyen die Treue zu versprechen.[2]

Einige Tage später wurde zur Einhaltung dieser selbst auferlegten Pflichten durch die "Assemblée Générale" eine Art Direktorium, das "Conseil des Commis" gegründet, dessen Aufgabe es war, das Aostatal selbständig, das heißt ohne Einmischung Savoyens zu regieren und die Neutralitätsverträge mit Frankreich, Spanien und der Schweiz zu bestätigen.

---

[1] vgl.: Martin, J.-P. (1982): S. 18

[2] vgl.: Chignone, G. (1982): S. 117

"Il a été écrit que la vraie libre dédition de la Vallée d'Aoste
à la maison de Savoie n'eut pas lieu au XIIe siècle, avec la charte
des franchises, mais dans la première moitié du XVIe siècle. (...)
Ce fut à ce moment-là, et précisément le dernier jour de février de
1536, que l'Assemblée des trois états du Pays d'Aoste se réunit et
prit des décisions qui marquèrent un tournant dans l'histoire de la
Vallée d'Aoste. Il y eut engagement solennel de se maintenir fidèles
à la Religion et à la maison de Savoie et de se défendre contre toute
menace à la Patria Augustana. Pour expédier les affaires les plus
urgentes l'assemblée créa en son sein un organisme restreint, le
Conseil des Commis. (...) Tout cela fut fait par l'initiative locale,
sans que le souverain s'en mêle, sinon à choses faites."[1]

Die tatsächliche Autonomie im Aostatal besteht somit also nicht seit
der Erlassung der "Charte des Franchises" im Jahre 1191, sondern mit
der Gründung des "Conseil des Commis" im Jahre 1536. Obwohl sich die
"Assemblée Générale" weiter versammelte, lag das Geschick des Aosta-
tales bald allein in den Händen des "Conseil des Commis". Der dama-
lige Herrscher von Savoyen, Emmanuel-Philibert, billigte die Regie-
rungshandlungen dieses Direktoriums, dessen Zuständigkeit sich auf
die Landesverteidigung, das Polizei- und Gesundheitswesen, die Fi-
nanzen, die Kontrolle des Schatzwesens, der Steuern und Steuerer-
heber, die Verwaltung des unveräußerlichen Staatseigentums, die Wah-
rung der Privilegien des Aostatales, die Benennung des Generalstaats-
anwaltes sowie die Prüfung der Zulässigkeit von Berufungen zu Gerich-
ten in Savoyen und Piemont, erstreckte.[2]

Neben der Autonomie in verwaltungstechnischen und politischen Ange-
legenheiten wurde am 22. September 1561 durch ein Edikt von Emmanuel-
Philibert das Französische zur offiziellen Amtssprache im Aostatal
erhoben: "Faisons scavoir qu'ayant toujours et de tout tems esté la
langue françoise en nostre pais et duché d'Aoste, plus commune et
generale que point d'aultre, et ayant le peuple et sujects dudict
pais adverti et accoustumé de parler ladicte langue plus aisement

---
[1] Zanotto, A. (1986): S. 19
[2] vgl.: Böttcher, O. (1969): S. 35

que toute aultre, aurions entendu que, non obstant nos dicts statuts et ordonnances, aulcuns désobeissants usent en leurs procedures, tant de justice que d'aultres, de la langue latine laquelle, oultre ce qu'ils ne la scavent pas user parfaictement, n'est si intelligible au peuple comme la langue françoise, à cette cause avons voulu par ces présentes dire et déclarer, disons et déclarons nostre vouloir estre resolument que audict pais et duché d'Aouste nulle personne quelle qu'elle soit, ait à user, tant ès procedures et actes de justice que à tous contracts, instruments, enquestes et aultres semblables choses, d'aultre langue que françoise, à peine de nullité desdicts contracts et procedures et de cent livres d'amende à toutes deux les parties contrahentes et playdantes à ce contrevenantes."[1]

Dieses Edikt bestätigt, daß das Französische in allen öffentlichen Angelegenheiten verwendet wurde. Gleichzeitig wird aber darauf hingewiesen, daß das valdostanische Volk, das die französische Sprache entsprechend der unterschiedlichen sozialen Stellungen oftmals nur in geringem Maße beherrschte. (Französisch galt als Sprache der Elite), im täglichen mündlichen Sprachgebrauch das Frankoprovenzalische verwendete. Damit verhält sich die linguistische Situation im 16. Jahrhundert in der gleichen Art und Weise wie auch in den anderen französischen Regionen.[2] Die jeweilige Umgangssprache war ein örtlicher Dialekt, Schriftsprache hingegen Französisch.
Im Laufe der Jahrhunderte hatten sich im Aostatal außerdem besondere rechtliche Sitten und Gebräuche gebildet, die ihren Ursprung im römischen und frankoburgundischen Recht haben. Diese wurden im Jahre 1588 im berühmten, in französischer Sprache verfaßten "Coutumier" ("Coutumes générales du Duché d'Aoste"), der noch heute z. T. gültig ist, kodifiziert. "Ce Coutumier régla définitivement la vie politique et sociale valdôtaine jusqu'à l'épuisement du régime d'autonomie dans la seconde moitié du XVIIIe siècle."[3]

Auch dieses Dokument besagte, daß alle Bürger des Aostatales frei und

---

[1] Zanotto, A. (1986): S. 22
[2] vgl.: Martin, J.-P. (1982): S. 34
[3] ibid., S. 34

unabhängig waren: "Toutes personnes nees au Duché d'Aouste sont franches & de condition libre, sinon que par recognaissances elles soyen astrainctes à seruile condition."[1]

In der Diskussion um die im 16. Jahrhundert endgültig bestätigte Autonomie des Aostatales fällt das Stichwort "Intramontanismus". Diese Bezeichnung beschreibt die besondere geographische Lage des Tales: "Le pays d'Aoste est une province separée qui ne dépend de nos autres provinces deça ni delà les monts et qui a ses loix et impositions a part (...)."[2] Somit wird dem Aostatal allein auf Grund seiner inneralpinen Lage das Recht auf eigene Gesetze und Selbstverwaltung zugestanden. Dasselbe Konzept vertrat im Jahre 1661 auch der Bischof Philibert-Albert Bailly, als der Vatikan der Diözese Aosta die gleichen Verordnungen und Pflichten auferlegen wollte, die auch für die anderen italienischen Diözesen gültig waren. "La Vallée d'Aoste n'est pas une province transalpine ni cisalpine, se trouvant enserrée dans les montagnes des Alpes, séparée des autres Etats de Savoie. Elle n'est pas soumise aux lois du Piémont; elle a ses coutumes propres, son droit à elle; le célèbre jurisconsulte Antoine Favre déclare dans son code que 'les habitants du pays d'Aoste se régissent d'après leurs coutumes et non par des lois'. Aussi les papes dans les brefs adressés au clergé italien, n'entendent pas inclure le clergé valdôtain (...). Les habitants du duché d'Aoste se distinguent des habitants cisalpins par l'usage de la langue française, tandisque ces derniers parlent italien ou piémontais."[3] Hier wird nicht nur eine eindeutige Abkapslung und damit Autonomie im geographischen und rechtlichen Sinne, sondern ebenfalls eine Sonderstellung der valdostanischen Kirche proklamiert. Die partikularistische Einstellung der Valdostaner manifestiert sich also auch im kirchlichen Bereich.

Zu Beginn des 17. Jahrhunderts wurde die französische Sprache, die in allen amtlichen und schriftlichen Angelegenheiten des Aostatales be-

---

[1] Livre I - Tiltre XIX - Article I du Coutumier, zitiert aus: Roddi, G. (1988): S. 87
[2] Lettres Patentes du 1er mars 1580, zitiert aus: Frutaz, F.-G. (1913): S. 48
[3] Bailly, P-A. (1661): zitiert aus: Zanotto, A. (1986): S. 25 f.

reits fest verankert war, durch die Einrichtung des "Collège Saint-Benin" (1604) erneut bestätigt. Vom Jahre 1604 bis zur zweiten Hälfte des 19. Jahrhunderts, also über einen Zeitraum von etwa 250 Jahren, war in dieser Schule Französisch die alleinige Unterrichtssprache. "Ce célèbre institut, qui connut une vie glorieuse, en accueillant aussi dans son enceinte de nombreux étudiants étrangers, revêt une importance fondamentale pour l'histoire de la culture locale et l'affermissement de la langue française. De là est sortie toute la classe dirigeante valdôtaine ecclésiastique et laique, jusqu'à la fin du XIXe siècle, et son influence, comme centre de formation de la conscience civique valdôtaine est d'une incalculable valeur."[1]
Das Institut hatte also bald auf Grund seiner hervorragenden Ausbildung in humanistischer und naturwissenschaftlicher Hinsicht große Bekanntheit auch außerhalb der Grenzen des Aostatales erreicht und galt lange Zeit als bedeutendstes Lehrinstitut im gesamten Herzogtum Savoyen.

Die Literatur des 17. Jahrhunderts ist teils in Französisch, teils noch in Latein gehalten und hat ausschließlich belehrenden Charakter. "Le phénomène qui caractérise le milieu culturel valdôtain de cette époque est l'apparition d'un humanisme tout à fait singulier, retardataire, et qui met tout son intérêt dans la recherche savante, dans la mise en valeur du matériel des antiquités valdôtaines, dans le culte du Pays."[2]

Um die Jahrhundertwende werden im Aostatal lediglich die beiden Sprachen Französisch und Frankoprovenzalisch verwendet. Italienisch gilt als nicht bekannt. Dabei war Französisch die offizielle Sprache in allen wirtschaftlichen, politischen, rechtlichen und religiösen Angelegenheiten und später auch Literatursprache; Frankoprovenzalisch hingegen diente zur täglichen Verständigung unter den Valdostanern.[3]

Die freiheitlichen und rechtlichen Institutionen, die das Aostatal in dieser Epoche erworben hatte, sicherten die Autonomie bis ins 18. Jahrhundert.

---

[1] Colliard, L. (1976): S. 78 f.
[2] ibid., S. 77
[3] vgl.: Martin, J.-P. (1982): S. 34

6.2 Verfall der valdostanischen Autonomie

Das 18. Jahrhundert gilt allgemein als Epoche des Niedergangs im Aostatal. Der Heimsuchung durch die Pest (1630), die zwei Drittel der Bevölkerung vernichtet hatte, folgten französische Invasionen (1691) und eine anschließende Besetzung von 1704 bis 1706. Schließlich bedeutete die Eröffnung neuer Verkehrswege durch die Alpen (Sankt Gotthard, Simplon, Fréjus), daß die einstige Monopolstellung des Aostatales als Bindeglied zwischen Frankreich, Schweiz und Italien immer mehr abnahm und somit auch seine politische Eigenständigkeit in hohem Maße schwächte.[1] Auch wirtschaftlich gesehen erlebte das Tal einen deutlichen Verfall. Hungersnöte und erste saisonale Emigrationen in Gebiete mit besseren Verdienstmöglichkeiten kennzeichneten diesen Zeitabschnitt.[2]

Ein letzter großer Verfechter der valdostanischen Eigenständigkeit, dessen Bedeutung für das Tal bis in die heutige Zeit reicht, war Jean-Baptiste de Tillier (1678-1744).[3] Von 1720 bis 1740 schrieb er den "Historique de la Vallée d'Aoste", ein bedeutendes Geschichtswerk, das die besondere Stellung des Aostatales innerhalb des Herzogtums Savoyen herausstellt. Außerdem wollte de Tillier die Stellung des Adels, die sich in starkem Verfall befand, erneut festigen. Er gilt als "Père de l'histoire valdôtaine" und "loyaliste sans faille". Als im Jahre 1730 die zentralistisch-absolutistisch geprägte Politik von Karl-Emmanuel III. den valdostanischen Privilegien ein Ende setzen sollte, erwies sich de Tillier abermals als "champion" der seit Jahrhunderten bestehenden Eigenständigkeit dieses Volkes: "C'est une province qui est située dans les Alpes qui séparent l'Italie avec la France et la Savoye. La plus part des historiens anciens, par rapport sans doutte a l'écoulement des ses eaux que la pente conduit de ce costé là, la font membre de la Gaule Cisalpine, l'appellent 'ultimus Italiae terminus'. Cependant elle ne doit être considérée ny comptée entre celles qui composent l'Italie, le Piémont ou la Savoye, mais comme un Estat intramontain ('Alpes populi inalpinis' ut colligitur ex Plin., Naturalis historia. Lib. 3, cap. 5), qui en est entièrement séparé et

---

[1] vgl.: Böttcher, O. (1969): S. 29
[2] vgl. Kapitel D dieser Arbeit
[3] vgl.: Zanotto, A. (1986): S. 27

indépendant pour le temporel et pour la justice, se gouvernant par
des loix, par des usages et par des coutumes escrittes qui luy sont
entièrement particuliers, sous l'obeissance cependant de la couronne
royale de Savoye."[1]

Die piemontesischen Herrscher jedoch setzten unter der Führung von
Victor-Amadée III. (Nachfolger von Karl-Emmanuel III.) alles daran,
die Unabhängigkeit der Valdostaner zu schwächen. Im Jahre 1747 reagierte der Hof von Turin folgendermaßen auf die partikularistisch
geprägten Schriften von de Tillier: "Le manuscrit de M. de Tillier,
contenant l'histoire de la Vallée d'Aoste, est propre à fomenter
l'esprit d'indépendance parmi ces populations. Il n'est donc pas
convenable de le laisser lire, et pour cela, faites disparâitre, le
plus possible, toutes les copies de ce manuscrit."[2]

Diese Aufforderung, das Dokument von de Tillier zu vernichten, stellt
den auslösenden Faktor für alle weiteren Aktionen, die das Aufheben
der valdostanischen Freiheiten betreffen, dar. Mit der Gründung des
Königreichs Sardinien und der Eroberung des Tessins verfolgte auch
Savoyen eine immer absolutistischere Politik. Mit dem Ziel, die Lombardei zu erobern, versuchte es, seine Territorien zu einigen, das
Militär neu zu organisieren und dabei alle Institutionen, die den
einzelnen Regionen eine gewisse Freiheit gewährt hatten, aufzuheben.
Zwischen 1750 und 1770 wurden die "Charte des Franchises" und alle
weiteren Privilegien, die einst mit dem Herzog von Savoyen in Übereinstimmung getroffen worden waren, abgeschafft. Nach einer letzten
Zusammenkunft der "Assemblée Générale" im Jahre 1766 wurde 1773
schließlich der "Coutumier" außer Kraft gesetzt und durch ein einfaches, nichtssagendes Dokument, "Règlement particulier pour le
duché d'Aoste", ersetzt. Der "Conseil des Commis" wurde zwar zu diesem Zeitpunkt noch nicht vollständig aufgehoben, hatte aber in den
folgenden Jahren nur noch eine mehr oder weniger unbedeutende Funktion.
Im Jahre 1773 kam es schließlich zum endgültigen Niedergang der valdostanischen Autonomie. Es gelang den nach Macht strebenden Savoyern
jedoch nicht, den in den Valdostanern fest verwurzelten Glauben an
Eigenständigkeit und Selbstverwaltung vollkommen zu vernichten.[3]

---

[1] de Tillier, J.-B. (1966): S. 90
[2] Martin, J.-P. (1982): S. 37
[3] vgl.: Zanotto, A. (1986): S. 28

6.3 Französische Revolution und Napoleon

Am 10. September 1792 erklärte Frankreich dem savoyischen König Victor-Emmanuel I. (1759-1824) den Krieg und erfaßte Savoyen und damit auch das Aostatal. Trotz erheblicher Widerstände war Savoyen schließlich gezwungen, seine gesamten auf dem Festland befindlichen Gebiete an Frankreich abzutreten. Seit dem Jahre 1798 bis zum Fall Napoleons im Jahre 1814 gehörte das Aostatal also zu Frankreich.[1]

Die Ideen der französischen Revolution stießen jedoch bei den Valdostanern nur auf eine äußerst sparsame Resonanz: "Le idee del 1789 ebbero una scarsa ripercussione in Val d'Aosta: la comunità valdostana si mostrò sempre piuttosto refrattaria e attacata alla sua 'petite patrie'."[2]

Die sogenannten "insurrections des Socques" bestätigen dieses:"Trois insurrections populaires appelées 'insurrections des Socques', en 1799, en 1801 et en 1853, apparaissent comme des mouvements contre-révolutionnaires - du moins les deux premières - et avant tout légitimistes et réactionnaires."[3]

Auch hier spiegeln sich also Eigenständigkeit und vor allem das starke Zusammengehörigkeitsgefühl der Valdostaner, auch in schwierigen Situationen vereint für die alten Rechte und Traditionen zu kämpfen, wider. Nach dem Fall Napoleons im Jahre 1814 gehörte das Aostatal wiederum zu Savoyen. Die französische Sprache galt weiterhin als Sprache des valdostanischen Volkes, zusammen mit dem Frankoprovenzalischen.

---

[1] vgl.: Ghignone, G. (1982): S. 125 f.
[2] Perotti, O. (1971): S. 17
[3] Lengereau, M. (1968): S. 24

7. Anschluß an das italienische Königreich

Das Jahr 1860 stellt ein entscheidendes Datum für das weitere Schicksal des Aostatales dar: Unter König Viktor-Emmanuel II. von Sardinien erfolgte nämlich der Anschluß des Aostatales an das Königreich Italien, verbunden mit einer gleichzeitigen Trennung von Savoyen. Savoyen und Nizza gehörten von nun an zu Frankreich, während das französischsprachige Aosta bei Piemont blieb. Das Aostatal wurde somit zu einer unbedeutenden französischsprachigen Minderheit innerhalb des neuen italienischen Staates.[1]

Die nationalistischen italienischen Kräfte wollten die Identität von Nation und Sprache und setzten somit alles daran, im Aostatal die italienische Sprache einzuführen. Sie bezeichneten das Französische als sprachliche Anomalie, der ein Ende gesetzt werden sollte. Die Valdostaner jedoch wollten ihre auf jahrhundertelange Rechte gestützte Autonomie in sprachlicher und verwaltungstechnischer Hinsicht behalten. So kämpften vor allem der Klerus und die geistige Elite um den Erhalt der französischen Sprache. Alle Linguisten und Historiker sind sich einig, daß nur das Französische die Sprache des valdostanischen Volkes sein kann: "Les auteurs sont unanimes à reconnaître une seule langue - le français en l'occurence - en Vallée d'Aoste, que ce soit dans les écoles, dans les administrations ou dans la vie quotidienne."[2]

Als die Regierung in Turin im Jahre 1861 die französische Sprache am "Collège Saint-Benin" verbieten wollte, kam es zu den ersten heftigen Reaktionen bei der valdostanischen Bevölkerung. Ein Brief, den der berühmte Mediziner und Verfechter der französischen Sprache, Laurent Cerise, an den einstigen Minister für Kultur, Matteucci, schrieb, zeugt davon: "Après avoir clamé sa déception concernant la langue française 'qu'on a voulu arracher de son vieux pays comme un arrache un arbre, en l déracinant à coups de sape' et montré que des pays européens ont échoué dans leur tentative d'assimilation linguistique d'autres régions, le Docteur Cerise dénonce l'italianisation forcenée du Collège. En effet 'les études y étaient bonnes et avaient donné des hommes distingués à l'église, à la magistrature, aux lettres et

---

[1] vgl.: Böttcher, O. (1969): S. 30
[2] Martin, J.-P. (1982): S. 39

aux sciences', alors qu'à présent, il est presque vide et que
l'enseignement y est dispensé par 'des professeurs solitaires,
mécontents, médiocres, antipathiques à la population, ne sachant
pas le français, sachant mal l'italien. Par conséquent, la justice
la plus élémentaire serait de restituer les cours à des professeurs
maniant correctement le français et réparer le mal fait à un 'pauvre
petit peuple de montagnards'."[1]

Dieser Brief stellte den auslösenden Impuls für ein Pamphlet des
Parlamentsabgeordneten Vegezzi Ruscalla dar und bildete den eigentlichen Auftakt des Kampfes, bei dem Sprachenrecht mit Nationalgefühl verwechselt wurde. Eben in diesem Schreiben mit dem Titel "Diritto e necessità di abrogare il francese come lingua ufficiale, in alcune valli della Provincia di Torino" verlangte er die Abschaffung sämtlicher Privilegien und Garantien für die französischsprachige Minderheit, deren Zugehörigkeit zum französischen Kulturkreis er bestritt.[2]
Seine Forderungen gingen außer der Aufhebung des Französischen als Schulsprache sogar so weit, die Namen der Gemeinden des Aostatales ins Italienische zu übertragen.[3]

Die Reaktionen der valdostanischen Bevölkerung auf dieses Pamphlet
waren äußerst lebhaft. Durch den Kanonikus Edouard Bérard ließen sie
sich im Jahre 1862 ihre Zugehörigkeit zum französischen Kulturkreis
nachweisen und erklärten, niemals auf ihre Muttersprache verzichten
zu wollen. "En 1862 parut à cet effet l'opuscule 'La langue française
dans la Vallée d'Aoste', où l'ont sent vibrer le chaud patriotisme
et la force de polémiste de l'illustre chanoine; l'ouvrage aurait pu
avoir un retentissement encore plus grand, si l'auteur avait étayé sa
réplique avec des arguments linguistiques plus approfondis."[4]

Auch im täglichen Leben erfuhr die italienische Sprache allgemein
eine recht starke Ignoranz. Während sich die Protestschriften gegen
ein Aufheben der französischen Sprache häuften, weist die valdostanische Literatur in dieser Zeit eigentlich nur einen wirklich bedeuten-

---

[1] Martin, J.-P. (1982): S. 40 f.
[2] Böttcher, O. (1969): S. 40
[3] vgl. Martin, J.-P. (1982): S. 41
[4] Colliard, L. (1976): S. 261

den Dichter auf: Jean-Baptiste Cerlogne (1826-1910). Neben einer
beträchtlichen Anzahl an Gedichten in frankoprovenzalischer Sprache
ist er vor allem der Verfasser der "Petite grammaire du dialecte val-
dôtain" und des Wörterbuches "Dictionnaire du patois valdôtain", die
beide auch heute noch einen wichtigen Stellenwert bei der Beschäfti-
gung mit den valdostanischen Dialekten haben.[1]

Ein weiterer Versuch im Jahre 1862, das Französische in den Schulen
durch das Italienische zu ersetzen, scheiterte am geschlossenen Wi-
derstand der Valdostaner. Von da an wurde die Beschränkung ihrer
Sprachenrechte schrittweise vorgenommen, um weitere heftige Reaktio-
nen von seiten der Bevölkerung zu vermeiden.[2]

1873 wurde in der "Ecole normale", einer Schule zur Heranbildung des
Lehrerpersonals für die valdostanischen Landschulen, Italienisch zur
Unterrichtssprache bestimmt. 1880 erfolgte die Abschaffung des Fran-
zösischen als Gerichts- und Amtssprache. Nachdem im Jahre 1883 das
Französische endgültig aus allen valdostanischen Schulen verbannt
werden sollte , gelang es der Bevölkerung immerhin,eine Gleichstel-
lung von Französisch und Italienisch zu erreichen. 1892 jedoch wur-
den alle finanziellen Mittel für den Französischunterricht gestrichen,
Die idealistisch gesinnten Lehrer führten daraufhin den Unterricht
zunächst unbezahlt weiter, nach und nach aber verschwand das Franzö-
sische aus den Schulen.

"En une génération, le français risquait de devenir une langue pas-
sive, à peine admise en famille."[3]

Um den allgemeinen Verfall der französischen Sprache aufzuhalten, wur-
de im Jahre 1909 "La ligue valdôtaine" gegründet. Diese Organisation,
deren Aufgabe es war, das Französische im Aostatal zu verteidigen und
neu zu etablieren, setzte sich unter dem Vorsitz von Anselme Réan aus
der intellektuellen valdostanischen Elite zusammen. Diese später

---

[1] Cerlogne, J.-B., Dictionnaire du patois valdôtain précédé de la Petite Grammaire (1907)
[2] vgl. im folgenden: Böttcher, O. (1969): S. 40 f.
[3] Martin, J.-P. (1982): S. 45

in "Comité italien pour la protection de la langue française dans la Vallée d'Aoste" umbenannte Privatorganisation übernahm zum Beispiel die Finanzierung des Französischunterrichtes und verstand sich als Sammlungsbewegung aller patriotischen valdostanischen Kräfte. Außerdem forderten sie die Herausgabe aller offiziellen Dokumente in zwei Sprachen, also Französisch und Italienisch, sowie eine Dezentralisierung aller lokalen Institutionen, die eng mit der Autonomie und der Eigenständigkeit der Valdostaner in sprachlichen und rechtlichen Anglegenheiten verbunden sind. Schließlich verlangten sie zur Wahrung der französischen Kultur und Sprache die Gründung eines französischen Konsulates in Aosta.[1]

Zu diesem Zweck gab die "Ligue Valdôtaine" im Jahre 1912 eine sogenannte "Numéro Unique" heraus, an deren Gestaltung bedeutende Gelehrte aus ganz Italien mitwirkten. Als Antwort auf die Reduzierung des Französischunterrichtes in den valdostanischen Volksschulen auf 1 Stunde forderten sie nun in loyaler Weise das Recht auf sprachliche Selbständigkeit und wiesen auf die Vorteile einer Zweisprachigkeit hin. Dabei ging es ihnen immer nur um die Erhaltung der französischen Sprache, niemals aber war es ein Kampf gegen das Italienische.[2]

Nach dem I. Weltkrieg wandte sich diese Organisation mit einer Petition an den Vorsitzenden des Ministerrates und Leiter der italienischen Friedensdelegation Orlando, um von ihm eine Garantie für das Sprachenrecht zu erhalten. Das Schreiben enthielt außerdem Vorschläge für die Gründung einer aus administrativen und linguistischen Motiven zu rechtfertigenden Autonomie. Artikel 1 dieser "Pétition pour les revendications ethniques et linguistiques de la Vallée d'Aoste" besagte: "L'Etat italien, fondé sur les principes de justice et liberté, répugnant à toute idée d'oppression, reconnaît aux populations de race et de langue française, enclavées dans l'Etat, les mêmes droits linguistiques et administratives exercés par les populations de race et de langue italienne."[3] Orlando gab daraufhin jedoch nur eine unverbindliche Erklärung zum Minderheitenschutz ab.

---
[1] vgl.: Martin, J.-P. (1982): S. 45
[2] vgl. Böttcher, O. (1969): S. 41
[3] Zanotto, A. (1986): S. 37

Im Jahre 1921 richtete sich der Präsident der "Ligue Valdôtaine" mit
einer Broschüre "Pour la région valdôtaine avec deux députés" erneut
an die italienische Regierung. In diesem Schreiben verlangte er eine
weitgehende Verwaltungsdezentralisierung für das Aostatal. Er meinte,
daß nun das Problem der Erhaltung der französischen Sprache untrennbar mit der regionalistischen Idee verknüpft sei, welche durch die
Italienische Volkspartei ("Partito Popolare Italiano") propagiert würde.[1] Doch trotz allen Widerstandes wurde durch das "Decreto Gentile"
welches in Artikel 4 vorsah, daß Italienisch die alleinige Unterrichtssprache in Italien sei, im Jahre 1923 das Französische endgültig aus
den Schulen verbannt.[2]

Die Valdostaner jedoch gaben den Kampf um die französische Sprache
niemals ganz auf. Von nun an wurde er stets mit der Forderung
einer Regionalautonomie geführt. "Les Valdôtains avaient enfin pris
conscience de leur personnalité collective, d'être une entité particulière dans le cadre de l'Etat italien, avec droit à la liberté."[3]

---

[1] vgl.: Böttcher, O. (1969): S. 42
[2] vgl. ibid., S. 42
[3] Zanotto, A. (1986): S. 37

8. Kampf um die Autonomie und Widerstand gegen den Faschismus

Während sich das Unabhängigkeitsbewußtsein der Valdostaner immer stärker entwickelte, wollte der Faschismus das Problem der sprachlichen Minderheiten durch eine radikale nationalistische Politik lösen. Der faschistische Schriftsteller Gotta äußerte sich im Jahre 1926 folgendermaßen anläßlich der Schaffung der Provinz Aosta: "Es muß Schluß gemacht werden mit dem Zopf des Autonomismus, mit gewissen Arten, sich wie Franzosen, Deutsche und Slawen auszudrücken; die fremden Sprachen dürfen nicht länger italienische Dialekte bleiben, die Italiener müssen die Sprache von Dante sprechen!"[1]

Demgegenüber stand zum Beispiel die Meinung von A. Graf, der die Bedeutung der Muttersprache für ein Volk hervorhob: "Una popolazione dev'essere gelosa della propria lingua come della propria anima, perchè quella è la espressione di questa, e come la depositaria di questa attraverso le vicende del tempo. Non si può rinunziare alla propria lingua senza rinunziare a troppa parte di sè. Del resto, si può essere pessimo italiano parlando la lingua italiana e ottimo italiano parlando la lingua francese."[2] Damit drückte auch er wiederum aus, daß sich der Kampf der Valdostaner immer nur für den Erhalt der französischen Muttersprache, nicht aber gegen das Italienische richtete. Die Einheit einer Nation ist also nicht unbedingt durch die Einheit der Sprache begründet. Dieses jedoch, die Identität von Sprache und Nation, wurde durch das faschistische Regime Italiens immer wieder gefordert.

Diesen Forderungen widersprachen die föderalistischen Ideen von A. Pastore: "Non si chiede a nessuno di sacrificare la lingua materna all'altare della patria. Solo occorre che tutti, italianisti e valdostani, sappiano guardare gli avvenimenti con relativa abnegazione e fra tanto si convincano che lingua e patria non sono termini necessariamente coincidenti. L'unità della patria non è affidata all'unificazione della lingua (...)"[3]

---

[1] Gotta, S. (1926): zitiert aus: Böttcher, O. (1969): S. 42
[2] Zanotto, A. (1964): S. 209
[3] ibid., S. 211

Ebenso wie die autonomistischen Gedanken der Valdostaner fanden auch diese föderalistisch geprägten Vorstellungen keine Zustimmung bei der italienischen Regierung. Ihre zentralistische Politik lehnte es ab, örtliche, wirtschaftliche und kulturelle Verschiedenheiten sowie regionale Aspirationen zu berücksichtigen. Stattdessen traten Schlagworte wie "romanità" und "italianità" auf und beherrschten das damalige politische Bild.[1]

Auch unter der valdostanischen Bevölkerung fanden sich einige Anhänger dieser faschistischen Politik: "Se présentant comme le parti de l'ordre, le fascisme obtint en Vallée d'Aoste de grands succès. Les élections législatives de 1924 et le plébiscite de 1929 en sont un témoignage incontestable."[2] Dieser zunächst positiven Haltung wird in der Literatur nur wenig Beachtung geschenkt. Grundsätzlich wird davon ausgegangen, daß zum einen die Unzufriedenheit der Valdostaner mit den vorhergehenden italienischen Regierungen ein auslösender Faktor für diese Konformität gewesen sein muß; zum anderen galt die Haltung des jungen valdostanischen Klerus als der faschistischen Kulturpolitik sehr nahestehend. Galt die Kirche bisher als jahrhundertelanger Verfechter der französischen Sprache und Tradition, so sollten die Lateranverträge eine gewisse Änderung bringen. Diese nämlich verlangten im Jahre 1929 das Lateinische oder Italienische als verpflichtend.[3]

Somit verschwand die französische Sprache immer mehr aus dem täglichen Leben der Valdostaner. Im Jahre 1925 erfolgte, nachdem zwei Jahre zuvor das Französische aus den Schulen verbannt worden war, auch das Verbot des Gebrauchs der französischen Sprache in forensischen Angelegenheiten. 1926 wurde mit der Italianisierung aller öffentlichen Inschriften und Straßennamen in Aosta begonnen. Ferner wurden alle französischsprachigen Zeitungen verboten sowie die "Ligue Valdôtaine" zeitweilig aufgelöst. 1928/29 schließlich setzte die Italianisierung der valdostanischen Gemeindenamen ein: "Dès 1928-29 les noms français

---

[1] vgl. Böttcher, O. (1969): S. 43
[2] Martin, J.-P. (1982): S. 46 f.
[3] vgl. Kapitel E dieser Arbeit

des communes commencèrent à être traduits en italien: Villeneuve devint 'Villanova Baltea'; Quart, 'Quarto Pretoria'; Aymavilles 'Aimavilla', et ainsi de suite. En 1939, à l'enseigne d'une vraie gallophobie, on ne craignit pas le grotesque en donnant, par exemple, à La Thuile le nom de 'Porta Littoria' et à Doues celui de 'Dovia d'Aosta', d'après le nom du village natal du dictateur."[1]

Neben der Italianisierung der Ortsnamen und einer beabsichtigten Übersetzung der Familiennamen erfolgte eine weitere künstliche Durchsetzung des Tales mit der italienischen Sprache durch die Zuwanderung von italienischen Arbeitskräften (Veneto und Piemont). Auf der anderen Seite wurde die Zahl der französischsprachigen Bevölkerung durch viele Emigrationen der Valdostaner in Gebiete mit französischer Sprache in hohem Maße reduziert.[2]

Dieser zunehmenden Italianisierung - "Ho prescritto l'immediata cancellatura e rimozione di tutto quanto puzza di francese nell'intero comune di Aosta", besagt ein Schreiben Mussolinis vom 11. Januar 1939 - stellte sich die im Jahre 1925 durch Abbé Trèves gegründete "Jeune Vallée d'Aoste" entgegen.[3] Diese regionalistische Aktionsgruppe hatte sich zum Ziel gesetzt "de soutenir et de défendre les droits, les traditions, la langue et les institutions de notre Région Valdôtaine, (...) tous les intérêts intellectuelles, moraux, sociaux et économiques du peuple valdôtain(...)". Dabei deklarierte sich die Gruppe selbst als apolitisch.[4] Im Kampf gegen den faschistischen Nationalismus und Zentralismus strebte die beherrschende Person dieser Vereinigung, Emile Chanoux, die Schaffung eines Kantons Aostatal nach Schweizer Vorbild und die Umgestaltung des Königreiches in einen Bundesstaat an: "Un régime fédéral de type suisse garantit ce respect réciproque (des petits groupes ethniques) à l'intérieur des Etats et à l'intérieur du continent européen."[5] Dabei forderte er auch, daß die Zweisprachigkeit in den alpinen Regionen nicht nur respektiert, sondern vor allem geschützt und

---

[1] Zanotto, A. (1986): S. 45 ff.
[2] vgl. Kapitel D dieser Arbeit
[3] vgl. Martin, J.-P. (1982): S. 48
[4] vgl. Lengereau, M. (1968): S. 45
[5] Chanoux, E. (1960): S. 22

gefördert werden müsse.[1]

Die föderalistischen Ideen von Chanoux konnten sich auf der am 19. Dez. 1943 heimlich durchgeführten Konferenz von Chivasso durchsetzen. Auf dieser Konferenz, zu der sich alle im Widerstand stehenden Vertreter der Alpentäler eingefunden hatten, wurde beschlossen, daß Italien in einen Bundesstaat umzuwandeln ist, in dem die Alpentäler den Status von Kantonen erhalten; daß den ethnischen Minderheiten Kultur- und Schulautonomie gewährleistet werden soll; sowie, daß den Alpentälern auf Grund ihrer besonderen wirtschaftlichen Situation eine wirtschaftliche Autonomie zugestanden werden soll.[2] Ferner besagten die Kommentierungen von Chanoux, daß die Alpentäler gerade wegen ihrer besonderen geographischen Lage und Zweisprachigkeit als Mittler zwischen den Völkern berufen wären, was jedoch nur bei weitgehender kultureller, wirtschaftlicher und politischer Autonomie erfüllt werden könne. "(...) pour leur position géographique d'intermediaires de cultures diverses et pour le respect de leurs traditions et de leur personnalité ethnique une autonomie culturelle et linguistique devrait être garantie, consistant dans le droit d'utiliser la langue locale sur pied d'égalité avec l'italien et de l'enseigner dans les écoles (...)."[3]

Seine Forderungen sind also eine deutliche Kampfansage an den Zentralismus und die Herrschaft des Staates über das Individuum. Auch er richtet sich nicht gegen die italienische Sprache, sondern verlangt lediglich die Gleichstellung der valdostanischen Kultursprache Französisch mit dem Italienischen. Außerdem fordert er die Wiedereinführung des Französischunterrichtes in den Schulen.

Der Kampf gegen die faschistische Diktatur ist also vor allem auch ein Kampf für die Sprache der Väter. Den Antifaschisten des Aostatales wurde mehr und mehr bewußt, daß sie nicht ausschließlich Italiener seien und daß die Individualität ihrer Volksgruppe einen entsprechenden Ausdruck in ihrer politischen Situation finden müsse.

---

[1] vgl.: Lengereau, M. (1968): S. 46 f.

[2] vgl.: Böttcher, O. (1969): S. 44

[3] Zanotto, A. (1986): S. 50

Interessanterweise waren die Bestrebungen der faschistischen Regierung, im Aostatal die italienische Sprache einzuführen, niemals mit einem Angriff auf das Frankoprovenzalische als örtlicher Mundart verbunden. Man bemühte sich vielmehr, den Valdostanern zu beweisen, daß man ihren Dialekt scheinbar respektiere und daß lediglich das Französische entfernt werden müsse. Dabei behaupteten sie, daß das Französische als ein "idiome étranger" den Valdostanern im Laufe ihrer Geschichte zu Ungunsten des Frankoprovenzalischen gewaltsam aufgezwungen worden wäre.[1]

Die Ziele, die sich hinter dieser Politik verbargen, stellten jedoch nicht im geringsten ein Interesse an der Erhaltung des frankoprovenzalischen Dialektes dar. Durch die Opposition der beiden autochthonen Sprachen Frankoprovenzalisch und Französisch sollte bei den Valdostanern nicht nur eine affirmative Haltung gegenüber der definitiven Aufgabe des Französischen erzeugt werden, sondern gleichzeitig durch eine ausschließlich italienischsprachige Umgebung auch das Frankoprovenzalische allmählich eliminiert werden. Durch die künstliche Separation dieses Dialektes vom Französischen sowie jeglicher anderen verwandten galloromanischen Sprachform erreichten die faschistischen Kräfte schließlich eine zunehmende Italianisierung der Mundart in phonetischer, lexikalischer und auch syntaktischer Hinsicht. Außerdem nisteten sich viele Neologismen in das Frankoprovenzalische ein, was durch die starke Dominanz der italienischen Sprache begründet ist.

Die Faschisten Italiens wollten also mit Hilfe der künstlichen Gegeneinanderstellung der verwandten Sprachen Französisch und Frankoprovenzalisch schlußendlich beide supprimieren, um den endgültigen und definitiven Triumph des Italienischen im Aostatal zu sichern. Dabei wurde die Tatsache, daß das Frankoprovenzalische grundsätzlich eine nur mündliche Sprache, deren Fortbestand durch die fehlende Verschriftung wesentlich erschwert wird, darstellt, von den Faschisten als für ihre Einheitspolitik positive Begleiterscheinung gewertet. Auf Grund des eher inkonsistenten Charakters des Frankoprovenzalischen nämlich sahen sie keine Gefahr für die Etablierung der italienischen Sprache.

---

[1] vgl. im folgenden: Chignone, G. (1982): S. 130

8.1 Wiedererlangung der Autonomie

Der Widerstand der valdostanischen Bevölkerung hatte in der Konferenz von Chivasso seinen Höhepunkt erreicht; auch der Partisanenkrieg wurde in Italien mit äußerster Härte geführt. Es bleibt jedoch schwierig, ein objektives Bild von den Ereignissen der Jahre 1944 bis 1946 zu gewinnen: diese Periode zeichnete sich durch politische Unordnung und sehr unterschiedliche Vorstellungen über die Zukunft des Aostatales aus. Es würde zu weit führen, alle in der valdostanischen Literatur gerühmten Widerstandsbewegungen und Leidenschaften der einzelnen Vertreter aufzuzählen und stellt für die vorliegende Arbeit auch nur einen Bereich von sekundärem Interesse dar. Aus diesem Grunde seien lediglich die beiden wesentlichen differenten Auffassungen über das zukünftige Schicksal genannt:[1]

Die in den Jahren 1944 bis 1946 vorherrschende annexionistische Bewegung suchte den Anschluß an Frankreich. Gestützt durch einen großen Teil der valdostanischen Widerständler, einen Teil des Klerus und vor allem durch die valdostanischen Emigranten in Paris, beriefen sich die Befürworter dieser Bewegung auf das Selbstbestimmungsrecht der Völker. Insgesamt scheint die annexionistische Bewegung eher als eine impulsive und heftige Reaktion gegen den Faschismus, als ein negativer Gefühlsvorbehalt gegenüber dem Königshaus, von dem sich die Valdostaner verraten fühlten. Auf jeden Fall handelt es sich nicht um eine bis in die letzte Konsequenz wohldurchdachte Entscheidung, sondern eher um eine vorübergehende Übertreibung des Volkes.

Demgegenüber stellt die autonomistische Bewegung, welche mehrere Phasen durchlief, zunächst den Ausdruck des valdostanischen Partikularismus und Opposition gegen den zentralistischen italienischen Staat dar. Danach sollte sie den Forderungen der separatistischen Kräfte entgegenwirken oder zumindest zu deren Mäßigung beitragen. Schließlich bildete diese Bewegung auch die Rückzugslinie für einen Teil der Annexionisten. Gestützt wurde sie vor allem durch die italienischen Widerstandsbewegungen "CLNAI" (= Comitato di Liberazione Nazionale per l'Alta Italia)

---

[1] vgl. im folgenden: Böttcher, O. (1969): S. 45 ff.

und "CLNP" (= Comitato di Liberazione Nazionale per il Piemonte) und die italienische Regierung, die so dem Separatismus entgegenwirken wollte. Ein wichtiger Vertreter dieser autonomistischen Bewegung war Frédéric Chabod (1901-1960), der mit seinem Mémoire an das "CLNAI" am 27. September 1944 die ersten konkreten Vorstellungen für eine zukünftige Autonomie im Aostatal äußerte. In diesem Schreiben, "La Vallée d'Aoste, l'Italie et la France" richtete er sich auch gegen eine Annektierung des Aostatales an Frankreich und sprach sich auf der anderen Seite für einen Verbleib des Tales in Italien aus: "La France, écrit-il, n'a aucune raison sentimentale, traditionelle, de revendiquer éventuellement la Vallée d'Aoste, il n'existe pas d'irrédentisme (...) aucune tradition politique ne lie la Vallée à Paris."[1]

Als schließlich die Vertreter der autonomistischen Bewegung den Sieg über die annexionistische Bewegung davontrugen, so war dieses vor allem das Verdienst der geschickten Politik de Gasperis und das Ergebnis der Vorstellungen der Amerikaner und Engländer sowie das Desinteresse Frankreichs an der Angliederung des Aostatales. De Gaulle bestätigt dieses in seinen "Mémoires": "Quant au Val d'Aoste, nous aurions eu les meilleures raisons ethniques et linguistiques de nous l'assurer. Nous y rencontrions d'ailleurs, lors de l'avance de nos troupes, le désir presque général d'appartenir à la partie française. Mais comme, pendant huit mois de l'année, les neiges du Mont Blanc interrompent les communications entre la France et les Valdôtains dont l'existence est, de ce fait, liée à celle de l'Italie, nous avions pris le parti de ne pas revendiquer la possession de la Vallée. Il nous suffirait d'obtenir que Rome en reconnût l'autonomie."[2]

Als direkter Erfolg der Mémoire von Chabod war die Anerkennung der Autonomie für das Aostatal durch das "CNLAI", dem offiziellen Vertreter der italienischen Regierung im besetzten Teil des Landes, zu sehen. Am 6. Oktober 1944 erklärte das "CNLAI", daß es dem valdostanischen Volk die Wiederherstellung der verletzten Rechte durch das Zugestehen einer weitgehenden Kultur- und Wirtschaftsautonomie feierlich versichere. "Il CNLAI afferma solennemente che è dovere dell'Italia liberata restau-

---

[1] Chabod, F. (1944): zitiert aus: Lengereau, M. (1968): S. 53
[2] de Gaulle, C. (1959): zitiert aus: Lengereau, M. (1968): S. 59

rare i vostri diritti violati e conculati attraverso l'instaurazione di un regime di ampia autonomia linguistica, culturale, amministrativa (...)"[1]

Nach der Befreiung Italiens im Jahre 1945 folgte auf die beiden Autonomieentwürfe von Stévenin und des "CNLP" schließlich am 7. September 1945 die Wiederherstellung der Autonomie im Aostatal. Frédéric Chabod wurde erster Präsident der Region, deren langer Kampf um Eigenständigkeit endlich von Erfolg gekrönt worden war.

Die dem Aostatal durch Statthalterdekret ("Decreto Luogotenenziale") zugestandene Autonomie hielt sich im wesentlichen an die Forderungen des "CNLAI", umfaßte 23 Artikel und legte Ausmaß und Grenzen der Regionalautonomie fest: "La Valle d'Aosta in considerazione delle sue condizioni geografiche, economiche e linguistiche del tutto particolari, è costituita in circoscrizione autonoma con capoluogo Aosta."[2]

Mit den wirtschaftlichen und administrativen Privilegien erhielt das Aostatal den Status einer Freizone; außerdem wurde die Gleichstellung von Französisch und Italienisch als Amts- und Schulsprache festgelegt.

Mit der Annahme der Verfassung von 1948 fand die Autonomie des Aostatales ihre verfassungsrechtliche Verankerung und somit auch die Sicherung des Sprachminderheitenschutzes.

Im folgenden sollen die Artikel, die den Schutz der französischen Sprachminderheit betreffen, kurz erläutert werden.

---

[1] vgl. Erklärung des "CNLAI" (1944): zitiert aus: Böttcher, O. (1969): S. 47

[2] vgl. "Decreto Luogotenenziale" (1945): zitiert aus: Böttcher, O. (1969): S. 48

8.2 Erläuterungen zum Autonomiestatut

Am 26. Februar 1948 wurde das Aostatal gemäß Artikel 1 des "Statuto speciale della Valle d'Aosta" innerhalb der politischen Einheit der Republik Italien in den Rang einer autonomen Region erhoben. Somit wird das Aostatal auf Grund seiner historischen, ethnischen, linguistischen und auch seiner geographischen Besonderheiten zur kleinsten Region Italiens.[1]

Eine vollständige Betrachtung des 52 Artikel umfassenden Autonomiestatutes würde den Rahmen dieser linguistisch angelegten Arbeit sprengen. Daher seien an dieser Stelle nur einige Punkte, die im wesentlichen die sprachliche Situation im Aostatal betreffen, erläutert.[2]

Die Region Aosta wird von einem Parlament verwaltet, das aus 35 direkt gewählten Mitgliedern besteht. Außer den administrativen Angelegenheiten, die ihm vom italienischen Staat übertragen sind, hat es das Recht, Gesetze zu verabschieden, die ausschließlich regionalen Erfordernissen dienen; es kann aber auch die römischen Erlasse an die örtlichen Gegebenheiten anpassen. Das Regionalparlament wählt eine Exekutive, welche aus dem Regierungspräsidenten und sieben Ressortleitern besteht. Diese bilden mit dem Präsidenten die Vollzugsorgane der Region und werden mit verschiedenen Aufgaben betraut: Gesundheits- und Sozialwesen, Finanzen, Land- und Forstwirtschaft, Industrie und Handel, Tourismus, Kultur- und Bildungswesen sowie Bauwirtschaft. Weiterhin enthält die Verfassung auch eine Finanzautonomie, die den Valdostanern erhebliche Privilegien im Bereich der Steuern sichert. Zusätzlich spiegeln sich finanzielle Vorteile in der Distribution von Benzin- und Lebensmittelgutscheinen wider.

Im Rahmen dieser Arbeit jedoch ist vor allem das Selbstbestimmungsrecht im kulturellen Bereich von Bedeutung. Artikel 38, 39 und 40 des Autonomiestatutes betreffen die Stellung des Französischen im Aostatal:

---

[1] Piemont als unmittelbare Nachbarregion des Aostatales ist etwa zehnmal größer und weist eine vierzigfache Bevölkerungszahl auf.

[2] vgl.: "Statuto Speciale della Valle d'Aosta" (1988), Wiederdruck und Herausgabe durch die "Regione Autonoma Valle d'Aosta".

"TITOLO VI - Lingua e ordinamento scolastico -

Art. 38: Nella Valle d'Aosta la lingua francese è parificata a quella italiana. Gli atti pubblici possono essere redatti nell'una o nell'altra lingua, eccettuati i provvedementi dell'autorità giudiziaria, i quali sono redatti in lingua italiana. Le Amministrazioni statali assumono in servizio nella Valle possibilmente funzionari originari della Regione o che conoscono la lingua francese.

Art. 39: Nelle scuole di ogni ordine e grado, dipendenti dalla Regione, all'insegnamento della lingua francese è dedicato un numero di ore settimanali pari a quello della lingua italiana. L'insegnamento di alcune materie può essere impartito in lingua francese.

Art. 40: L'insegnamento delle varie materie è disciplinato dalle norme e dai programmi in vigore nello Stato, e con opportuni adattamenti alle necessità locali.
Tali adattamenti, nonché le materie che possono essere insegnate in lingua francese, sono approvati e resi esecutivi, sentite Commissioni miste composte di rappresentanti del Ministero della pubblica istruzione, di rappresentanti del Consiglio della Valle e di rappresentanti degli insegnanti."[1]

Die zitierten Artikel besagen, daß die französische Sprache der italienischen gleichgestellt ist. Laut Artikel 38 können öffentliche Handlungen sowohl in der einen als auch in der anderen Sprache vollzogen werden. Dieses gilt allerdings nicht für forensische Angelegenheiten; hier wird die italienische Sprache zwingend vorgeschrieben. In den öffentlichen Ämtern und Büros des Aostatales werden daher vorzugsweise Personen eingestellt, die beide Sprachen gleichermaßen beherrschen, auch wenn im täglichen Sprachgebrauch die italienische Sprache eine eindeutige Präferenz erfährt.[2]

Auch im schulischen Bereich wird der französischen Sprache Rechnung getragen. Artikel 39 und 40 halten fest, daß in den Schulen der Region dem

---

[1] "Statuto Speciale della Valle d'Aosta" (1988). S. 13
[2] vgl. Kapitel G dieser Arbeit

Französischen die gleiche wöchentliche Stundenzahl wie dem Italienischen gewidmet wird. Der Unterricht kann in einigen Fächern in Französisch durchgeführt werden. Auch in der Schule scheint das Französische also auf den ersten Blick dem Italienischen gegenüber gleichberechtigt zu sein. Ob es sich tatsächlich um eine völlige Gleichstellung handelt, soll an dieser Stelle noch nicht beantwortet werden. Kapitel G und der empirische Teil der vorliegenden Arbeit werden im folgenden zu diesem Problem Stellung nehmen.

Fest steht, daß das Aostatal nach der Erlangung der Autonomie wieder so etwas wie einen Mikrokosmos darstellt, obgleich die Valdostaner ihre Erwartungen an die Autonomie auch heute noch nicht als in jeder Hinsicht erfüllt betrachten. Ihrer Meinung nach berücksichtigt die Zentralregierung in Rom nur allzu selten die besonderen ethnischen, kulturellen, sprachlichen und vor allem wirtschaftlichen Gegebenheiten der Region: "Pour sa part l'Etat a toujours été peu respectueux des droits des Valdôtains. Non seulement il fit un acte de force pour résoudre la crise de 1966, mais il accumula un retard inadmissible avant d'accorder l'autonomie financière indispensable. Et une institution comme la Zone franche attend toujours d'être appliquée."[1]

Während sich die Klagen der Valdostaner hinsichtlich einer zu wenig berücksichtigten Autonomie fast immer auf finanzielle und ökonomische Privilegien beziehen, hat der Kampf um die Erhaltung der französischen Sprache zumindest bei der Bevölkerung erheblich nachgelassen. Heute sind es vor allem die Politiker, die sich für eine Etablierung des Französischen in allen Bereichen des täglichen Lebens einsetzen. Dabei erhebt sich der leise Verdacht, daß es ihnen dabei nicht nur um die französische Sprache selbst, sondern vielmehr um den Erhalt der Autonomie, die eben durch diesen Sprach- und Kulturpartikularismus begründet ist und erhebliche finanzielle Vorteile für die Region mit sich bringt, geht. In welcher Form das Französische tatsächlich heute im Aostatal quantitativ und qualitativ präsent ist, soll im empirischen Teil dieser Arbeit nachgewiesen werden.

---

[1] Zanotto, A. (1986): S. 78

D. WIRTSCHAFTLICHE ENTWICKLUNG DES AOSTATALES

1. Vorbemerkung

Die wirtschaftliche Entwicklung einer Region und ihre linguistischen Besonderheiten stehen nicht unbedingt in einem direkten Verhältnis zueinander. Das Aostatal jedoch hat gerade durch seine industrielle und wirtschaftliche Entwicklung bestimmte sprachliche Einflüsse erfahren, die noch heute das linguistische Bild dieser Region zeichnen. Diese sollen im folgenden aufgezeigt werden.

2. Handel, Landwirtschaft und Industrie

Schon zur Zeit des römischen Imperiums florierte die Wirtschaft des Aostatales. "Augusta Praetoria" fungierte als Handelszentrum auf der schon damals wichtigen Transitstrecke zwischen den beiden Gallien. Neben einer ausgeprägten Landwirtschaft und regem Handel wurden in dieser Zeit bereits die ersten Gold- und Silberminen erschlossen, die den Bewohnern des Tales reichhaltige Erträge lieferten.[1]

Das Mittelalter war hauptsächlich durch Landwirtschaft gekennzeichnet. Im Aostatal wurden Obst und Wein angebaut sowie die ersten Almen angelegt. Die Ausschöpfung der Gold- und Silberminen wurde durch einen intensiven Erz- und Kupferabbau abgelöst.

Gegen Ende des 17. Jahrhunderts beziehungsweise zu Anfang des 18. Jahrhunderts erlebte das Aostatal eine Zeit wirtschaftlichen Verfalls. Nach der Ausrottung vieler Bewohner durch die Pest (1630) folgten französische Invasionen, die sich ebenso negativ auf die wirtschaftliche Entwicklung des Tales auswirkten wie die ersten Emigrationen. Auf Grund der extrem schlechten Erwerbsmöglichkeiten wanderten viele Valdostaner im Winter in wärmere Regionen wie nach Piemont und Frankreich aus, um dort unter klimatisch und wirtschaftlich besser gestellten Verhältnissen Arbeit zu finden.[2]

Ab Mitte des 18. Jahrhunderts bis etwa zur ersten Hälfte des 19. Jahrhunderts war das Tal wiederum durch einen wirtschaftlichen Aufschwung geprägt. Neben einer blühenden Landwirtschaft - Viehzucht und Ackerbau galten als die wichtigsten und andauerndsten Einnahmequellen - wurde die Eisen- und Kupferverarbeitung durch die Hanf- und Leinenindustrie erweitert. Schon bald jedoch wurde der Eisenerzabbau durch Einschränkungen im Abholzen der Wälder geschwächt. Außerdem führten neben diesen ökologischen Gründen auch verkehrstechnische Probleme zu neueren wirtschaftlichen Schwierigkeiten. Das Aostatal verfügte noch nicht über ein gut ausgebautes Verkehrsnetz. Diese Tatsache ermöglichte es den

---

[1] vgl.: Ghignone, G. (1982): S. 80
[2] vgl.: Martin, J.-P. (1982): S. 19

Valdostanern kaum, mit der ausländischen Konkurrenz Schritt zu halten.[1]

Dennoch kann man in der Zeit zwischen 1820 und 1850 von einem wirtschaftlichen Höhepunkt im Aostatal sprechen: "Le Val d'Aoste était plus riche qu'aujourd'hui (...) Trois resources fondamentales y ont contribué: une agriculture vivrière (...), une métallurgie estimée, une émigration hivernale florissante (...)."[2]

Ab dem Jahre 1860 kennzeichnete eine weitere wirtschaftliche Flaute das Aostatal. Das Erzvorkommen in den Minen war weitestgehend erschöpft. Der sogenannte freie Handel bot den Valdostanern keinen Schutz mehr vor der englischen und französischen Konkurrenz, die Holzkohle und Eisenerz zu weitaus günstigeren Preisen anboten. Dieses führte dazu, daß viele valdostanische Betriebe schließen mußten, was wiederum einen erheblichen Anstieg der Arbeitslosigkeit zur Folge hatte.[3]

Auch in der Landwirtschaft ging die einstige Blütezeit zu Ende: Futtermangel in der Viehzucht führte zu Rationalisierungsmaßnahmen; die Weinproduktion erlebte ebenfalls eine Flaute, die vor allem durch den sich in den Bergregionen nur langsam entwickelnden technischen Fortschritt hervorgerufen wurde. Dennoch stellt im Jahre 1896 die Viehzucht 83 Prozent des jährlichen Gesamtertrages dar, während die Minen und sonstige valdostanische Industrie mit 1,5 Prozent nur einen sehr geringen Anteil verzeichnen.[4]

---

[1] vgl.: Janin, B. (1980): S. 155
[2] Zanotto, A. (1979): S. 193, zitiert aus: Martin, J.-P. (1982): S. 18
[3] vgl. Ghignone, G. (1982): S. 80
[4] vgl.: Janin, B. (1980): S. 190

3. Emigration und Immigration

Ein wichtiger Fortschritt für die wirtschaftliche Situation im Aostatal wird Ende des 19. Jahrhunderts durch den Bau der Eisenbahnlinie Aosta - Ivrea repräsentiert. Während nun zum einen ein schnellerer Transport der valdostanischen Produkte gewährleistet werden konnte, erhofften sich die Italiener auf der anderen Seite durch die direkte Verbindung mit Piemont eine schnellere Italianisierung der valdostanischen Bevölkerung.

Das Ende des 19. Jahrhunderts war also durch eine rege Beweglichkeit gekennzeichnet. Zunächst bewirkte die neue Eisenbahnlinie die Auswanderung zahlreicher Valdostaner nach Piemont, da sie dort bessere Arbeitsmöglichkeiten als in ihrer Heimat vorfanden. Diese Emigrationen stellen den ersten kapitalen Einschnitt in der Bevölkerungsentwicklung des Tales dar, deren weiterer Verlauf im folgenden hinsichtlich ihrer sprachlichen Auswirkungen näher beleuchtet werden soll. Von 1862 bis 1911 reduzierte sich die Bevölkerungszahl des Aostatales um 20874 Personen. Neben besseren Arbeitsmöglichkeiten zogen viele Valdostaner die Emigration auch aus sprachpolitischen Gründen vor. Die zunehmende Italianisierung, die seit der Zugehörigkeit zum italienischen Königreich das Tal kennzeichnete, veranlaßte viele zur Auswanderung in französischsprachige Gebiete, in denen sie ihre Muttersprache weiterhin frei sprechen konnten. Neben Paris, das als Hauptziel der valdostanischen Emigranten gilt, ließen sich einige auch in der Schweiz und in Amerika nieder.[1]

Auf Grund der Tatsache, daß diese ausgewanderten Generationen nicht für Nachwuchs im Aostatal hatten sorgen können, war das 20. Jahrhundert durch einen erheblichen Mangel an Arbeitskräften gekennzeichnet. Darüber hinaus stellte die Abnahme der Bevölkerung auch eine deutliche Abnahme an französischsprachigen Bewohnern im Aostatal dar. Der somit entstandene natürliche Rückgang der französischen Sprache wurde im folgenden durch die Immigration von italienischen Arbeitskräften aus dem

---

[1] vgl.: Charrère , F. (1946): S. 79

Veneto und aus Piemont, die in den zum Teil von Italienern errichteten neuen valdostanischen Industrien tätig waren, nochmals verstärkt. Der langsame Niedergang der französischen Sprache hatte also eine doppelte Ursache: zum einen reduzierte sich die Zahl der Französischsprecher kontinuierlich, während auf der anderen Seite die Zahl der italienischsprachigen Bevölkerung im Aostatal ständig zunahm.

Diese Entwicklung setzte sich in verstärktem Maße fort. Zwischen den beiden Weltkriegen intensiviert sich die Industrie im Aostatal. Elektrizität wird durch die Errichtung von Wasserkraftwerken gewonnen; auch die eisenschaffende Industrie expandiert weiter. In Cogne entstanden gewaltige Hüttenwerke, die vielen Menschen Arbeitsplätze bieten konnten. Außerdem etablierten sich neue Industriezweige wie Chemie- und Textilindustrie im Aostatal. Im Jahre 1927 beschäftigte die valdostanische Industrie etwa 5300 Menschen, eine Zahl, die sich im Jahre 1935 bereits verdoppelt hatte.[1]

Die Zeit von 1914 bis 1939 setzte der wirtschaftlichen Krise, durch die das Aostatal gegen Ende des 19. Jahrhunderts noch gekennzeichnet war, ein Ende. Die von piemontesischen und lombardischen Einwanderern gegründeten Betriebe gaben auch den Valdostanern Hoffnung auf bessere Erwerbsmöglichkeiten und führten die Emigrationswelle zunächst zu einer zeitweiligen Stagnation. Ihre Hoffnungen auf Arbeit erwiesen sich jedoch als falsch, da die meisten der norditalienischen Firmenbesitzer ausschließlich Arbeiter aus den eigenen Regionen beschäftigten.[2]

Neben den nicht erfüllten persönlichen wirtschaftlichen Verbesserungen brachte die enorme Immigrationswelle aus Norditalien wiederum sprachliche Komplikationen mit sich: "En effet les montagnards éprouvèrent non seulement de sérieuses difficultés économiques, mais aussi une profonde frustration puisqu'ils se sentaient discrimés chez eux et entourés d'une foule de gens qu'ils ne comprenaient presque pas (d'après le re-

---

[1] vgl.: Janin, B. (1980): S. 210
[2] vgl.: Ghignone, G. (1982): S. 82

censement de 1921, plus de 90 % des Valdôtains étaient francophones ou patoisants) et qui méprisaient bien souvent la culture du pays. La situation se fit si grave que le nombre des émigrés augmenta rapidement et qu'il atteignit son maximum de 1922 à 1931."[1]

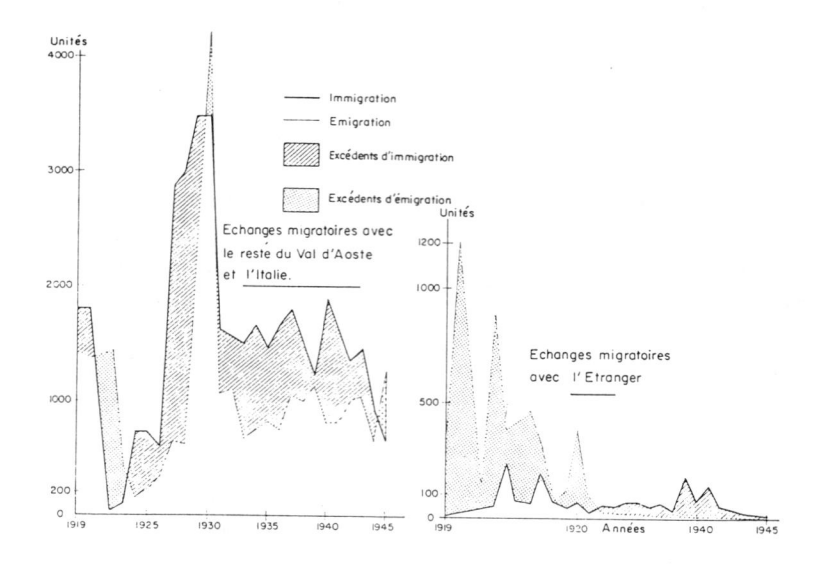

Abb. 4: Emigration und Immigration im Aostatal

Neben der Immigration von Piemontesern und Lombarden suchten zwischen 1915 und 1918 auch viele Arbeitskräfte aus den Marken Beschäftigung im Aostatal. Diesen folgten vor allem während des zweiten Weltkrieges abermals die Veneter, die hauptsächlich in der eisenerzverarbeitenden Industrie eingesetzt wurden. Diese verstärkten Immigrationen resultierten nicht nur aus arbeitspolitischen, sondern wie bereits erwähnt aus sprachlichen Gründen. Die künstliche Bevölkerung des Aostatales mit aus anderen Teilen Italiens stammenden Arbeitskräften sollte eine schnellere Italianisierung des Gebietes und gleichzeitig die Verdrängung des Französischen bewirken. Dieses gelang insofern, als daß das

---

[1] Ghignone, G. (1982): S. 82 f.

Französische zunächst nur in der Kirche, sowie für eine kurze Zeit in
den Schulen erhalten blieb. Trotz des Widerstandes der Valdostaner
setzte sich im täglichen Leben die Italianisierung immer weiter fort.
Vor allem am Arbeitsplatz waren viele Valdostaner gezwungen, sich die
italienische Sprache anzueignen.

In dieser Zeit der Italianisierung unter faschistischem Regime emi-
grierten wiederum viele Valdostaner in französischsprachige Länder,
wie nach Frankreich und in die französische Schweiz. Erst nach dem
II. Weltkrieg verringerte sich die Zahl der Auswanderer und erreichte
ihr definitives Ende im Jahre 1951. Die französische Sprache jedoch
war fast vollkommen aus dem Umfeld der Valdostaner verschwunden. Da-
ran konnte auch die im Jahre 1948 wiedererlangte Autonomie, die einen
Schutz der sprachlichen Minderheiten vorsah, wenig ändern. "(...) presque
toute la vie économique est aux mains des Italiens et les centres sont
surtout habités par les italophones."[1] Schließlich wurde die ohnehin
bereits weitgehend italophon geprägte wirtschaftliche und industrielle
Umgebung der Valdostaner von einer dritten Emigrationswelle erfaßt. In
den 60er und 70er Jahren wanderten Tausende von Süditalienern (zum größ-
ten Teil aus Kalabrien) ins Aostatal ein. Durch die hohe Arbeitslosig-
keit und die fehlenden industriellen Strukturen im Süden Italiens waren
sie gezwungen, im wirtschaftlich höher entwickelten Norden des Landes
Arbeit zu suchen.Im Aostatal fanden sie vor allem Beschäftigung im Stras-
senbau sowie im allgemeinen Baugewerbe. Diese letzte Immigrationswelle
endete schließlich zu Anfang der 80er Jahre. Die eher als niedrig zu be-
zeichnende Zahl der noch heute einwandernden Personen (Süditaliener und
Marokkaner) findet meist saisonale Anstellung im Fremdenverkehr oder in
Industrie und Baugewerbe.

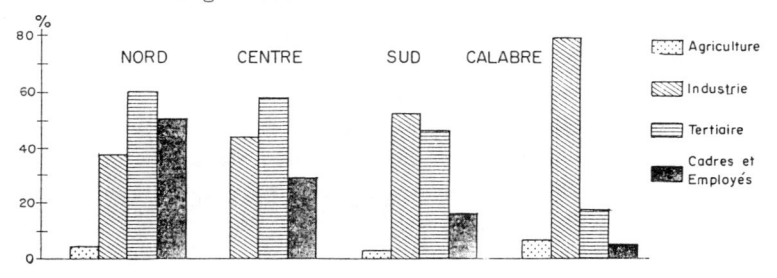

Abb. 5: Beschäftigungsfelder der ital. Immigranten

---

[1] Martin, J.-P. (1982): S. 51

4. Fremdenverkehr

Gegen Ende des 19. Jahrhunderts begann bereits die Entwicklung des Fremdenverkehrs im Aostatal. Während in den Jahren zuvor schon Adel und reiche Bürger zu Kuraufenthalten in die Gebirgsregion gekommen waren, wurde um die Jahrhundertwende auch der internationale Tourismus von den zahlreichen Aktivitäten, wie Alpinismus, Kuren und Wintersport, angezogen. Dabei handelte es sich zunächst um Italiener, Schweizer, Engländer und Belgier, die durch die neuen Verkehrsverbindungen, vor allem durch den Bau der Eisenbahnlinie, einen leichteren Zugang zu diesem Tal gewonnen hatten. Der wahre Tourismus setzte jedoch erst in den letzten Jahrzehnten durch den Bau der beiden Tunnel Großer und Kleiner Sankt Bernhard ein. Nun etablierte sich das Aostatal als bekanntes Wintersportzentrum, in welchem Courmayeur, Breuil-Cervinia und Pila als herausragende Orte zu nennen sind.

Der aufstrebende Fremdenverkehr hatte zur Folge, daß neue Infrastrukturen wie Hotels, Restaurants sowie Sport- und Freizeiteinrichtungen entstanden, die in den letzten 30 Jahren vor allem durch norditalienische Firmen unterstützt wurden. Das bedeutete jedoch für die Valdostaner, daß die daraus entstandenen Einnahmen nicht ihnen, sondern den italienischen Holdingfirmen zuflossen. Somit stellt im Prinzip nur der sogenannte private Tourismus eine wirkliche Erwerbsquelle für den Valdostaner dar. Das heißt, Wohnungen oder Zimmer werden von hauptberuflich in der Landwirtschaft tätigen Valdostanern an Touristen vermietet und dadurch direkte, zusätzliche Einnahmen erzielt. "Cette forme d'exploitation touristique représente sans doute le choix plus favorable à la collectivité et à l'économie régionale, puisque ses bénéfices vont directement au profit de la population locale."[1]

Durch die sich also zumeist in norditalienischem Besitz befindlichen Fremdenverkehrseinrichtungen sowie durch das in ihnen beschäftigte, häufig italophone Personal (vgl. Immigrationen) erfolgte auch in diesem Bereich eine relativ starke Überlagerung durch die italienische Sprache.

---

[1] Ghignone, G. (1982): S. 96

5. Aktuelle wirtschaftliche Lage

Seit dem Jahre 1985 sind fast alle stahl- und eisenerzverarbeitenden Betriebe, welche über Jahrzehnte die valdostanische Wirtschaft charakterisierten, geschlossen worden. Neben Gründen, die auf die allgemeine Stahlkrise in der ganzen Welt zurückzuführen sind, gilt für die valdostanische Industrie vor allem auch, daß sie von den großen Ballungszentren zu weit abgelegen ist, um konkurrenzfähig zu bleiben.[1]

Während seit 1983 auch Textil- und Chemieindustrie eine regressive Entwicklung verzeichnen, siedeln sich heute neue Technologien wie Informatik sowie eine breite mittelständische Industrie mit unterschiedlichsten Produktarten im Aostatal an.

Die Landwirtschaft hingegen entwickelte sich zum Stiefkind der valdostanischen Wirtschaft, was nicht zuletzt durch den immer mehr aufstrebenden Tourismus begründet ist. Die Viehzucht stellt heute zumeist die einzige wirklich lukrative Erwerbsquelle für den Landwirt dar, was durch die Gründung diverser Kooperativen, die eine höhere Rentabilität und verstärkte Produktion ermöglichen, gefördert wird. Oft jedoch ist dem Valdostaner die Arbeit in der Landwirtschaft finanziell nicht ausreichend, so daß er einer weiteren Beschäftigung im Kunsthandwerk oder Fremdenverkehr nachgeht. Viele einstige "Nur"-Landwirte sind heute außerdem in der Industrie beschäftigt.

Dieser Entwicklung zufolge ist im Aostatal eine intensive interne Immigration zu beobachten. Während die Hochgebirgsregionen und Talregionen bedingt durch die zahlreichen Arbeitsmöglichkeiten in Fremdenverkehr beziehungsweise Industrie und Handel einen starken Zulauf registrieren, verringert sich die Bevölkerungszahl in den mittleren Gebirgsregionen auf Grund der nicht vorhandenen Beschäftigungsmöglichkeiten kontinuierlich. Was die Emigration ins Ausland sowie die Immigration von Süditalienern betrifft, ist auch in diesen Zonen seit Anfang der 80er Jahre eine Stagnation zu verzeichnen.[2]

---

[1] vgl.: Fossati, A. (1951): S. 529 u. S. 596

[2] Die Angaben zur heutigen wirtschaftlichen Lage beziehen sich auf Informationen des "Assessorato per l'Industria e Economia", Aosta.

6. Zusammenfassung

Die für die sprachliche Situation des Aostatales wohl entscheidendsten Faktoren innerhalb der hier aufgezeigten wirtschaftlichen Entwicklung sind die zahlreichen Emigrationen und Immigrationen, die dieses Gebiet seit der Jahrhundertwende bis zu unseren Tagen kennzeichnen. Zum einen müssen bereits die vielen frankophonen Auswanderer einen Rückgang der französischen Sprache zwingenderweise hervorrufen, zum anderen ist in der Vermischung mit italienischsprachigen Immigranten eine Gefahr für die Verdrängung der französischen Sprache, die neben dem Frankoprovenzalischen für Jahrhunderte die autochthone Sprache der Valdostaner darstellt, zu sehen.

Dieses Problem wird auch in der Literatur häufig diskutiert. Auch B. Janin bestätigt die Risiken für einen Niedergang des Französischen im Aostatal, sieht aber auf der anderen Seite eine Möglichkeit für den Erhalt dieser Sprache durch eine entsprechende Anpassungspolitik: "C'est encore de l'immigration, en grande partie, que dépend l'avenir du peuple valdôtain. Dans la mesure où ce peuple se révélera capable d'absorber les immigrés, de les assimiler, il peut espérer préserver son individualité et son originalité. Ainsi, les problèmes démographiques, économiques et ethniques sont étroitement liés. On ne peut évoquer les uns passer et les autres sous silence. C'est à travers eux qu'on doit suivre le processus de la mutation du Val d'Aoste."[1]

Inwiefern französische Sprache und Kultur heute tatsächlich noch ein lebendiges Erbgut im Bewußtsein der Valdostaner verkörpern, soll an dieser Stelle noch offen bleiben. Unumstritten jedoch ist die Tatsache, daß das wirtschaftliche Geschehen im Aostatal eine immense, nicht mehr rückgängig zu machende Penetration durch die italienische Sprache erfahren hat.

---

[1] Janin, B. (1980): S. 331

E. KIRCHE IM AOSTATAL

1. Stellung der valdostanischen Kirche zur französischen beziehungsweise italienischen Sprache

Die valdostanische Kirche spielt für die Bewahrung der französischen Sprache und Kultur eine wichtige Rolle. In der Literatur wird ihr eine herausragende Stellung eingeräumt.

Zunächst gehörte Aosta, dessen erster Bischof im Jahre 364 erwähnt wird, zum Erzbistum Mailand. Danach, bis ins 10. Jahrhundert, war es Teil der Erzdiözese Vienne, daraufhin stand es für fast ein Jahrtausend unter dem Vorsitz der Kirche von Tarentasia (Moûtiers). Diese religiöse Verbundenheit mit dem Hause Savoyen dauerte bis zum Jahre 1862; erst dann wurde die Diözese Aosta dem Erzbistum Turin zugeordnet.[1]

Die lange Zugehörigkeit zu Savoyen erklärt, weshalb die valdostanische Kirche für einen so ausgedehnten Zeitraum ihre gallikanischen Privilegien hatte aufrechterhalten können. "Depuis le XVe siècle, le français était la langue usuelle de la prédication. Au cours de ce siècle, les évêques Moriset, Prangins et les deux De Prez avaient fixé définitivement dans les églises l'usage de la prédication en langue française en abolissant celui du patois et les derniers restes de latin qui y étaient confondus."[2]

Auch mit der Eingliederung ins italienische Königreich kämpfte der Klerus stets darum, die französische Sprache zu erhalten. Die Gründung der "Jeune Vallée d'Aoste" am 13. April 1925 durch Abbé Trèves (1874-1941), deren Ziel es war, die Rechte, Traditionen, Sprache und Institutionen im Aostatal aufrechtzuerhalten und zu verteidigen, stellt ein typisches Beispiel für das Autonomiebewußtsein des Klerus dar.[3]

In der neueren Entwicklungsgeschichte der valdostanischen Kirche un-

---

[1] vgl.: Böttcher, O. (1969): S. 30

[2] Colliard, L. (1976): S. 63

[3] vgl. auch Kapitel C, Teil 8. der vorliegenden Arbeit

terscheidet M. Lengereau drei Phasen, deren Ursache die im Jahre
1929 zwischen Mussolini und der katholischen Kirche mit einem gleichzeitigen Konkordat abgeschlossenen Lateranverträge darstellen.[1] Während nunmehr die Souveränität des Papstes über die Vatikanstadt staatsrechtlich anerkannt wurde, gewährte der Papst auf der anderen Seite dem Königreich Italien die seit 1870 verweigerte Anerkennung. Die katholische Religion wurde zur Staatsreligion Italiens.

In der Zeit um 1929 behielt die Kirche im Aostatal ihren "valdostanischen" Sonderstatus noch weitestgehend bei;
ab dem Jahre 1930 jedoch spaltete sie sich in zwei Hälften, von denen die eine regional-traditional, also französisch, orientiert war, die andere Hälfte hingegen völlig italienisch ausgerichtet war;
in der dritten Phase, deren Einsetzen nicht genau festgelegt wird, zeichnete sich die valdostanische Kirche durch eine kontinuierlich ansteigende Tendenz, sich in das politisch-kirchliche System Italiens einzufügen, aus. Diese letzte Phase bestimmt auch die aktuelle Situation im Aostatal. "Deux faits déterminent la mutation de l'Eglise (d'une portée capitale): les accords du Latran du 11 février 1929 et en particulier le Concordat, qui rendent l'Eglise solidaire du régime et confèrent à l'Etat et à la langue italienne une situation privilégiée (notammement en vertu des articles 2, 16, 19, 20 et 22 du Concordat); la nomination en 1930 d'un évêque non valdôtain favorable aux nouvelles tendances et qui laissa se développer une sorte de parti acquis aux idées de l'époque et particulièrement influent à Aoste même (dans l'administration diocésaine, aux séminaires, au sein du chapitre de la cathédrale et dans d'autres paroisses)."[2]

Trotz dieser Integration konnte sich die französische Sprache zur Zeit des Faschismus in der Kirche länger halten als in allen anderen sozialen und öffentlichen Einrichtungen des Tales. Vor allem die älteren Vertreter des valdostanischen Klerus setzten sich auch nach Beendigung des Krieges noch für den Erhalt der französischen Sprache und Traditionen ein: "Le moteur principal de toutes les initiatives en faveur de la

---

[1] vgl.: Lengereau, M. (1968): S. 118
[2] ibid., S. 118

culture valdôtaine, a-t-on écrit, était le vieux clergé qui entendait conserver, avec la langue française et les traditions locales, l'attachement des Valdôtains à la religion et à la vie patriarcale."[1] Der Kampf um den Erhalt der französischen Sprache, den die Kirche führte, war also zur gleichen Zeit ein Kampf pro domo, indem man durch die Unterstützung des allgemeinen Interesses, Französisch weiterhin verwenden zu können, versuchte, die Valdostaner verstärkt an die Kirche zu binden.

Heute jedoch sind fast alle französischen Relikte aus den valdostanischen Kirchen verschwunden. Zwar können laut Liturgiereform die Messen sowohl in französischer als auch italienischer Sprache gelesen werden, tatsächlich jedoch ist die Sprache in der Kirche heute grundsätzlich Italienisch. Das ist neben der starken Bindung zu Rom vor allem auch auf die italienischsprachige Ausbildung der Pfarrer sowie auf ihre Herkunft aus anderen italophonen Gebieten des Landes zurückzuführen. Oftmals beherrschen sie die französische Sprache außerdem nur in nicht ausreichendem Maße.

Somit hat die valdostanische Kirche schon seit langem nicht mehr die Funktion der Erhaltung der französischen Sprache und Kultur. Andere öffentliche Institutionen, wie zum Beispiel die Schule, haben diese komplexe Aufgabe in der heutigen Zeit übernommen.

---

[1] Zanotto, A. (1961-1963): zitiert aus: Lengereau, M. (1968): S. 160

F. ZUSAMMENFASSUNG DER HISTORISCHEN EREIGNISSE

1. Vorbemerkung

Anstelle einer kohärenten Zusammenfassung der Kapitel B bis E soll im folgenden eine chronologische Aufstellung aller für die Entwicklung des Aostatales entscheidenden historischen Ereignisse erbracht werden.

2. Chronologische Aufstellung

4. Jhd. v. Chr.:	Verdrängung der Ligurer durch die Salasser
25 v. Chr.:	Aosta wird römische Kolonie
476:	Verfall des römischen Reiches
574:	Aosta wird Teil des II. Burgund. Königreichs
773:	Karl der Große erobert Norditalien
1032:	Untergang des II. Burgund. Königreiches
Mitte des 11. Jhd.:	Aosta gehört von nun an zum Herzogtum Savoyen
1191:	"Charte des Franchises", d.h. 1. Autonomie im Aostatal
1531:	1. Gesetzeserlaß in französischer Sprache
1536 - 1559:	Besetzung des Tales durch Frankreich
1536:	Gründung des "Conseil des Commis"
1561:	Französisch wird offizielle Amtssprache
1588:	Kodifizierung des "Coutumier"
1630:	Pest
1661:	Autonomie der valdostanischen Kirche
1678 - 1744:	J.-B. de Tillier: Verfechter der valdost. Autonomie
1691:	Französische Invasionen im Aostatal; Verfall der valdostanischen Autonomie
1764 - 1806:	Besetzung und Annexion durch Frankreich
1815:	Wiederherstellung der Herrschaft Savoyens über Sardinien - Piemont
1848:	Verfassung für Sardinien - Piemont
1860:	Einigung Italiens; Abtretung von Savoyen und Nizza an Frankreich, das französischsprachige Aosta bleibt bei Piemont
1861:	König Viktor-Emmanuel II. von Sardinien wird König von Italien
1871:	Rom wird Hauptstadt Italiens
1873:	Beginn der Italianisierung: Italienisch wird zur Unterrichtssprache in den Schulen zur Heranbildung der Lehrer
1880:	Französisch als Gerichtssprache wird abgeschafft
1892:	Alle finanziellen Mittel für den Französischunterricht werden gestrichen
1909:	Gründung der "Ligue Valdôtaine"

1922:	Faschismus
1923:	Endgültige Verbannung des Französischen aus den valdostanischen Schulen
1925:	Gründung der "Jeune Vallée d'Aoste"
1926:	Verbot des Französischen in forensischen Angelegenheiten Italianisierung der öffentlichen Inschriften und Straßennamen Verbot französischsprachiger Zeitungen
1928 - 1939:	Italianisierung der Ortsnamen
1929:	Lateranverträge
1943:	Konferenz von Chivasso: Kampfansage an ital. Zentralismus, Forderung nach einer Autonomie durch E. Chanoux
1944:	Chanoux wird von den Faschisten zu Tode gefoltert
1945:	Befreiung durch die Partisanen Gründung der "Union Valdôtaine"
1946:	1. Regionalrat
1948:	Aostatal wird beschränkt autonome Region
1948/1949:	Demokratische Verfassung der Republik Italien

G. ÖFFENTLICHE UND KULTURELLE INSTITUTIONEN IM AOSTATAL

1. Vorbemerkung

Bisher sind im wesentlichen die historischen Voraussetzungen für eine Zweisprachigkeit, insbesondere für den Erhalt der französischen Sprache im Aostatal, untersucht worden.

Es wurde deutlich, daß das wirtschaftliche Bild der Region eine intensive italienische Färbung trägt. Ebenso stellt die Kirche schon seit langem nicht mehr den Vermittler des französischen Erbgutes dar. Im folgenden sollen daher weitere öffentliche und kulturelle Institutionen sowie die Massenmedien im Aostatal im Hinblick auf eine Realisierung von Zweisprachigkeit analysiert werden.

2. Schule

Die Schule nimmt als eine für jedermann zugängliche Institution in jeder Gesellschaft einen bedeutenden Platz im öffentlichen Leben ein. Ihre Aufgaben – nach heutiger Auffassung – sind es, die Schüler eine geistige und charakterliche Erziehung, eine Vermittlung von Grundkenntnissen, eine Vorbereitung auf spätere Aufgaben, die Familie, Beruf, Staat und Gesellschaft von ihnen fordern, sowie eine Einführung in die Grundlagen und Zivilisation anderer Länder als auch eine Vermittlung der eigenen heimatlichen Geschichte, Traditionen und Kultur, erfahren zu lassen.[1]

Wenden wir diese Aufgaben auf die Schulen des Aostatales an, so eröffnet sich uns ein immenser Komplex von Fragen, inwieweit sie diesen Forderungen gerecht werden. Unter der kulturell-geschichtlichen Komponente verbirgt sich das Problem der sprachlichen Identität, welche im Aostatal strenggenommen drei verschiedene Ausprägungen haben kann: Französisch, Italienisch und Frankoprovenzalisch. Kann die Schule allen drei Sprachen gleichermaßen gerecht werden?

In Kapitel C haben wir gesehen, daß das Frankoprovenzalische den örtlichen Dialekt repräsentiert, während das Französische spätestens seit dem 16. Jahrhundert die Kultur- und Amtssprache im Aostatal darstellte. Mit der Zugehörigkeit zum italienischen Königreich und vor allem zur Zeit des Faschismus war das Französische jedoch im Sinne einer italienischen Einheitspolitik unterdrückt und aus den valdostanischen Schulen verbannt worden. Erst mit der Wiedererlangung und Verankerung der Autonomie im Jahre 1948 wurden auch für den Schulunterricht neue Bestimmungen festgelegt. Artikel 38, 39 und 40 des Autonomiestatutes besagen die Gleichstellung der französischen und italienischen Sprache. Zum einen soll die Stundenzahl des Französischunterrichtes gleich derjenigen in Italienisch sein; zum anderen kann der Unterricht auch in weiteren Fächern in französischer Sprache erteilt werden.[2]

---

[1] vgl.: Bertelsmann (1972): S. 442
[2] vgl. Kapitel C, S. 61 f. der vorliegenden Arbeit

Der Unterricht wird in den einzelnen Fächern von den im Staat Italien geltenden Bestimmungen und Programmen mit den zweckmäßigen Anpassungen an die örtlichen Erfordernisse geregelt. Diese Anpassungen sowie die Fächer, die in Französisch gelehrt werden können, werden nach Anhörung von aus Vertretern des Unterrichtsministeriums, des Regionalrates und der Lehrerschaft gebildeten Kommissionen genehmigt und für praktikabel erklärt.[1]

Die so beschriebene Gleichstellung der französischen und italienischen Sprache existiert nur scheinbar. Es wäre nicht korrekt, den Unterricht im Aostatal tatsächlich zweisprachig zu nennen. Artikel 39 und 40 weisen lediglich auf die Möglichkeit hin, den Unterricht in einigen Fächern sowohl in Französisch als auch in Italienisch zu erteilen. Es stellt sich jedoch die Frage, ob dieses wirklich praktiziert wird.

In der Tat findet nach Aussagen einiger Valdostaner der Unterricht in den weiterführenden Schulen grundsätzlich in italienischer Sprache statt. Nur in der "Scuola materna" und "Scuola elementare" gibt es seit einigen Jahren verstärkte Bemühungen, die zum Teil realisiert werden konnten, zweisprachigen Unterricht durchzuführen. Hier findet sogar das Frankoprovenzalische Berücksichtigung.

Dennoch dominiert im allgemeinen die italienische Sprache in den valdostanischen Schulen. Lediglich der Bestimmung, daß Französischunterricht mit der gleichen Stundenzahl wie Italienischunterricht erteilt werden soll, wird Folge geleistet. Wie ist das zu erklären ?

Einen interessanten Einstieg zu dieser komplexen Fragestellung von sprachlicher Autonomie und Schule bietet die Auffassung von L. Gallino: "Ciascuna società e ciascuna formazione sociale entro di essa tende a formare gli individui secondo il proprio 'Ichideal', ovvero secondo una nozione della personalità ideale discendente dai suoi problemi, dalla sua storia, dai fenomeni strutturali e congiunturali che su di esso premono un momento dato. L'educazione è insomma sempre specifica, nel senso di rispecchiare da vicino valori e norme, fini i mezzi di un

---

[1] vgl.: Artikel 40 des Autonomiestatutes, Kapitel C, S. 61 der vorliegenden Arbeit

preciso momento storico della società o comunità in cui essa si attua."[1]

Seine Auffassungen über Ausbildung und Erziehung scheinen besonders geeignet, die heute im Aostatal bestehenden Beziehungen zwischen Autonomie und Schule zu beschreiben. Schließlich bildet die autonome valdostanische Regierung den juristischen und administrativen Rahmen sowie die verfassungsrechtliche Garantie für die schulische Ausbildung in der Region. Innerhalb dieses Rahmens stellt das "Assessorato della Pubblica Istruzione" so etwas wie das Zentrum der Interessenverfolgung im Sinne der valdostanischen Autonomie dar. Seine unermüdlichen Bemühungen, die Schulautonomie im Aostatal zu untermauern, manifestieren sich in vielfältiger Form: So betreibt diese Abteilung permanent pädagogische und didaktische Recherchen, veröffentlicht eine Fachzeitung für Lehrer ("Ecole valdôtaine"), vergibt Subventionen für Landschulen und Stipendien für Studien an französischen Universitäten und wirkt auch bei Kongressen über französische Sprache und Kultur aktiv mit. Ebenso unterstützt sie den Fortbestand der regionalen Kultur finanziell und ideell. Es werden zum Beispiel Deutschkurse im Tal der Walser veranstaltet, Wettbewerbe in Frankoprovenzalisch an den Schulen durchgeführt, und vieles mehr.

Auf das "Assessorato della Pubblica Istruzione" geht schließlich auch die Gründung der beiden Institute "Centre d'Etudes Régionales" und "Centre d'Etudes franco-provençales" sowie die Veröffentlichung der Antologie "Noutro Dzeu Patoué" zurück.

Doch trotz dieser zahlreichen Bemühungen scheint das Französische im schulischen Bereich noch nicht genügend etabliert zu sein. Das Frankoprovenzalische als örtlicher Dialekt findet noch weniger Beachtung. Um diese Diskrepanz zwischen einer idealen Zweisprachigkeit, wie sie sich die valdostanischen Politiker wünschen, und der tatsächlichen Realisierung ihrer Vorstellungen in der Schule verstehen zu wollen, seien die verschiedenen Schulstufen im folgenden kurz vorgestellt:

---

[1] Gallino, L. (1968): zitiert aus: Perotti, O. (1971): S. 65

"Scuola materna": Diese Art von Vorschule wird von drei- bis sechsjährigen Kindern besucht. Erst seit dem Jahre 1983 erfolgt der Unterricht in der "Scuola materna", der den Kindern Verständnis und Kenntnisse über ihre heimatliche Umgebung vermitteln soll, in zwei Sprachen, also Italienisch und Französisch. Dieses Verfahren soll das Kind in der Entwicklung einer eigenen kulturellen Identität stützen. "Questo modo di fare scuola aiuta il bambino a diventare veramente bilingue e a prendere gradualmente coscienza della propria identità culturale."[1]

"Scuola elementare": Die Bestimmungen der zweisprachigen Ausbildung in der "Scuola materna" gelten seit dem 12. Februar 1988 mit einer speziellen Gesetzgebung auch für die Erziehung in der "Scuola elementare", welche von sechs- bis elfjährigen Schülern besucht wird. Da nach Meinung der Befürworter dieser Ausbildung das Französische im Aostatal nicht als Fremdsprache, sondern als natürliche Sprache neben dem Italienischen angesehen werden muß, verfolgt die "Scuola elementare" das Ziel, die Schüler innerhalb von fünf Jahren dahinzuführen, sich in der französischen Sprache klar und in allen Situationen sowohl mündlich als auch schriftlich auszudrücken. Außerdem sollen sie die Fähigkeit erwerben, Französisch zu lesen und zu schreiben und jegliche französische Texte ohne Schwierigkeiten zu begreifen.[2]

Nach der "Scuola elementare" besucht man die "Scuola media", die drei Jahre dauert. Damit ist die Schulpflicht bis zum 14. Lebensjahr beendet. Gymnasien und Institute verschiedener Fachrichtungen führen dann zum Abitur und somit zur Hochschulreife. Auf die weiterführenden Schulen soll an dieser Stelle noch nicht eingegangen werden. Die Problematik, die sie für die Zweisprachigkeit im Aostatal darstellen, soll jedoch im folgenden noch eingehend erwähnt werden.

Wir haben gesehen, daß es den Verantwortlichen für Schule und Bildung im Aostatal zumindest gelungen ist, in den ersten Jahren des Schulunterrichtes die französische Sprache zu integrieren. Für die "Scuola elementare"gilt das jedoch erst seit wenigen Jahren und kann somit

---

[1] Pezzoli, J. (1989): zitiert aus: "Adattamenti dei programmi didattici per la scuola primaria alle esigenze socio-culturali e linguistiche della Valle d'Aosta" (1989): S. 9

[2] vgl.: ibid., S. 9 f.

kaum zu sichtbaren Ergebnissen bis zum heutigen Zeitpunkt geführt haben. Die Auswirkungen des zweisprachigen Unterrichtes in der "Scuola elementare" müßten in einigen Jahren nochmals im Hinblick auf eine erfolgreiche Realisierung überprüft werden.

Abgesehen von dieser noch relativ neuen, in der Erprobungsphase befindlichen Sprachreform in den valdostanischen Schulen, ergeben sich ganz andere Probleme in der unmittelbaren Umgebung des Kindes: "Difficoltà all'apprendimento della lingua francese vengono dal fatto che, fuori dalla scuola, i bambini hanno poche occasioni di usarla. Questo li porta a pensare che essa serva meno e sia meno importante dell'italiano. Spesso le famiglie pensano la stessa cosa."[1]

Durch die eher italophon (und frankoprovenzalisch) geprägte Umgebung neigt das Kind also dazu, das Französische nicht ernst zu nehmen und es schließlich nicht als natürliche, sondern als eine außerdem noch äußerst schwierig zu erlernende Fremdsprache anzusehen. Hier appelliert die "Pubblica Istruzione" an die Familien, ihre Kinder auch außerhalb der Schule mit der französischen Sprache zu konfrontieren (französisches Fernsehen, Literatur, Ausflüge, Schallplatten o. ä. sollen dabei unterstützen), sowie sie immer wieder auf die Bedeutung dieser Sprache in Handel, Tourismus, im Gespräch mit Menschen aus anderen Ländern, bei kulturellen Veranstaltungen, in Zeitungen und Fernseh- und Radiosendungen aufmerksam zu machen.

Diese durchaus einsichtigen Vorschläge zur erfolgreichen Realisierung von Zweisprachigkeit finden jedoch nicht bei allen Familien Zustimmung. Nicht nur zugewanderte Familien aus anderen Teilen Italiens, sondern auch eingesessene Valdostaner erkennen oftmals nicht die Vorzüge einer bilingualen Erziehung. Einige lehnen das Französische sogar strikt ab und fordern statt einer französisch-italienischen Ausbildung die englische Sprache als erste Fremdsprache.

Dennoch sind die in den letzten Jahren realisierten schulischen Reformen nicht zu unterschätzen. Es hat sich bestätigt, daß die Kinder

---

[1] Pezzoli, J. (1989): zitiert aus: "Adattamenti dei programmi didattici per la scuola primaria alle esigenze socio-culturali e linguistiche della Valle d'Aosta" (1989): S. 10

grundsätzlich Spaß am Erlernen des Französischen haben. Lediglich
die Verwendung der Sprache außerhalb der Schule kommt entscheidend
zu kurz und wird durch den Gebrauch des Italienischen oder Frankoprovenzalischen überlagert.

Ein weiteres Problem stellt die Ausbildung der Lehrkräfte dar. In
den 70er Jahren mußten diese zwar über fundierte Französischkenntnisse verfügen, um eine Anstellung im Aostatal zu erhalten; oftmals
reichten diese aber nicht aus, um einen qualifizierten Unterricht in
französischer Sprache zu erteilen. Dieses hatte verschiedene Ursachen:
Zum einen hatten sie ihr Studium an einer italienischsprachigen Universität absolviert; zum anderen wurden in den 60er Jahren viele Lehrer aus anderen Teilen Italiens, also nicht wie eigentlich üblich,
gebürtige Valdostaner, in den Schuldienst im Aostatal berufen. Es
liegt auf der Hand, daß diese noch weniger in der Lage gewesen sein
dürften, französischsprachigen Unterricht durchzuführen.

Dieses Problem stellt sich heute in der Weise nicht mehr. Die valdostanischen Lehrkräfte müssen heute über eine geeignete Ausbildung, die
französisch- und italienischsprachigen Unterricht erlaubt, verfügen.
Auch diese Ausbildung wird durch spezielle Kurse, die von der Region
subventioniert werden, ermöglicht.

Dennoch ist die schulische Situation im Aostatal noch nicht als ideal
zu bezeichnen. Der Unterricht in den weiterführenden Schulen ("Scuola
media" und "Liceo") ist nämlich wieder ausschließlich italienischsprachig orientiert. Dieses ist insofern auch notwendig, da auch die valdostanischen Schulen ihre Schüler grundsätzlich auf ein Studium an
einer italophonen Universität im Staat Italien vorbereiten. Im Aostatal selbst gibt es keine Universität, so daß mehr als zwei Drittel
der Studenten sich an der Universität Turin, die anderen in Mailand,
Padua oder Florenz einschreiben.[1] "D'autre part, la mixité ethnique
de la population scolaire (autochtones et italophones suivent les mêmes

---

[1] vgl.: Perotti, O. (1971): S. 67

cours) conduit les élèves vers une culture exclusivement italienne,
d'autant plus que l'école valdôtaine prépare à l'université italienne
dont les diplômes étaient jusqu'à ce jour les seuls reconnus. En 1982,
un accord a néanmoins été conclu entre les Universités de Chambéry et
de Turin. Il reconnaît légalement les diplômes décernés par les deux
précitées."[1]

Das Problem der Anerkennung ausländischer, im besonderen französischer
Diplome, dürfte heute durch die sich ständig intensivierenden Beziehungen unter den europäischen Ländern nicht mehr von so starkem Gewicht sein. Dennoch entscheiden sich die meisten valdostanischen
Schulabgänger für ein Studium an einer italienischen Universität.

Bisher sind nur Französisch und Italienisch betrachtet worden. Im
Aostatal stellt sich jedoch auch die Frage, ob Frankoprovenzalisch
in den Schulunterricht integriert werden soll. Wie bereits mehrfach
erwähnt ist nach Meinung vieler Linguisten das Französische zwar die
Kultursprache des valdostanischen Volkes, die tägliche Kommunikationssprache jedoch das Frankoprovenzalische. Nach A. Bétemps, einem valdostanischen Linguisten, ist es aus verschiedenen Gründen sinnvoll, das
Frankoprovenzalische auch in den Unterricht einfließen zu lassen:
"1) Il doit être revalorisé par l'école en tant qu'élément culturel
de première importance. 2) C'est un élément convaincant aux yeux des
élèves, pour justifier l'étude du français. A la question, même trop
fréquente 'mais pourquoi devons-nous étudier le français?', on ne peut
plus répondre 'parce que c'est la langue de nos ancêtres'. La jeunesse
n'accepte plus, en général, ce discours. Par contre on peut rappeler aux
élèves que leur patois appartient à la famille des parlers gallo-romans
et qu'il est donc naturel qu'on étudie la grande langue de communication
issue de ces parlers et qui a été aussi le principal canal à travers lequel s'est exprimé la culture littéraire valdôtaine, c'est-à-dire le
français. Ce n'est pas un argument concluant, je m'en rends compte. Mais
c'est quand même toujours une raison logique. 3) Il peut être instrument
utile pour la correction de plusieurs fautes que les élèves font en

---

[1] Martin, J.-P. (1982): S. 68

français. Etant donné qu'ils tendent, à 'traduire' n'importe comment, je juge pédagogiquement rentable que l'enseignant rappelle aux élèves les analogies structurales entre le patois et le français.(...)"[1]

Zwar sieht Bétemps das Frankoprovenzalische nicht als Ausgangssprache im valdostanischen Schulunterricht, aber er hält es für ein effektives Hilfsmittel für den Erwerb des Französischen, insbesondere in der Verbesserung von Fehlern, die aus falschen Ableitungen beziehungsweise Übersetzungen aus dem Italienischen resultieren. Außerdem soll durch die enge Verwandtschaft des Frankoprovenzalischen mit dem Französischen den Schülern die Notwendigkeit des Erlernens von Französisch erläutert werden. Somit wird dem Frankoprovenzalischen grundsätzlich keine unabhängige, eigenständige Stellung in der Schule beigemessen. Lediglich in Verbindung mit der französischen Sprache sowie in einer gewissen Funktion als Repräsentiersprache der valdostanischen Kultur hat es eine, jedoch eher zweitrangige Bedeutung.

Dieser befürwortenden Einstellung von Bétemps stehen viele Meinungen gegenüber, die das Frankoprovenzalische als nur mündliche Umgangssprache ohne Koiné betrachten. Es wurde bereits darauf hingewiesen, daß jeder Talzug phonetische, oftmals auch lexikalische Diversifikationen aufweist; in anderen Gebieten, in denen frankoprovenzalische Mundarten gesprochen werden, stößt man auf weitere Unterschiede. Auf Grund dieser Verschiedenheit und der Tatsache, daß es fast keine Literatur in Frankoprovenzalisch gibt – das Frankoprovenzalische hat nie den Grad einer Schriftsprache erreicht – wird eine Integration des Dialektes in den Schulen von Vertretern dieser Gruppe nicht für notwendig gehalten.

Die Frage, ob das Frankoprovenzalische in den valdostanischen Schulen berücksichtigt werden soll, stellt also ein schwierig zu lösendes Problem dar. In den Primärschulen, also in der "Scuola materna" und "Scuola elementare", ist es seit einigen Jahren integriert worden. Die bereits erwähnten Wettbewerbe in Frankoprovenzalisch, die unter den Kindern rege Beteiligung finden, sprechen für das Bemühen und auch für den Erfolg,

---
[1] Bétemps, A. (1972): S. 111

das Frankoprovenzalische als festen Bestandteil der valdostanischen
Kultur zu erhalten. In den weiterführenden Schulen jedoch verschwindet das Frankoprovenzalische aus dem Unterricht. Zu diesem Zeitpunkt
hat es bei den Jugendlichen nur noch die Funktion einer Verständigungssprache untereinander.

In diesem Zusammenhang muß außerdem noch auf die Tatsache hingewiesen
werden, daß mit den valdostanischen Schülern auch viele Kinder von
italienischen Immigranten ein und denselben Unterricht besuchen. Diese
können natürlich - bedingt durch ihre Herkunft - keine Kenntnisse in
Frankoprovenzalisch besitzen. Die Eltern dieser Kinder sehen verständlicherweise wenig Sinn darin, daß sich ihre Kinder in der Schule mit
dem "nur" örtlichen Dialekt Frankoprovenzalisch befassen sollen. Sie
wollen - trotz aller Bemühungen von Seiten der Regierung - nicht erkennen, daß das Frankoprovenzalische seit Jahrhunderten die Kommunikationssprache im Aostatal darstelle und mit dem Französischen die
Kultur dieser Region repräsentiere.

Ohne das Problem der Zweisprachigkeit in den valdostanischen Schulen
zu weit ausdehnen zu wollen (obschon es aufgrund seiner Bedeutung und
Vielfalt durchaus das einzige Thema einer derartigen Dissertation darstellen könnte), sei an dieser Stelle ein Vergleich mit dem Schulsystem
Südtirols, das wie das Aostatal den Status einer autonomen Region in
Italien genießt, erlaubt.[1]

Während im Aostatal also der Versuch unternommen wird, innerhalb einer
Schule französisch- und italienischsprachigen Fachunterricht durchzuführen, hat der Schüler in Südtirol die Möglichkeit, sich für eine rein
italienisch- oder rein deutschsprachige Schule zu entscheiden, in der
die Unterrichtssprache die Muttersprache des Lehrers sein muß. Der Unterricht in der zweiten Sprache beginnt in Südtiroler Schulen in der
zweiten oder dritten Klasse; alle anderen Fächer müssen im Gegensatz
zum Aostatal in der Muttersprache unterrichtet werden. Die Absicht,
Fachunterricht wie im Aostatal auch in der zweiten Sprache zu erteilen,

---

[1] vgl. im folgenden: Kramer, J. (1981): S. 86 ff.

besteht also in Südtirol nicht. Wie im Aostatal werden die Lehrpläne
auch in Südtirol durch Absprache zwischen dem Unterrichtsministerium
in Rom und der Südtiroler Regierung festgelegt. Dieses ist insofern
notwendig, um eine Vergleichbarkeit auf staatlicher Ebene zu ermöglichen. Es gibt jedoch für die deutschsprachigen Schulen zahlreiche
Bestimmungen, die eine relativ weitgehende Autonomie gestatten.

Somit erscheint die Südtiroler Regelung auf den ersten Blick vorteilhafter: Minderheiten, also deutschsprachige Schüler, haben nämlich die
Möglichkeit, rein deutschsprachige Schulen zu besuchen, während
Eltern valdostanischer Kinder, die die französische Sprache als ihre
eigentliche kulturelle und historische Muttersprache betrachten, gewissermaßen einen Kompromiß eingehen müssen, wenn sie ihr Kind in
eine zweisprachige Schule geben.

Das Aostatal verfügt also - zumindest theoretisch - über ein paritätisches Schulsystem, wie es auch in den ladinischen Tälern praktiziert
wird.[1] Hier werden alle Fächer zur Hälfte in italienischer und zur
Hälfte in deutscher Sprache unterrichtet, dem Ladinischen wird dabei
eine Wochenstunde zur Verfügung gestellt und darüber hinaus von der
ersten bis vierten Klasse als Erklärungssprache eingesetzt. Diese Unterrichtsform hat nachweislich zu guten Ergebnissen hinsichtlich der
Sprachkompetenz der Schüler in allen drei Sprachen, Deutsch, Italienisch und Ladinisch geführt und sollte daher in ganz Südtirol eingeführt werden. "(...) wenn also nachweislich die ladinischen Schüler in
Italienisch sehr nahe an ein muttersprachliches Niveau kommen und auch
im Deutschen weitaus besser sind als Schüler aus rein italienischen
Schulen, die Deutsch nur als Fachunterricht haben, so liegt doch der
Schluß nahe, daß die paritätische Schule ein besseres Ergebnis erzielt
als die einsprachige Schule."[2]

Somit erscheint das Schulsystem im Aostatal ideal für das Erreichen
eines ähnlich hohen Niveaus in beiden Sprachen, Französisch und Italienisch. Dennoch sind die Verfechter der französischen Sprache mit der

---

[1] vgl.: Kramer, J. (1981): S. 92 ff.
[2] ibid., S. 95

aktuellen Situation im valdostanischen Schulunterricht noch nicht zufrieden. Das mag vor allem auf die Tatsache zurückzuführen sein, daß der französischen Sprache in den weiterführenden Schulen noch immer nicht genügend Rechnung getragen wird. Sollten die Bemühungen des "Assessorato della Pubblica Istruzione", deren Reformen in den Primärschulen bereits einen enormen Fortschritt in der zweisprachigen Unterrichtsführung darstellen, weiterhin in diesen Bahnen verlaufen, wird das Französische sicherlich bald auch in den weiterführenden Schulen mehr berücksichtigt werden.

Schließlich sprechen für die Zweisprachigkeit der Valdostaner nicht nur ihre vielfach zitierte historische und kulturelle Vergangenheit, sondern vielmehr die Anforderungen, die eine moderne, kulturell und wirtschaftlich international gefärbte Umgebung an sie stellen.

3. Öffentliche Ämter

Das Autonomiestatut, Artikel 38, besagt, daß die französische Sprache der italienischen gleichgestellt ist. In allen öffentlichen Handlungen und Maßnahmen können beide Sprachen verwendet werden. Lediglich forensische Akte müssen in italienischer Sprache vollzogen werden.

Aus diesem Grunde soll in den valdostanischen Ämtern bevorzugt zweisprachiges Personal eingestellt werden, obwohl die tatsächlich verwendete Sprache fast immer Italienisch ist. "La langue couramment employée dans l'administration est l'italien. On s'en sert dans presque tous les documents administratifs officiels, dans les comptes rendus des séances du Conseil de la Vallée (Parlement)."[1] J.-P. Martin macht diese Tatsache an einem einfachen Beispiel klar: Auch wenn ein Angestellter normalerweise Französisch oder Frankoprovenzalisch spräche, würde er bei einem Telefonanruf nach Abnehmen des Hörers wohl als erstes Wort "pronto" sagen. So scheint es, daß das Französische heute zumindest im mündlichen Sprachgebrauch nur noch eine kleine Nebenrolle in allen administrativen Angelegenheiten des Aostatales spielt. Es ist hier fast vollständig von der italienischen Sprache abgelöst worden.

Abb. 6: Beispiel für zweisprachige Beschriftung

---

[1] Martin, J.-P. (1982): S. 63

Lediglich bei öffentlichen Sitzungen oder Veranstaltungen, die
die französische Sprache und Kultur oder das Frankoprovenzalische direkt betreffen, findet die französische Sprache auch mündlich noch häufig Verwendung. Hier geht es dann vor allem darum, zu
beweisen, daß das Französische tatsächlich noch immer die Sprache
der Valdostaner darstelle. Ebenso gern wird bei öffentlichen Veranstaltungen dieser Art auch der heimische Dialekt gesprochen. Das
Italienische hingegen wird bewußt vernachlässigt.

Während die mündliche Kommunikation also trotz allem eine starke
Überlagerung durch die italienische Sprache in allen öffentlichen
Angelegenheiten erfahren hat, werden alle schriftlichen offiziellen
Dokumente grundsätzlich in zweisprachiger Form verfaßt. Rundschreiben, Plakate, Anweisungen und andere öffentliche Bekanntmachungen
und Texte sind immer in Französisch und Italienisch gehalten.

Dasselbe gilt für Straßennamen, Beschriftungen öffentlicher Gebäude
sowie allgemeine Informationstafeln und Verkehrsschilder. Die zur
Zeit des Faschismus italienisierten valdostanischen Ortsnamen haben
seit 1948 ebenfalls ihre ursprünglichen französischen Namen wiedererhalten.

Der unvoreingenommene Besucher der Stadt Aosta bekommt den Eindruck,
daß hier Zweisprachigkeit tatsächlich praktiziert wird. Dabei darf
der aktive Sprachgebrauch der Valdostaner, welcher statt zum Französischen eher zum Italienischen und Frankoprovenzalischen hin tendiert, jedoch nicht übersehen werden. Der zunächst entstandene Eindruck von einer Gleichstellung der beiden Sprachen müßte dann korrigiert werden.

4. Kulturelle Organisationen

Neben vielen kleineren Instituten verfügt das Aostatal im wesentlichen über vier bedeutende Organisationen, die durch ihre Arbeit dem Fortbestand des valdostanischen Kulturgutes sowie dem Erhalt der französischen und frankoprovenzalischen Sprache Sicherheit verleihen:

"L'Académie Saint-Anselme", das "Comité des Traditions Valdôtaines" und seit einigen Jahren das "B.R.E.L." ("Bureau Régional pour l'Ethnologie et la Linguistique") sowie das unter gleicher Leitung stehende "Centre d'Etudes Francoprovençales".

Die "Société Académique religieuse et scientifique du Duché d'Aoste", die am 29. März 1855 unter der Schirmherrschaft von St. Anselme, dem Erzbischof von Cantorbery, gegründet wurde, hatte zum Ziel, die valdostanische Kultur weiterzuentwickeln und geschichtliche Werke zu bewahren.Ein Kreis von Intellektuellen, die sogenannte Elite des Aostatales, hatte wiederum zur Aufgabe, die Früchte dieser Arbeit in einem monatlich erscheinenden Bulletin zu veröffentlichen. M. Lengereau zitiert Artikel 2 aus den Statuten der Akademieordnung:"L'Académie s'occupe de tout ce qui peut intéresser la Vallée d'Aoste. Elle met en valeur les traditions religieuses et civiles, le patrimoine linguistique et culturel du Pays. Elle s'interdit toute discussion politique, personnelle ou étrangère à ce but."[1] Dieses Institut hat heute eine geringere Bedeutung; die große Anzahl von Bulletins, die es herausgegeben hat, stellt in ihrer Gesamtheit jedoch ein imposantes und ausführliches Nachschlagewerk für alle kulturellen Fragen zum Aostatal dar.

Das "Comité des Traditions Valdôtaines", das im Jahre 1955 gegründet wurde, setzt sich im Gegensatz zur "Académie Saint-Anselme" aus relativ jungen Leuten zusammen. Es organisiert diverse folkloristische Veranstaltungen und Aktivitäten (Chöre, Tänze, Kunsthandwerk u. a.) und setzt sich für die Aufrechterhaltung des Frankoprovenzalischen ein.

---

[1] Lengereau, M. (1968): S. 156

Das "Comité des Traditions Valdôtaines" gibt außerdem die dreimal jährlich erscheinende Zeitschrift "Le Flambeau" heraus, die fast ausschließlich in französischer Sprache gehalten ist. Ferner werden in diesem Magazin auch Gedichte und kleine Geschichten, die immer die Autonomie und den Partikularismus des Aostatales zum Thema haben und oftmals auch in Frankoprovenzalisch verfaßt sind, veröffentlicht.

Die Gründung der beiden Institute "B.R.E.L." und "Centre d'Etudes Francoprovençales" ist neueren Datums. Diese Organisationen unter Leitung des valdostanischen Linguisten Alexis Bétemps beschäftigen sich zum einen mit der Bewahrung der französischen und frankoprovenzalischen Kultur und Sprache und sind zum anderen stark politisch orientiert. A. Bétemps ist gleichzeitig Präsident der "Union Valdôtaine", deren Leitsätze neben der Erhaltung der valdostanischen Kultur vor allem auch den Kampf um die Autonomie betreffen. Beide Institute, das "B.R.E.L." als auch das "Centre d'Etudes Francoprovençales", zeigen großes Engagement bei der Verfolgung ihrer Ziele. Außer bei der Durchführung von linguistischen Kongressen sind ihre Vertreter auch bei allen kulturellen Veranstaltungen des Aostatales anwesend oder unterstützen nicht selten die Organisation von Festen oder sonstigen Manifestationen, die die valdostanische Kultur in irgendeiner Form betreffen. Das "Centre d'Etudes Francoprovençales" veranstaltet zum Beispiel jährlich einen Wettbewerb in den Grundschulen, ("Concours Cerlogne"), bei welchem die Schüler zu einem bestimmten Thema einen Aufsatz in Frankoprovenzalisch schreiben sollen. Dieser Wettbewerb, der in jedem Jahr großes Interesse unter den valdostanischen Schülern findet, dient dazu, das Bewußtsein für die frankoprovenzalische Sprache auch unter jungen Menschen lebendig zu erhalten, und den Dialekt, der normalerweise nur als gesprochene Sprache Verwendung findet, zu verschriften, um auch für spätere Generationen ein Zeugnis für die valdostanische Kultur und Sprache zu schaffen.

5. Bibliotheken

Im Jahre 1951 wurde im Aostatal der Verein "Le Biblioteche Riunite" gegründet. Seine Aufgabe ist die Koordination der "Biblioteca Civica" und der "Biblioteca Regionale".

Die lokalen Bibliotheken des Aostatales verfügen etwa über die gleichen Anteile an französischer und italienischer Literatur; der Anteil an ausgeliehenen Büchern in italienischer Sprache ist jedoch wesentlich höher.[1]

Eine Umfrage der Zeitschrift "Il Dialogo" aus dem Jahre 1962 besagt, daß von 100 Prozent der ausgeliehenen Bücher 82 Prozent in italienischer Sprache, aber nur 18 Prozent in französischer oder irgendeiner anderen Sprache waren. Etwa die gleichen Zahlen gelten auch für die in den Lesesälen der valdostanischen Bibliotheken konsultierten Werke.[2]

Diese für die Verfechter der französischen Sprache zu Recht erschreckenden Resultate führten bald zu einer verstärkten Publikation von französischsprachiger Literatur in den valdostanischen Verlagen. So wurden bedeutende geschichtliche Werke wie "L'Historique de la Vallée d'Aoste" von J.-B. de Tillier neu aufgelegt, um den Valdostanern den hohen Wert ihrer Geschichte und Kultur wieder ins Bewußtsein zu rufen.

Neben den Bibliotheken existieren heute in Aosta einige Buchhandlungen, die sich hauptsächlich auf französische Literatur sowie auf valdostanische Werke, die sich mit der Kultur und Geschichte des Tales befassen, spezialisiert haben.

Insgesamt ist das Angebot an französischsprachiger Literatur also als überdurchschnittlich hoch zu bezeichnen. Die theoretischen Grundlagen für die erfolgreiche Realisierung sind also durchaus gegeben, nur das Interesse der Bevölkerung an französischsprachiger Literatur müßte wesentlich größer sein.

---

[1] Leider liegen zu diesen mündlich überlieferten Tatsachen keine Zahlen vor.
[2] vgl.: "Il Dialogo" (1963): zitiert aus: Perotti, O. (1971): S. 86

6. Radio und Fernsehen

Seit einigen Jahrzehnten läßt sich eine Tendenz von seiten der Valdostaner beobachten, sich sowohl im Radio- als auch im Fernsehbereich vom starren Gefüge dieser Anstalten zu lösen und eigene Produktionen mit einfließen zu lassen. Diese betreffen vor allem die Präsentation valdostanischen Kulturgutes und die Geschichte des Tales sowie französischsprachige Emissionen.

Vor allem im Bereich des Rundfunks konnten, insbesondere für Sendungen in französischer Sprache, bereits einige Erfolge verbucht werden. Seit dem Jahre 1961 überträgt das zweite Radioprogramm der RAI (Torino) zweimal täglich eine Sendung, die ausschließlich dem Aostatal gewidmet ist: "La voix de la Vallée". Es handelt sich dabei um eine Nachrichtensendung, die in Französisch und Italienisch übertragen wird, teilweise sogar in Frankoprovenzalisch. Ferner bietet das zweite Programm der RAI in den letzten Jahren eine große Anzahl an Dokumentationssendungen über die Geschichte des Aostatales, folkloristische Musikprogramme, wie auch eine wöchentlich ausgestrahlte Sendung in frankoprovenzalischer Sprache, die literarische und musikalische Darbietungen in eben dieser Sprache präsentiert.

Dennoch wird der französischen Sprache nach Meinung vieler Valdostaner noch nicht genügend Rechnung getragen, so daß vor allem ältere Rundfunkteilnehmer gern auf die Programme der französischen Schweiz und Frankreichs zurückgreifen.

Dasselbe gilt in etwa für die Fernsehprogramme im Aostatal. Zwar bemüht sich das dritte Programm der RAI (Regionalprogramm) intensiv darum, regionale Fragen und Probleme sowie Kulturbeiträge über das Aostatal zu senden, sprachlich hält es jedoch fast immer am Italienischen fest. Somit muß auch hier der an französischsprachigen Programmen interessierte Valdostaner auf das Fernsehen der französischen Schweiz und Frankreichs zurückgreifen.[1]

---

[1] Erst seit dem Jahre 1974 sind die Programme des Schweizer und Französischen Fernsehens im Aostatal zu empfangen.

7. Kino und Theater

Für das valdostanische Kinoprogramm gelten ähnliche, wenn nicht noch ungünstigere Bedingungen wie für das Fernsehen in der Region. Die meisten Filme werden in italienischer Originalfassung oder italienisch synchronisiert vorgeführt. Nur äußerst selten werden französischsprachige Filme angeboten, die darüber hinaus auch nur sehr wenige Interessenten finden.

Auch die Theatervorstellungen im Aostatal finden fast immer in italienischer Sprache statt. Nur in der Wintersaison werden einige Theaterstücke (meist Komödien) in Französisch aufgeführt. Daneben hat sich in den letzten Jahren ein Laienensemble, "Lo Charaban", etablieren können, welches einmal jährlich Theaterstücke in frankoprovenzalischer Sprache präsentiert. Diese Aufführungen stoßen bei der valdostanischen Bevölkerung auf großes Interesse. Die Inhalte dieser Theaterstücke haben grundsätzlich volkstümlichen Charakter und stellen daher, vor allem aber auch durch ihren Vortrag in frankoprovenzalischem Dialekt einen weiteren Beitrag im Sinne der Aufrechterhaltung valdostanischer Kultur dar.

Der Leiter dieser Theatergruppe, René Willien, organisierte im Jahre 1962 den ersten Kongreß frankoprovenzalischer Sprecher und bewegte so ein Wiederaufwachen des valdostanischen Volkes verbunden mit einem neuen Stolz auf ihren Dialekt.[1]

---

[1] vgl.: Salvi, S. (1974): S. 121

8. Presse

Die Printmedien bieten eine weitere Möglichkeit zur Verwirklichung von Zweisprachigkeit. Um festzustellen, ob sie dieser gerecht werden, soll zunächst die valdostanische Presse vor Ende des II. Weltkrieges präsentiert werden.[1]

Zwischen 1805 und 1945 existierten im Aostatal nicht weniger als 46 Zeitungen, von denen 37 in Französisch, 5 zweisprachig und nur 4 in Italienisch redigiert waren. Die valdostanische Presse charakterisiert jedoch eine gewisse Instabilität: nur wenige Zeitungen erschienen länger als zehn Jahre ohne Unterbrechung.

Bereits die ersten Zeitungen des Tales sind stark politisch geprägt. Unter den verschiedenen Blättern kristallisieren sich grundsätzlich zwei politische Richtungen heraus, von denen die eine als konservativ-katholisch, die andere als liberal und mehr oder weniger antiklerikal zu bezeichnen ist. Trotz dieser oppositionellen Auffassungen, die sich in zahlreichen öffentlichen polemischen Auseinandersetzungen widerspiegeln, halten beide Richtungen eine enge Beziehung zur französischen Sprache und valdostanischen Kultur aufrecht.

Während des italienischen Faschismus wurden, wie bereits in Teil C dieser Arbeit erwähnt, alle französischsprachigen Zeitungen bis auf eine Wochenzeitung ("Le Mont Blanc", 1894-1942) verboten. Das Französische, das also vor den beiden Weltkriegen einen hohen Stellenwert innerhalb der valdostanischen Presse hatte, wurde durch den Faschismus erheblich geschwächt und konnte sich bis heute nicht wieder in der Form etablieren, wie es von den Verfechtern der französischen Sprache erwünscht wäre.

Alle im Aostatal erscheinenden Tageszeitungen sowie Illustrierten und Sportzeitungen erscheinen in italienischer Sprache. Nach der Untersuchung der Zeitschrift "Il Dialogo" im Jahre 1963 wurden in Aosta an einem Tag 3425 italienische Tageszeitungen gegenüber 78 französischen oder Schweizer Tageszeitungen verkauft.[2]

---

[1] vgl.: Lengereau, M. (1968): S. 152 ff.
[2] vgl.: "Il Dialogo" (1963): zitiert aus: Perotti, O. (1971): S. 90

Aktuellere Ergebnisse zum Leseverhalten der Valdostaner bietet eine Umfrage der "Abacus" ("Ricerche di mercato e sondaggi d'opinione") aus dem Jahre 1988, die besagt, daß 73 Prozent der befragten Valdostaner eine Tageszeitung lesen, wobei die italienische Zeitung "La Stampa" mit 68 Prozent den weitaus höchsten Anteil besitzt.[1] Die französische Sprache findet also bei der Lektüre von Tageszeitungen kein sonderliches Interesse bei den Valdostanern. Das ist sicherlich aber auch darauf zurückzuführen, daß es keine regionale französischsprachige Zeitung gibt, so daß der Leser darauf angewiesen ist, sich über das aktuelle Tagesgeschehen in italienischen Zeitungen zu informieren.

Im Oktober 1963 erschien zwar zum ersten Mal eine unabhängige valdostanische Tageszeitung ("La Vallée d'Aoste"), welche jedoch fast vollständig in italienischer Sprache verfaßt war. Diese durchaus ernstzunehmende Publikation wurde bereits nach einigen Wochen aus finanziellen und politischen Gründen wieder eingestellt. So ist der Valdostaner heute auf französischsprachige Zeitungen aus Frankreich und der Schweiz angewiesen. Vor allem im Illustriertenbereich ist hier seit dem Bau der Tunnel durch den Großen und Kleinen Sankt Bernhard ein gewaltiger Anstieg in der Verbreitung zu verzeichnen.[2]

Das Aostatal besitzt also keine eigene Tageszeitung. Stattdessen verfügt es über ein reichhaltiges Spektrum an Wochen- und Monatsschriften, die allesamt sehr politischen Charakter haben. Gemäß der oben genannten Umfrage der "Abacus" findet die wöchentlich erscheinende, teilweise in Französisch gehaltene Zeitung "La Vallée" mit 44 Prozent des Gesamtanteiles der acht meistgelesenen Regionalzeitungen die größte Beachtung bei den Valdostanern. Insgesamt jedoch ist das Interesse an diesen Publikationen als äußerst hoch einzuschätzen: 80 Prozent der Befragten lesen zumindest ab und zu die eine oder andere dieser lokalen Informationsschriften. Relativ große Aufmerksamkeit unter den valdostanischen Lesern findet auch die wöchentlich erscheinende, ganz in Französisch ge-

---

[1] vgl.: "Abacus" ("Ricerche di mercato e sondaggi d'opinione"): "Sondaggio d'opinione: I problemi ed i partiti in Valle d'Aosta" (1988)

[2] vgl.: Lengereau, M. (1968): S. 153

schriebene Zeitung "Le peuple valdôtain". Sie versteht sich als Presseorgan der "Union Valdôtaine" und ist daher also sehr politisch. Ihre Ziele sind vor allem, die Autonomie der Region immer wieder bewußt zu machen und die französische und frankoprovenzalische Kultur im Aostatal zu erhalten.

Weitere regionale Wochenzeitungen mit stark politischem Charakter, aber fast ausschließlich in Italienisch verfaßt, sind "Il monitore valdostano" und "Le travail". Beide stellen nach der Zeitung "La Vallée" die meistgelesenen Wochenschriften im Aostatal dar. Erst an vierter Stelle erscheint das französischsprachige Presseorgan der "Union Valdôtaine".[1]

Auch hier läßt sich also eine deutliche Präferenz der Valdostaner für die italienische Sprache erkennen. Das Französische tritt zu Gunsten des Italienischen immer mehr in den Hintergrund.

---

[1] vgl.: "Abacus" ("Ricerche di mercato e sondaggi d'opinione"): "Sondaggio d'opinione: I problemi ed i partiti in Valle d'Aosta" (1988)

9. Politische Parteien

Das Vielparteiensystem in Italien ist Ausdruck der tiefen ideologischen und sozialen Gegensätze des Landes, spiegelt aber auf der anderen Seite auch die individualistische Mentalität seiner Bewohner wider. So sind im Aostatal auch fast alle traditionellen italienischen Parteien vertreten. Es würde jedoch den Rahmen dieser Arbeit sprengen, die unterschiedlichen Programme und Ziele dieser Parteien zu erörtern.

Aus diesem Grunde sei an dieser Stelle nur die im Aostatal seit Jahren herausragendste regionale Partei, die "Union Valdôtaine", kurz vorgestellt, da sie sich im besonderen für die Interessen der Autonomie im linguistischen, ethnischen und politisch-wirtschaftlichen Sinne einsetzt. Die "Union Valdôtaine" wurde am 13. September 1945 als unabhängige nationale valdostanische Bewegung gegründet und versteht sich als geistiges Erbe der einstigen "Jeune Vallée d'Aoste".[1] Ihre Leitmotive sind die folgenden: "1. L'Union Valdôtaine, qui se rattache aux principes du fédéralisme intégral, a comme finalité d'assurer l'épanouissement du caractère ethnique et linguistique du peuple valdôtain; d'en servir les intérêts culturels, politiques, sociaux et économiques; de favoriser la coopération entre les communautés ethniques. 2. L'Union Valdôtaine s'engage à réaliser la souveraineté politique du Val d'Aoste par les voies démocratiques afin de seconder l'aspiration du peuple à l'autogouvernement dans le cadre d'une Europe unie des peuples."[2]

Die "Union Valdôtaine" stützt sich also vor allem auf den Partikularismus der Region und kämpft unter Leitung von A. Bétemps heute verstärkt um den Fortbestand des Französischen und Frankoprovenzalischen als gleichberechtigte Sprachen gegenüber dem Italienischen. "Idéologiquement, l'U.V. (sous sa forme actuelle) est restée incontestablement l'héritière d'un vieil esprit valdôtain typique, plus ou moins rigide, radicalement autonomiste et, à la limite, anti-italien et 'français'.

---

[1] vgl.: Lengereau, M. (1968): S. 113

[2] "Le Peuple Valdôtain", Presseorgan der "Union Valdôtaine", S. 1

Elle s'attache à la défense du petit groupe valdôtain considéré comme une minorité ethnique et linguistique. La politique de l'U.V., fondamentalement différente à la base de celle des partis nationaux, s'inscrit dans une tradition d'involution plutôt que d'ouverture."[1] Ihre eher als anti-italienisch zu beurteilende Einstellung zeigt sich häufig in dem wöchentlich erscheinenden Presseorgan "Le peuple valdôtain", das zum einen ganz in französischer Sprache verfaßt ist, und zum anderen viele Artikel, die die linguistische und ethnische Eigenständigkeit in fast aggressiv zu bezeichnender Weise immer wieder betonen, enthält.

Trotz vieler Beschuldigungen und Anklagen, die die "Union Valdôtaine" in ihrer Ideologie als rückschrittlich und einseitig betrachten, kann sie bei allen Kommunalwahlen einen äußerst hohen Stimmenanteil für sich verbuchen. Entsprechend der Umfrage der "Abacus" aus dem Jahre 1988 würden 80 Prozent der Befragten für die "Union Valdôtaine" stimmen.[2]

Fest steht, daß bei dieser Entscheidung wohl die autonomistische Zielsetzung der "Union Valdôtaine" die größte Rolle spielte. 94 Prozent der von "Abacus" befragten Valdostaner sprachen sich nämlich positiv für eine Autonomie im Aostatal aus. Autonomie bedeutet für die Valdostaner heute vor allem eine eigene Regierung sowie Ausweitung der durch die Autonomie begründeten Privilegien. Die französische Sprache als eigentliche Ursache der Autonomie scheint dabei völlig unberücksichtigt zu bleiben.[3]

---

[1] Lengereau, M. (1968): S. 114

[2] vgl.: "Abacus" ("Ricerche di mercato e sondaggi d'opinione"): "Sondaggio d'opinione: I problemi ed i partiti in Valle d'Aosta" (1988)

[3] vgl.: ibid.

H. ZUSAMMENFASSUNG DER GEOGRAPHISCHEN, HISTORISCHEN UND SOZIO-KULTURELLEN VORAUSSETZUNGEN FÜR ZWEISPRACHIGKEIT

Die bisher aufgezeigten geographischen, historischen und soziokulturellen Charaktermerkmale des Aostatales bilden die Grundlage für die im folgenden durchgeführte empirische Untersuchung zur Zweisprachigkeit unter besonderer Berücksichtigung des Frankoprovenzalischen. Zuvor jedoch sollen die wichtigsten Faktoren, die für oder wider eine tatsächlich vorhandene Zweisprachigkeit im Aostatal sprechen, noch einmal kurz zusammengefaßt werden.

Im wesentlichen sprechen vier Faktoren *für* ein mögliches Vorhandensein von Zweisprachigkeit im Aostatal:
a) Seine geographische Nähe zur französischen Schweiz und zu Frankreich.
b) Seine lange historische Zugehörigkeit zu Savoyen.
c) Die Bestimmungen des Autonomiestatutes hinsichtlich der Gleichstellung der französischen Sprache.
d) Das ständige Bemühen kultureller und öffentlicher Institutionen sowie der "Union Valdôtaine", das valdostanische Kulturgut und die französische Sprache im Bewußtsein der Valdostaner lebendig zu erhalten.

Demgegenüber stehen jedoch einige, nicht zu unterschätzende Faktoren, die *gegen* eine erfolgreiche Etablierung von Zweisprachigkeit sprechen:
a) Die Tatsache, daß das Aostatal trotz seines autonomen Status einen Teil Italiens darstellt.
b) Die nur etwa ein halbes Jahrhundert zurückliegende Zeit der Italianisierung, in der alles Französische verboten war.
c) Das Übergewicht der italienischen Sprache in Schule, Kirche, Presse, Radio und Fernsehen sowie im öffentlichen Leben überhaupt.
d) Die Uneinigkeit der Valdostaner im Hinblick auf ihre sprachliche Identität (Französisch oder Frankoprovenzalisch).
e) Die durch die italienischen Immigranten hervorgerufene Mischpopulation.

Die hier aufgeführten und zuvor diskutierten Punkte entstammen einem umfangreichen Literaturkorpus zur Thematik des Aostatales. Zu einem großen Teil basieren die sprachwissenschaftlichen Erkenntnisse auf empirischen Untersuchungen, denen jedoch im Laufe der Jahre eine gewisse Aktualität abhanden gekommen ist. Zum anderen stellen diese Erkenntnisse nur allzuoft idealistische Wunschvorstellungen der Verfechter der französischen Sprache im Aostatal dar.

Um die tatsächlichen Ausprägungen der Zweisprachigkeit, wie sie sich heute im Aostatal darstellen, messen zu können, wurde eine Enquête durchgeführt, deren Ergebnisse im folgenden präsentiert werden sollen.

J. KURZER FORSCHUNGSÜBERBLICK

1. Literatur zur Zweisprachigkeit im Aostatal

Da die Diskussion um das Phänomen der Zweisprachigkeit im Aostatal von vielerlei Seiten und nicht selten in unwissenschaftlicher Weise geführt wird, ist die Fülle derjenigen Literatur, die sich mit ihr beschäftigt, kaum mehr zu überblicken. In der Einleitung wurde bereits darauf hingewiesen, daß viele Arbeiten als sehr subjektiv zu bezeichnen sind und, indem sie die französische Sprache in den Vordergrund rücken, nur allzu häufig die idealistischen Vorstellungen ihrer zumeist heimischen Verfasser widerspiegeln.

Neben einer großen Anzahl von hervorragenden Werken zur Geschichte des Aostatales bietet auch J.-P. MARTIN mit seinem "Aperçu historique de la langue française en Vallée d'Aoste" (1982) eine eher unparteiische, objektive Darstellung der historischen, geographischen und nicht zuletzt linguistischen Entwicklung des Aostatales. Seine Arbeit erwies sich vor allem durch die Aktualität seiner Beobachtungen hinsichtlich der heutigen linguistischen Situation im Aostatal als besonders wertvoll.

Die wirtschaftlichen Einflußfaktoren, insbesondere die sprachlichen Auswirkungen der Immigrationen, werden von B. JANIN in seinem Werk "Le Val d'Aoste - Tradition et Renouveau" (1980) sehr ausführlich beschrieben. Seine Arbeit beinhaltet darüber hinaus eine umfangreiche Betrachtung des Aostatales von der Antike bis zur Gegenwart.

Eine weitere kritische Auseinandersetzung mit der sprachlichen Minderheit im Aostatal stellt die Untersuchung von M. LENGEREAU dar. Neben einer detaillierten Beschreibung der valdostanischen Autonomie und ihrer Funktionalität beschäftigt er sich in seinem Werk "La Vallée d'Aoste - minorité linguistique et Région autonome de la République italienne" (1968) eingehend mit den linguistischen und kulturellen Problemen der Region. Seine Darstellungen der einzelnen kulturellen und öffentlichen Institutionen im Hinblick auf tatsächlich realisierte Zweisprachigkeit gehen zwar auf das Jahr 1968 zurück, bieten aber dennoch eine gute Ausgangsbasis für eine neuere Untersuchung.

Das gleiche gilt für die Untersuchungen von S. SALVI, der in seinem Werk "Le lingue tagliate" (1974) ein Kapitel der französischen Minderheit Italiens im Aostatal widmete. Auch seine Darstellungen sind im Gegensatz zu vielen Arbeiten heimischer Verfasser als eher objektiv zu betrachten und bieten außerdem noch eine gewisse Aktualität.

Unter dieser Voraussetzung wurden auch die beiden Dissertationen von O. PEROTTI und M. FUGIER für diese Arbeit hinzugezogen. Die von O. PEROTTI zu Beginn der 70er Jahre durchgeführte Untersuchung "Comportamenti linguistici in Valle d'Aosta - Il problema del bilinguismo" (1971) beinhaltet eine Enquête zur Sprachverwendung von Schülern in Courmayeur sowie eine linguistische Analyse der valdostanischen Presse. M. FUGIER analysierte in seiner Arbeit "Le bilinguisme en Vallée d'Aoste" (1972) Vitalität und Stellung des Französischen im allgemeinen mittels einer in verschiedenen Orten durchgeführten Befragung. Beide Arbeiten bieten zum einen eine gute Ausgangsbasis für weitere Untersuchungen, zum anderen aber auch die Möglichkeit zum Vergleich, auch wenn sich die Ergebnisse ihrer Untersuchungen nicht auf die im folgenden befragten Gemeinden beziehen.

Dasselbe gilt für die Dissertation von M. GARINO, die mit einer Enquête "Appunti sul condizionamento del patois per l'acquisizione scolastica della lingua francese in Valle d'Aosta - Indagine svolta a Morgex" (1972) unter Schülern in Morgex die Einflüsse des Frankoprovenzalischen auf das Erlernen des Französischen deutlich zu machen versucht. Neben den Vorteilen, die aus der engen Verwandtschaft der beiden Sprachen resultieren, zeigt ihre Untersuchung vor allem die häufigsten Fehler und Divergenzen im Französischen auf.

Alle zuvor genannten Autoren messen der französischen Sprache im Vergleich zum Italienischen und Frankoprovenzalischen eine äußerst unstabile, den Status einer Fremdsprache innehabende Position im Aostatal bei. Dieser Auffassung ist auch A. BÊTEMPS, dessen Darstellung "Les valdôtains et leur langue" (1972) zugleich Kampfansage an die zunehmende Italianisierung und Rehabilitierung der französischen Sprache, die für ihn wieder die Amts- und Kultursprache im Aostatal werden muß, in einem Werk vereint. Trotz aller Polemik und Subjektivität erweist sich seine Arbeit durch die Präsentation der zahlreichen Mißstände bezüglich einer tatsächlich realisierten Zweisprachigkeit im Aostatal sowie durch eine ausführliche Betrachtung des Frankoprovenzalischen als hilfreiche Unterstützung für die folgende Untersuchung.

Schließlich sei an dieser Stelle noch die Umfrage der ABACUS - RICERCHE DI MERCATO E SONDAGGI D'OPINIONE genannt. Ihre Untersuchung "Sondaggio d'opinione - I problemi ed i partiti in Valle d'Aosta" (1988) spiegelt relativ aktuelle Ergebnisse hinsichtlich der Einstellungen der Valdostaner in bezug auf Autonomie, Politik und teilweise auch ihre Sprachgewohnheiten wider.

2. Literatur zum Frankoprovenzalischen

Das Frankoprovenzalische, das in der folgenden empirischen Untersuchung ebenfalls im Hinblick auf seine Vitalität im Aostatal berücksichtigt werden soll, stellt eine Besonderheit in der Romania dar. Seine Uneinheitlichkeit in vielfacher Hinsicht macht es seit jeher zu einem beliebten Forschungsgegenstand. Die zahlreichen Arbeiten der Linguisten widmen sich seiner phonetischen, lexikalischen und syntaktischen Charakterisierung in den verschiedensten Verbreitungsräumen.

Die vorliegende Untersuchung beinhaltet jedoch weniger eine Charakterisierung dieser Mundart, sondern will vielmehr die Vitalität des Frankoprovenzalischen in einem bestimmten Gebiet, in welchem seine Verbreitung bereits vorausgesetzt wurde, nachweisen. Es handelt sich also um eine völlig verschiedenartige Zielsetzung. Insofern erweisen sich die Arbeiten zur Charakterisierung des Frankoprovenzalischen als wenig hilfreich. Dennoch seien an dieser Stelle einige bedeutende Arbeiten genannt.

Eine der ältesten Arbeiten auf diesem Gebiet stellt die von G.I. ASCOLI dar. In seinen "Schizzi franco-provenzali" (1878) bescheinigte er dieser romanischen Dialektgruppe zum ersten Mal Eigenständigkeit in der Romania.

Eine ausführliche Charakterisierung und Geschichte des Frankoprovenzalischen beinhalten auch die Arbeiten von H. STIMM: "Studien zur Entwicklungsgeschichte des Frankoprovenzalischen" (1952), W.v.WARTBURG, "Zum Problem des Frankoprovenzalischen" in "Von Sprache und Mensch" (1956), sowie die Darstellungen von C. TAGLIAVINI in seiner "Einführung in die romanische Philologie" (1973). Sie stellen für die vorliegende Arbeit jedoch nur ein Gebiet von sekundärem Interesse dar, da auch sie keine Untersuchungen zur heutigen Vitalität des Frankoprovenzalischen liefern.

Das Phänomen der phonetischen und lexikalischen Verschiedenartigkeit des Frankoprovenzalischen in seinen unterschiedlichsten Verbreitungsräumen führte zu ganz anderen Problemen, die auch mithilfe der folgenden Literatur nicht oder nur kaum bewältigt werden konnten:

Die Sprachatlanten ALF und AIS berücksichtigen zwar einzelne Dialektformen und beziehen sich sogar auf einige Orte im Aostatal, jedoch nicht auf die in der vorliegenden Arbeit zu untersuchenden Gemeinden. Außerdem liegen ihre Darstellungen fast ein ganzes Jahrhundert zurück und bieten daher eine nur unzureichende Ausgangslage für heutige Untersuchungen zur Vitalität des Frankoprovenzalischen.

Eine aktuellere Bearbeitung der frankoprovenzalischen Mundarten beinhaltet die Untersuchung "Études linguistiques sur les parlers valdôtains" (1958) von H.-E. KELLER. Er nimmt eine interne dialektale Segmentierung des Aostatales vor und kommt dabei zu neuen Ergebnissen hinsichtlich der phonetischen, morphologischen und grammatikalischen Ausprägung der einzelnen valdostanischen Mundarten. Seine Untersuchungen berücksichtigen auch die im folgenden befragten Gemeinden, bieten aber dennoch keine Ergebnisse hinsichtlich der Vitalität des Frankoprovenzalischen.

Das gleiche gilt für die von C. GRASSI vorgenommenen "Analisi delle caratteristiche lessicali della Val d'Aosta in base ai materiali forniti dai tre Atlanti linguistici nazionali (ALF, AIS, ALI) (I)" (1957).

Ferner existieren mehrere auf das Frankoprovenzalische im Aostatal spezialisierte Wörterbücher, die sich für die vorliegende Arbeit als sehr hilfreich erwiesen haben. Das erste Wörterbuch zum Frankoprovenzalischen wurde von dem valdostanischen Heimatdichter J.-B. CERLOGNE unter dem Titel "Dictionnaire du patois valdôtain précédé de la Petite Grammaire" (1893) veröffentlicht, nachdem er schon damals das Risiko eines Aussterbens der valdostanischen Dialekte erkannt hatte. Sein frankoprovenzalisch - französisches Wörterbuch beinhaltet bewußt keine lautlichen und lexikalischen Diversifikationen der einzelnen Dialektwörter, sondern soll lediglich eine Präsentation des valdostanischen Dialektes, wie CERLOGNE ihn zu seiner Zeit beobachtete, darstellen. Sein Werk setzt vor allem eine fundierte Kenntnis des Frankoprovenzalischen voraus, um es für eine derartige Untersuchung wie die folgende sinnvoll einsetzen zu können.

Aus diesem Grunde erweist sich das "Nouveau dictionnaire de patois valdôtain" (1984) von A. CHENAL und R. VAUTHERIN als geeigneter. Dieses vom

Umfang sehr ausführliche, analogisch aufgebaute valdostanische Dialektwörterbuch geht vom französischen Wort aus und liefert dazu die häufigsten frankoprovenzalischen Entsprechungen. Diese finden dann in dem dazugehörigen zwölf Bände zählenden "Nouveau dictionnaire de Patois Valdôtain" (1968-82) der gleichen Verfasser weitere Erklärungen. A. CHENAL veröffentlichte ein weiteres bedeutendes Werk, das er der morphologischen und syntaktischen Betrachtung des Frankoprovenzalischen im Aostatal widmete: Le franco-provençal valdôtain - Morphologie et Syntaxe" (1986). Neben einer detaillierten etymologischen Analyse einzelner frankoprovenzalischer Lexeme beinhaltet diese Arbeit eine hervorragende Darstellung der syntaktischen Strukturen des valdostanischen Dialektes. Sämtliche Feststellungen werden dabei durch Beispiele aus dem aktiven Sprachgebrauch der Valdostaner anschaulich belegt.

Die Situation für eine Beschäftigung mit dem Frankoprovenzalischen, insbesondere mit derjenigen Form des Frankoprovenzalischen, wie sie im Aostatal verwendet wird, sieht also recht günstig aus. Die genannten Werke bieten eine gute Möglichkeit, sich über seinen Wortschatz und seine grammatischen Strukturen zu informieren. Leider enthalten sie jedoch keine Hinweise zur Vitalität. Diese soll daher in der folgenden Untersuchung unter anderem überprüft werden.

3. Definitionen zur Zweisprachigkeit

Die Fülle an Arbeiten zur Zwei- und Mehrsprachigkeit ist heute kaum zu erfassen, und dennoch gibt es im Prinzip kein einführendes Werk, das einen leichten Einstieg in das Thema und vor allem eine allgemeingültige Definition von Zweisprachigkeit liefert. Aus diesem Grunde erwies es sich als äußerst schwierig, eine geeignete, für die Zwei- beziehungsweise Mehrsprachigkeit des Aostatales zutreffende Definition zu finden.

Als hilfreich zeigten sich schließlich die Darstellungen von H. BAETENS BEARDSMORE, der das erste Kapitel seiner Arbeit "Bilingualism: Basic Principles" (1982) der Vorstellung von Definitionen und Typologien zum Phänomen der Zweisprachigkeit widmet. Aus der großen Zahl dieser verschiedenen Ansätze und Typologien seien im folgenden einige genannt, die die linguistische Situation des Aostatales am zutreffendsten charakterisieren.

Nach der bisher erfolgten Schilderung der geschichtlichen und sprachlichen Entwicklung und den daraus für die heutige Lage des Aostatales resultierenden Ergebnissen, stellt sich die zwingende Frage, ob es sich anstelle eines Bilinguismus nicht eher um einen Plurilinguismus handelt. Schließlich existieren in dieser Region mindestens drei (Französisch, Italienisch und Frankoprovenzalisch), wenn nicht sogar vier (bei Hinzunahme des deutschen Dialektes der Walser) Sprachen nebeneinander; ganz abgesehen von den einzelnen italienischen Dialekten der Immigranten, deren Analyse zu weiteren Ergebnissen führen würde.

Ausgehend von diesem Phänomen der Mehrsprachigkeit scheinen die Definitionen von W.F. MACKEY und U. WEINREICH besonders geeignet, um die linguistische Situation im Aostal zu charakterisieren. W.F. MACKEY schreibt zum Beispiel: "It seems obvious that if we are to study the phenomenon of bilingualism we are forced to consider it as something entirely relative. We must moreover include the use not only of two languages, but of any number of languages. We shall therefore consider bilingualism as

the alternate use of two or more languages by the same individual."[1]
Diese Aussage ähnelt sehr der Definition von U. WEINREICH, die besagt:
"The practice of alternatively using two languages will be called here
bilingualism, and the persons involved bilingual. Unless otherwise
specified, all remarks about bilingualism apply as well to multilingualism, the practice of using alternately three or more languages."[2]

Diese allgemeinen, aber auch vagen Definitionen werfen viele weitere
Fragen auf. Sind diesen Auffassungen zufolge nicht alle Individuen einer Gesellschaft mindestens zwei- wenn nicht gar mehrsprachig, bedingt
durch das Sprechen verschiedener Dialekte, Soziolekte, Fachsprachen und
so weiter, aber auch durch das Erlernen einer Fremdsprache in der Schule?

Eine weitere unbedingt notwendige Unterscheidung muß daher zunächst
zwischen gesellschaftlicher und individueller Zweisprachigkeit getroffen werden. J.A. FISHMAN differenziert "societal" und "individual bilingualism".[3] "Societal bilingualism" untersucht vor allem das soziologische Umfeld der Sprache: gesellschaftliche und geschichtliche Hintergründe führen grundsätzlich zur Zweisprachigkeit des Individuums. Diese
Aussage gilt auch für das Aostatal. Die bekannten politischen, wirtschaftlichen und kulturellen Ereignisse der Vergangenheit führten zu
der Entstehung einer mehrsprachigen Gesellschaft, wie sie sich heute
im Aostatal präsentiert.

Bei der Betrachtung des "individual bilingualism" stellen die verschiedenen Typologien von J. POHL einen geeigneten Ansatz zur Charakterisierung des vielsprachigen Valdostaners dar. Er unterscheidet unter anderem
"horizontal", vertical" und "diagonal bilingualism".[4] Seine Definition
von "horizontal bilingualism" besagt: "Horizontal bilingualism occurs
in situations where two distinct languages have an equivalent status in
the official, cultural and family life of a group of speakers and is
mostly found (...) amongst upper-level speakers such as the educated
Fleming in Brussels (using Dutch and French), the Catalans (using Catalan

---

[1] Mackey, W.F. (1957): zitiert aus: Baetens Beardsmore, H. (1982): S. 1 f.
[2] Weinreich, U. (1953): zitiert aus: ibid., S. 2
[3] vgl.: Fishman, J.A. (1966): zitiert aus: ibid., S. 4
[4] vgl.: Pohl, J. (1965): zitiert aus: ibid., S. 5 f.

and Spanish), and certain Québécquois (using French and English).
Although such speakers might functionally differentiate their language
usage there could also be considerable overlapping where either language
might be used in very similar circumstances."[1] Diese Definition beträfe
die ideale linguistische Situation im Aostatal, wenn man die Bestimmungen des Autonomiestatutes (Artikel 38 bis 40) zugrunde legen würde.
Es wurde jedoch bereits deutlich, daß die Gleichstellung der französischen und italienischen Sprache nur eine scheinbare ist. Tatsächlich
nämlich verkörpert die italienische Sprache heute ein deutliches Übergewicht in allen Bereichen.

Für eine Beschreibung der valdostanischen Zweisprachigkeit, wie sie sich
noch bis zur ersten Hälfte dieses Jahrhunderts dargestellt haben mag,
erweist sich die Definition von "vertical bilingualism" als besonders
zutreffend: "(...)vertical bilingualism obtains when a standard language,
together with a distinct but related dialect, coexists within the same
speaker, though the more generally accepted term for this situation is
diglossia which will be discussed in greater detail later. This pattern
can be found in many parts of the world, including Walloon Belgium
(Walloon and French), Germanic Switzerland (Schwyzertütsch and German)
and Bali (Balinese and Indonesian)."[2] Überträgt man diese Aussagen auf
das Aostatal, so stellte dort noch vor etwa einem halben Jahrhundert das
Französische die "standard language" und das Frankoprovenzalische den
"distinct but related dialect" dar. Dabei wurde, wie bereits erwähnt,
das Französische in allen öffentlichen Angelegenheiten und als Literatursprache verwendet, das Frankoprovenzalische hingegen war als örtliche
Mundart die im täglichen Leben stets benutzte Sprache der Valdostaner.

Dieses trifft heute nicht mehr in dieser Art und Weise zu. Die aktuelle
Situation wird jedoch durch die Definition von "diagonal bilingualism"
hervorragend charakterisiert: "Diagonal bilingualism occurs with speakers
who use a dialect or non-standard language together with a genetically
unrelated language, as can be found in Louisiana in the United States
(Louisiana French and English), German Belgium (Low German and French)

---

[1] vgl.: Pohl, J. (1965): zitiert aus: ibid., S. 5
[2] vgl.: Pohl, J. (1965): zitiert aus: ibid.

and amongst Maori communities in New Zealand (Maori and English)."[1]
Der "dialect" oder die "non-standard language" kann hier abermals auf das
von allen autochthonen Valdostanern verwendete Frankoprovenzalisch übertragen werden, während die "genetecally unrelated standard language"
durch das Italienische repräsentiert wird, welches den Valdostanern
durch die Zugehörigkeit zum Staate Italien aufgezwungen worden ist und
heute die in allen öffentlichen Angelegenheiten meist verwendete Sprache
darstellt.

Es wurde bisher vorausgesetzt, daß das Aostatal den Status einer zwei-
beziehungsweise mehrsprachigen Region besitzt. Weiterhin ist man davon
ausgegangen, daß ein gebürtiger Valdostaner grundsätzlich in der Lage
sein müßte, sich in drei Sprachen, nämlich Französisch, Italienisch und
Frankoprovenzalisch zu verständigen. Diese Feststellungen lassen jedoch
noch keine Aussagen über den Grad der Zwei- beziehungsweise Mehrsprachigkeit dieses Sprechers zu. Die Definition von E. HAUGEN, die besagt,
"bilingualism is understood (...) to begin at the point where the
speaker of one language can produce complete meaningful utterances in
the other language "[2], kann als eine Minimaldefinition von Zweisprachigkeit angesehen werden. Ihr stehen die Auffassungen von M.A.K. HALLIDAY,
A. McKINTOSH und P. STREVENS gegenüber, die "ambibilingualism" als die
einzig wahre Form von Zweisprachigkeit anerkennen: "(...) the person
who is capable of functioning equally well in either of his languages
in all domains of activity and without any traces of the one language in
his use of the other."[3] Nach dieser Maximaldefinition von Zweisprachigkeit dürfte es nur wenige tatsächlich zweisprachige Personen geben. Es
ist fraglich, ob dieses Niveau überhaupt erreichbar ist.

Es soll an dieser Stelle offen bleiben, welche der beiden zuletzt genannten Definitionen die Zwei- beziehungsweise Mehrsprachigkeit des Valdostaners am ehesten repräsentiert. Der Grad einer Zweisprachigkeit ist
nur sehr schwer meßbar. Die folgende empirische Untersuchung zur Vitalität der drei Sprachen Französisch, Italienisch und Frankoprovenzalisch
stellt dennoch einen Versuch dar, diesen Grad für die autonome Region
Aostatal zumindest grosso modo zu bestimmen.

---

[1] vgl.: Pohl, J. (1965): zitiert aus: ibid., S. 5 f.
[2] vgl.: Haugen, E. (1953): zitiert aus: ibid., S. 6
[3] vgl.: Halliday, M.A.K., McKintosh, A., Strevens, P. (1970): zitiert aus: ibid., S. 7

K. EMPIRISCHE UNTERSUCHUNG ZUR VITALITÄT DES FRANZÖSISCHEN,
FRANKOPROVENZALISCHEN UND ITALIENISCHEN IM AOSTATAL

1. Vorbemerkung

Bei der Untersuchung eines Bilinguismus im Aostatal muß man sich zunächst die Frage stellen, ob es sich nicht eher um einen "Trilinguismus" handelt, wenn man nicht nur die beiden Sprachen Italienisch und Französisch, sondern auch das Frankoprovenzalische als eine von vielen Valdostanern täglich verwendete mündliche Sprachform mit berücksichtigt. Bei der folgenden Untersuchung soll daher erwiesen werden, ob die drei genannten Sprachen von allen Gewährspersonen in gleichem Maße beherrscht oder ob Differenzen hinsichtlich der aktiven und passiven Kenntnisse in der einen oder anderen Sprache deutlich werden.

Um ein repräsentatives Bild der linguistischen Situation für die gesamte Region Aostatal zu erhalten, ist es notwendig, die Untersuchungen nicht nur auf ein bestimmtes Gebiet zu beschränken, sondern möglichst viele, strukturell unterschiedlich angelegte Orte einzubeziehen. Aus diesem Grunde werden im folgenden Bewohner aus ländlichen, mittleren Bergregionen (Etroubles, Saint-Oyen und Saint-Rhémy) sowie aus einem touristischen und industriellen Ballungszentrum (Aosta) hinsichtlich ihrer Sprachverwendung und Kompetenz in den oben genannten drei Sprachen befragt. Die gewonnenen Ergebnisse repräsentieren wiederum die aktuelle linguistische Situation strukturell ähnlicher Orte im Aostatal, so daß sich aus den Einzelergebnissen pro Untersuchungsgebiet schließlich ein Portrait der gesamten Region Aostatal ableiten läßt.

Bei der hier vorliegenden Analyse interessierte zum Beispiel, ob Frankoprovenzalisch, das im Aostatal mit dem sprachwissenschaftlich ungenau definierten Begriff "Patois" bezeichnet wird, in allen Generationen oder etwa nur von einer Minderheit älterer Leute gesprochen wird. Weiter stellte sich das Problem, ob Französisch tatsächlich als gleichwertig angesehene Sprache neben dem Italienischen existiert. In diesem Zusammenhang war ein wichtiger Gegenstand der Untersuchung, in welchen Situationen sich die einzelnen Sprecher welcher Sprache bedienten. Schließlich ist der Aspekt der Immigration und Emigration nicht zu vernachlässigen, da zum einen der gewaltige Zustrom von (süd-)italienischen Arbeitskräften, zum anderen aber auch die Abwanderung der Valdostaner in andere Gebiete, den Bestand des Französischen und Frankoprovenzalischen negativ beeinflussen müssen. Untersucht werden soll im folgenden auch, inwiefern sich der Tourismus günstig oder ungünstig auf die sprachliche Situation auswirkt. Was die Beherrschung des Frankoprovenzalischen betrifft, so könnte die Zahl der Zu- beziehungsweise Weggezogenen eine Gefahr für seinen Weiterbestand bedeuten. Normalerweise kann nämlich angenommen werden, daß nur diejenigen, die im Aostatal geboren und aufgewachsen sind und deren Eltern ebenfalls ortsansässig waren, das Frankoprovenzalische sprechen und auch an ihre Kinder weitergeben.[1] In diesem Zusammenhang stellt sich wiederum die Frage, ob die betreffenden Eltern, auch wenn sie über die entsprechende Sprachkompetenz verfügen, überhaupt Interesse an der Weitergabe des Dialektes haben. Sei es, um Schwierigkeiten in der Schule vermeiden zu wollen, oder aber aus Prestigegründen, nicht einen Dialekt, sondern eine Standardsprache wie Französisch oder Italienisch sprechen zu wollen. In jedem Fall kann davon ausgegangen werden, daß ins Aostatal Zugezogene das Frankoprovenzalische zwar eventuell verstehen mögen, sich aber im Normalfalle niemals aktiv dieses Dialektes bedienen würden.

Um die Zahl der Zu- und Weggezogenen festzustellen, ist es notwendig, einige Statistiken zur Bevölkerungsentwicklung hinzuzuziehen. Im folgenden soll das für alle zu untersuchenden Gemeinden sowie für die gesamte Region Aostatal geschehen.

---

[1] vgl.: Kramer, J. (1978): S. 19

Tab. 1 : Bevölkerungsentwicklung am Beispiel von 4 Gemeinden sowie für das gesamte Aostatal

	1734	1782	1838	1848	1861	1871	1881	1901	1911	1921	1931	1936	1951	1961	1971	1981	1984	1988	1989
AOSTATAL (gesamt)	63.604	69.089	78.110	81.082	85.481	81.254	85.007	83.529	80.860	82.769	83.479	83.455	94.140	100.959	109.150	112.662	113.590	114.769	115.270
ETROUBLES	736	802	898	983	1.032	966	1.037	845	740	768	580	559	552	503	495	450	430	408	406
ST.-OYEN	219	261	220	241	286	232	269	279	239	221	216	210	209	200	188	163	172	189	186
ST.-RHEMY	738	781	804	825	851	850	883	849	881	810	672	593	547	514	552	475	471	451	455
AOSTA	3.181	5.289	7.126	6.920	8.231	7.669	7.376	7.554	7.008	9.554	13.962	16.930	24.215	30.633	36.906	37.682	37.200	36.505	36.339

Die Wachstumsrate von 1734 bis 1989 beträgt für : Aostatal   =   81,23 %
                                                  Etroubles =   -44,84 %
                                                  St.-Oyen =   -15,07 %
                                                  St.-Rhemy =   -38,35 %
                                                  Aosta   =   1042,37 %

Tab. 2 : Statistik zu Geburten, Todesfällen, Zuzügen, Abgängen für : ETROUBLES

Jahr	1971	1972	1973	1974	1975	1976	1977	1978	1979	1980	1981	1982	1983	1984	1985	1986	1987	1988	1989	1990 Aug.
Gesamtbevölkerung	495	497	492	489	483	486	475	466	479	471	448	455	433	430	425	416	404	408	406	409
Geburten			-- keine Angaben --				4	16	8	13	5	5	5	6	1	2	3	3	4	
Todesfälle							6	13	7	5	7	3	10	0	6	10	8	5	4	
Zuzüge							19	18	22	32	29	21	28	19	28	22	15	20	10	
Abgänge							28	30	16	42	28	16	34	28	28	23	22	14	12	
Unterschied Geburten-Todesfälle							-2	3	1	8	-2	2	-5	6	-5	-8	-5	-2	-	
Unterschied Zuzüge-Abgänge							-9	-12	6	-10	1	5	-6	-9	-	-1	-7	6	-2	
Gesamtzuwachs							-11	-9	7	-2	-1 a)	7	-11 b)	-3	-5	-9	-12	4	-2	

a) nach Korrektur der Volkszählung: -23
b) nach Korrektur am 31.12.82: 444 Einw.

Innerhalb von 19 Jahren Bevölkerungsminderung um 86 Personen,
Wachstum : -17,37 %

Die Angaben beziehen sich jeweils auf den 31.12. eines Jahres, bis auf August 1990.

Tab. 3 : Statistik zu Geburten, Todesfällen, Zuzügen, Abgängen für : ST.-OYEN

Jahr	1971	1972	1973	1974	1975	1976	1977	1978	1979	1980	1981	1982	1983	1984	1985	1986	1987	1988	1989	1990 Aug.
Gesamtbevölkerung	188	189	186	189	181	178	175	173	168	172	164	167	174	172	177	187	188	189	186	190
Geburten	--	keine	Angaben	--			1	2	1	2	2	-	4	1	2	1	2	2	3	
Todesfälle							2	5	3	2	-	3	3	2	1	1	2	1	4	
Zuzüge							2	2	1	5	1	10	6	-	4	13	5	5	-	
Abgänge							4	1	4	1	6	4	2	1	-	3	4	5	2	
Unterschied Geburten-Todesfälle							-1	-3	-2	-	2	-3	1	-1	1	-	-	1	-1	
Unterschied Zuzüge-Abgänge							-2	1	-3	4	-5	6	4	-1	4	10	1	-	-2	
Gesamtzuwachs							-3	-2	-5	4	-3 a)	3	5 b)	-2	5	10	1	1	-3	

a) nach Korrektur der Volkszählung: -8
b) nach Korrektur am 31.12.82: 169 Einw.

Innerhalb von 19 Jahren nur geringe Schwankungen
Wachstum   von 1971-1981 : -12,77 % , von 1981-1990 : 15,85 % , von 1971-1990 : 1,05 %

Die Angaben beziehen sich jeweils auf den 31.12. eines Jahres, bis auf August 1990.

Tab. 4 : Statistik zu Geburten, Todesfällen, Zuzügen, Abgängen für : ST.-RHEMY

Jahr	1971	1972	1973	1974	1975	1976	1977	1978	1979	1980	1981	1982	1983	1984	1985	1986	1987	1988	1989	1990 Aug.
Gesamtbevölkerung	552	542	548	540	540	516	530	533	523	505	482	469	464	471	467	449	443	451	455	456
Geburten				-- keine Angaben --			7	4	7	9	2	3	3	2	4	3	3	2	6	
Todesfälle							2	4	10	6	7	5	6	3	4	8	7	5	6	
Zuzüge							56	48	31	28	57	36	47	44	33	34	41	58	41	
Abgänge							47	45	38	49	45	47	48	36	37	47	43	47	37	
Unterschied Geburten-Todesfälle							5	-	-3	3	-5	-2	-3	-1	-	-5	-4	-3	-	
Unterschied Zuzüge-Abgänge							9	3	-7	-21	12	-11	-1	8	-4	-13	-2	11	4	
Gesamtzuwachs							14	3	-10	-18	7 a)	-13	-4 b)	7	-4	-18	-6	8	4	

a) nach Korrektur der Volkszählung: -23
b) nach Korrektur am 31.12.82: 468 Einw.

Innerhalb von 19 Jahren Bevölkerungsminderung um 96 Personen
Wachstum : -17,39 %

Die Angaben beziehen sich jeweils auf den 31.12. eines Jahres, bis auf August 1990.

Tab. 5 : Statistik zu Geburten, Todesfällen, Zuzügen, Abgängen für : AOSTA

Jahr	1971	1972	1973	1974	1975	1976	1977	1978	1979	1980	1981	1982	1983	1984	1985	1986	1987	1988	1989	1990 Aug.
Gesamt-bevölkerung	36.906 37.659	38.401 38.973		38.966 39.026		39.046 39.131		39.072 38.882		37.707 37.783		37.355 37.200		37.038 36.856		36.716 36.505		36.339 36.227	
Geburten	-- keine Angaben --						443	424	344	326	284	316	302	279	272	319	248	303	305	
Todesfälle							417	374	363	364	381	358	386	350	369	360	320	349	356	
Zuzüge							870	909	844	901	795	695	763	910	865	890	855	842	852	
Abgänge							876	874	884	1053	927	577	630	994	930	1031	923	1007	967	
Unterschied Geburten-Todesfälle							26	50	-19	-38	-97	-42	-84	-71	-97	-41	-72	-46	-51	
Unterschied Zuzüge-Abgänge							-6	35	-40	-152	-132	118	133	-84	-65	-141	-68	-165	-115	
Gesamtzuwachs							20	85	-59	-190	-229 a)	76	49 b)	-155	-162	-182	-140	-211	-166	

a) nach Korrektur der Volkszählung: -1.175
b) nach Korrektur am 31.12.82: 37.306 Einw.

Innerhalb von 19 Jahren Bevölkerungsrückgang um 679 Personen
Wachstum : -1,84 %

Die Angaben beziehen sich jeweils auf den 31.12. eines Jahres, bis auf August 1990.

2. Erläuterungen zu den Statistiken

Im Rahmen einer linguistischen Untersuchung wie der folgenden stellt die Bevölkerungsentwicklung der zu analysierenden Gemeinden eine wesentliche Voraussetzung dar. Es wurde bereits darauf hingewiesen, daß sowohl Zu- als auch Weggezogene einen Einfluß auf den Fortbestand des Frankoprovenzalischen sowie auf die Entwicklung der französischen und italienischen Sprache im Aostatal haben müssen. Aus diesem Grunde wurde neben einer allgemeinen Übersicht über die Bevölkerungsentwicklung seit dem Jahre 1734 eine weitere detaillierte Statistik, die die Zahl der Geburten, Todesfälle, Zugänge und Abgänge in den einzelnen Gemeinden ab dem Jahre 1971 angibt, hinzugezogen. Diese Statistiken bieten für die Berggemeinden Etroubles, Saint-Oyen und Saint-Rhémy ein relativ einheitliches Bild einer regressiven Bevölkerungsentwicklung. Kann man bis um die Jahrhundertwende noch bedingt durch blühende Landwirtschaft und dadurch hervorragende Arbeitsbedingungen eine weitestgehend permanente Populationszunahme beobachten, so läßt diese positive Entwicklung mit Beginn des 20. Jahrhunderts auffallend nach. Durch die zunehmende Italianisierung im Rahmen des Faschismus, sich ständig verschlechternde Arbeitsbedingungen, die auf einen Mangel an technischem Fortschritt in den Bergregionen zurückzuführen sind, zogen viele Bewohner dieser Orte die Emigration in andere Regionen oder Länder, in denen sie zum einen ihre Sprache (Frankoprovenzalisch oder Französisch) sprechen konnten, zum anderen aber auch bessere Erwerbsmöglichkeiten vorfanden, vor.[1]

Neben der hier aufgeführten Bevölkerungsverminderung durch Emigration sind weitere Ursachen natürlich auch in der rückläufigen Geburtenziffer zu sehen. Während die Familien früher noch für eine große Zahl an Nachkommen sorgten, um sich eine Versorgung im Alter zu sichern, überschreitet in den letzten Jahrzehnten fast immer die Zahl der Sterbefälle die der Geburten.

Diese rückläufige Entwicklung wird in den Gemeinden Etroubles, Saint-Oyen und Saint-Rhémy, die Wachstumsveränderungen von -44,84 % (Etroubles), -38,35 % (Saint-Rhémy) in der Zeit von 1734 bis 1989 aufweisen, besonders deutlich. Die Tendenz für Saint-Oyen ist zwar ebenfalls regressiv,

---

[1] vgl. Kapitel D dieser Arbeit

jedoch mit einer Wachstumsveränderung von -15,07 % weniger krass.

Auffällig ist die Tatsache, daß Etroubles beispielsweise um das Jahr 1881 1037 Einwohner zählte, heute jedoch nur noch 406 Einwohner verzeichnen kann. Dieser Rückgang ist für den Zeitraum ab der Jahrhundertwende bis etwa 1951 neben Sterblichkeit in jedem Fall auch auf eine hohe Zahl an Emigrationen zurückzuführen. Die regressive Entwicklung der letzten Jahrzehnte spiegelt stattdessen eine interne Emigration sowie eine höhere Ziffer an Todesfällen als an Geburten wider. Das Phänomen der internen Emigration ist eine typische Erscheinung für die Entwicklung der mittleren Gebirgsregionen in den letzten Jahrzehnten. Ungünstige Lebensbedingungen, hervorgerufen durch einen Mangel an Arbeit und technischem Fortschritt und dürftige Erträge in der Landwirtschaft, welche in diesen Regionen hauptsächlich betrieben wird, zwangen die Bewohner zur Flucht in die Städte. Diese Tendenz zeigt sich auch für die Bevölkerungsentwicklung von Saint-Rhémy: im Jahre 1881 waren in Saint-Rhémy noch 883 Personen ansässig; heute sind es nur 455.

Die Bevölkerungsstatistik von Aosta weist in der Tat eine völlig gegensätzlich verlaufende Entwicklung auf. Aosta als Hauptstadt und industrielles Zentrum der Region sowie Handels- und Verkehrsknotenpunkt im Dreiländereck Italien - Frankreich - Schweiz, verzeichnet eine hohe und relativ kontinuierlich verlaufende Populationszunahme. Die Wachstumsveränderung für Aosta beträgt von 1734 bis 1989 +1042,37 %.

Diese so völlig unterschiedlich verlaufende Entwicklung im Vergleich zu Etroubles, Saint-Oyen und Saint-Rhémy ist durch zahlreiche Immigrationen auf Grund der in Aosta vorhandenen Arbeitsmöglichkeiten in Industrie, Handel und seit einigen Jahren auch verstärkt im Bereich des Tourismus begründet. Im Gegensatz zu den Berggemeinden ist die Zahl der Abgänge relativ gering; die Geburtenzahl übertrifft bis Anfang der 70er Jahre ebenfalls die der Sterbefälle. Die immense Bevölkerungszunahme, die Aosta seit der Jahrhundertwende bis zum Jahre 1951 etwa kennzeichnet, ist vor allem auf die im Sinne der italienischen Einheitspolitik betriebene künstliche Vermischung der valdostanischen Bevölkerung mit italophonen Immigranten zurückzuführen.

Zwei extreme Immigrationswellen kennzeichnen Aosta und führen zu einem gewaltigen Bevölkerungsanstieg: nachdem um die Jahre 1915 bis 1918 erste Einwanderer aus der Region Marken im Aostatal Arbeit fanden, sind es nach dem zweiten Weltkrieg vor allem die Veneter, welche in den Stahlwerken von Aosta beschäftigt werden. Ende der 60er, Anfang der 70er Jahre hingegen erfährt Aosta wie auch die anderen norditalienischen Industrieregionen Turin, Mailand und Genua, einen enormen Zustrom an süditalienischen Arbeitskräften (vor allem aus Kalabrien).[1] Erst gegen Ende der 70er Jahre läßt sich eine rückläufige Entwicklung beobachten, die durch die Schließung vieler Bergwerke und stahlverarbeitender Betriebe, als auch durch den Rückgang der Chemie- und Textilindustrie mit den damit verbundenen Verlusten an Arbeitsplätzen erklärbar ist. So zählte Aosta 1978 noch 39131 Einwohner, 1989 jedoch nur noch 36339 Einwohner. Neben einer niedrigeren Immigrationsrate ist dieser Rückgang allerdings auch durch eine höhere Zahl von Sterbefällen als an Geburten begründet. Dieses zuletzt genannte Phänomen betrifft nicht nur Aosta, sondern seit den 70er Jahren alle hier zu untersuchenden Gemeinden.

Ein Blick auf die detaillierten Statistiken der einzelnen Gemeinden ab dem Jahre 1971 zeigt, daß die Zahl der Todesfälle grundsätzlich die der Geburten übersteigt. Geht man davon aus, daß die älteren, eingeborenen Valdostaner am ehesten als potentielle Sprecher des Frankoprovenzalischen in Frage kommen, so muß sich der Rückgang dieser Generation negativ hinsichtlich des Fortbestandes des Frankoprovenzalischen auswirken.

Hinzu kommt die allgemeine Bevölkerungsverminderung in den Berggemeinden. Gerade in den ländlichen Gebieten ist mit einer hohen Anzahl von Dialektsprechern zu rechnen. Für Etroubles ergibt sich jedoch in den letzten 19 Jahren eine Verminderung um 86 Personen, für Saint-Rhémy ein Rückgang von 96 Personen. In Saint-Oyen bestehen nur geringe Schwankungen: die Bevölkerungszahl von 1971 entspricht mit 188 etwa derjenigen von 1989, nämlich 190 Personen.

Blickt man noch einmal auf die allgemeine Statistik, so zeigt sich deutlich, daß sich die Bevölkerungszahl in Etroubles und Saint-Rhémy seit

---

[1] vgl. Kapitel D dieser Arbeit

dem Jahre 1921 praktisch um die Hälfte reduziert hat, während für Saint-Oyen wiederum eine wesentlich geringere Abnahme zu beobachten ist. Dieser allgemeine Rückgang, welcher sich außer in den hier zu untersuchenden Gemeinden auch in allen anderen Orten mittlerer Gebirgsregionen des Aostatales bemerkbar macht, muß sich negativ auf den Bestand des Frankoprovenzalischen und Französischen auswirken, weil deren potentielle Sprecherzahl immer weiter dezimiert wird.

Im Gegensatz dazu steht die bereits geschilderte hohe Populationszunahme der Gemeinde Aosta. Zunächst muß man davon ausgehen, daß sich die sprachliche Situation durch die große Zahl an italophonen Immigranten negativ hinsichtlich des Fortbestandes des Frankoprovenzalischen präsentieren wird. Auf der anderen Seite könnte man vermuten, daß eine sogenannte valdostanische Elite in Aosta eben durch den Gebrauch der französischen Sprache eine deutliche Differenzierung von den italophonen Immigranten bewirken möchte. Weitere Probleme hinsichtlich des Fortbestandes des Frankoprovenzalischen könnten durch die Vermischung der valdostanischen Bevölkerung mit den italophonen Immigranten (z.B. Mischehen) vor allem in städtischen Regionen enstehen.

Diese und viele weitere Fragestellungen sollen im folgenden durch eine Untersuchung, die die Vitalität der französischen, italienischen und frankoprovenzalischen Sprache in den zuvor genannten Gemeinden analysiert, beantwortet werden.

3. Vorstellung der Orte, in denen die Befragung durchgeführt wurde

Um ein repräsentatives linguistisches Bild der autonomen Region Aostatal zu erhalten, wurde die Enquête in mehreren, durch ihre geographische, Infra- und Bevölkerungsstruktur sehr verschiedenartigen und klar voneinander zu trennenden Gebieten durchgeführt.

Im Sommer 1989 führte das linguistische Forschungsunternehmen zunächst in drei, nur wenige Kilometer voneinander entfernte Berggemeinden am Fuße des Großen-Sankt-Bernhard-Tunnels. Dieses im Nordwesten des Aostatales gelegene Tal, "La Valle del Gran San Bernardo" oder auch "Coumba Freide", ist seit jeher ein wichtiger Verkehrsweg und Verbindungsstraße mit den Ländern diesseits der Alpen (Schweiz und Frankreich). Heute, nach dem Bau des Großen-Sankt-Bernhard-Tunnels im Jahre 1964, hat das Tal als Transitstrecke für Handel und Tourismus nochmals an Bedeutung hinzugewonnen. Linguistisch stellt es durch seine unmittelbare Nähe zum französischsprachigen Schweizer Kanton Wallis als auch durch seine geographische Lage (mittlere Bergregion) ein interessantes Forschungsgebiet dar.

In den Sommermonaten des Jahres 1990 erfolgten weitere Studien zur Vitalität des Italienischen, Französischen und Frankoprovenzalischen in Aosta, welches als städtisches Industrie-, Handels- und Fremdenverkehrszentrum einen deutlichen Kontrast zu den ländlichen Berggemeinden bietet. Bevölkerungsdichte, Tourismus, rege Mobilität sowie Vermischung zwischen autochthonen Valdostanern und Zugezogenen aus anderen Teilen Italiens setzen weitere Akzente für die linguistische Arbeit.

Im folgenden sollen alle in die linguistische Untersuchung einbezogenen Gemeinden kurz hinsichtlich ihrer besonderen Charakteristiken vorgestellt werden.

3.1 Etroubles[1]

(frz.: Etroubles, frankoprov.: Etroble, italienische Benennung zur
Zeit des Faschismus: Etroble)

Einwohnerzahl im August 1990: 409

Dieses von Aosta etwa 18 Kilometer entfernte Bergdorf in circa 1270 Meter Höhe wurde zur Zeit des römischen Imperiums "Restopolis" oder "Stipulae" genannt. Die letztere Bezeichnung läßt auf ein großes Kornfeld oder eine Ansammlung von Häusern mit Strohdächern schließen, welcher Etroubles seinen antiken Namen verdanken mag.

Abb. 7: Etroubles

Etroubles gilt seit jeher als das Zentrum im Tal des Großen Sankt Bernhard. Neben seiner Funktion als beliebter Haltepunkt auf der Strecke Schweiz - Italien hat sich Etroubles heute zum kulturellen und touristischen Mittelpunkt des Tales entwickelt. Es unterhält ein volkskund-

---

[1] vgl.: Blessent, E. (1981): S. 49 f.

liches Museum, dessen Betreiber stets bemüht sind, durch Ausstellungen und andere Veranstaltungen die linguistischen und kulturellen Traditionen aufrechtzuerhalten. Dieses geschieht in enger Zusammenarbeit mit dem in Kapitel G., Punkt 4. vorgestellten "B.R.E.L.". Im Bereich des Fremdenverkehrs sind vor allem in den letzten Jahren entscheidende Veränderungen eingetreten. Neben der Erschließung von Skipisten und Tennisanlagen wurde auch die Hotelkapazität erheblich erweitert. Die touristischen Aktivitäten bieten den Bewohnern von Etroubles neben der Landwirtschaft eine nicht zu unterschätzende Einnahmequelle.

3.2 Saint-Oyen[1]

(frz.: Saint-Oyen, frankoprov.: Sen t-Oyen, italienische Benennung zur Zeit des Faschismus: Sant'Eugendo)

Einwohnerzahl im August 1990: 190

Etwa 19 Kilometer von Aosta entfernt, nur wenige Kilometer von Etroubles, befindet sich Saint-Oyen, ein kleines, noch heute ursprüngliches Bergdorf in etwa 1370 Meter Höhe. Im Gegensatz zu Etroubles ist es kulturell und touristisch weniger entwickelt. Es verfügt nur über zwei kleine Pensionen und einige Campingplätze in der näheren Umgebung. Saint-Oyen befindet sich ebenfalls auf der Transitstrecke Schweiz - Italien und wurde somit schon recht früh in geschichtlichen Zeugnissen erwähnt.

Die Einwohner von Saint-Oyen betreiben hauptsächlich Forst- und Landwirtschaft; viele haben jedoch ihre beruflichen Aktivitäten in die Stadt, zum Beispiel nach Aosta, verlegt.

Abb. 8: Saint-Oyen

---

[1] vgl.: Blessent, E. (1981): S. 71 f.

3.3 Saint-Rhémy (Bosses)[1]

(frz.: Saint-Rhémy, frankoprov. Sen Remi-Boussa, italienische Bezeichnung während des Faschismus: San Remigio)
Einwohnerzahl im August 1990: 456

In etwa 21 Kilometer Entfernung von Aosta, unmittelbar nach Saint-Oyen, befinden sich die beiden zu einer Gemeinde gehörenden Dörfer Saint-Rhémy und Bosses in ca. 1520 Meter Höhe. Saint-Rhémy, das vor der Fertigstellung des Großen-Sankt-Bernhard-Tunnels im Jahre 1964 eine glanzvolle Zeit als Ausgangspunkt für jegliche Befahrung oder Besteigung des Passes erlebt hat, ist heute fast ausgestorben. Auf der anderen Seite hat der Tunnel für den zweiten Teil der Gemeinde, Bosses, einen erheblichen finanziellen Aufschwung bedeutet. Die unmittelbare Lage an der Tunnelein- beziehungsweise Ausfahrt favorisierten die touristischen und sozialen Umgestaltungen dieser Doppelgemeinde in den letzten Jahren in beträchtlicher Weise.

Abb. 9: Saint-Rhémy(Bosses)

---

[1] vgl.: Blessent, E. (1981): S. 75 f.

Die enge geographische Verbindung dieser drei Gemeinden spricht auch
für eine relativ einheitlich verlaufende historische Entwicklung. Diese
soll an dieser Stelle kurz zusammenfassend erläutert werden.

Schon zu Zeiten des römischen Imperiums waren Saint-Rhémy, Saint-Oyen
und Etroubles sehr bekannt, dienten sie doch damals schon als Halte-
punkte für Pilger, Reisende und Militär auf der Transitstrecke über
den Großen Sankt Bernhard. Diese Tradition setzte sich im Laufe der
Jahrhunderte fort. So belegen zum Beispiel Zeugnisse, daß auch Napoleon
mit seinen Truppen im Jahre 1800 diesen Paß benutzte und in Etroubles
Station machte, um schließlich nach Turin und Mailand zu gelangen.[1]

Im Mittelalter, etwa im 13. Jahrhundert, hatten die Bewohner von
Etroubles und Saint-Rhémy bereits erkannt, daß die Erträge aus der
Landwirtschaft nicht ausreichend waren. Sie fanden eine neue Erwerbs-
quelle in der Begleitung Reisender über den Großen Sankt Bernhard. Für
diese Tätigkeit, die in der Literatur mit "viérie" bezeichnet wird,
erhielten sie im Jahre 1273 das Monopolrecht.[2] Das bedeutete, daß nur
die Bewohner von Etroubles und Saint-Rhémy das Privileg besaßen, Rei-
sende auf ihrem Weg von Aosta zum Großen Sankt Bernhard vor den Gefah-
ren des Gebirges zu schützen und ihnen für diese Begleitung einen recht
ansehnlichen Geldbetrag abzufordern. Die Arbeit dieser sogenannten
"marrones" wurde im Jahre 1658 als Ersatz für den Militärdienst aner-
kannt. Fortan nannten sich die "marrones" nun "soldats de la neige",
da sie ihre Dienste vor allem während der in den Alpenregionen langen
Winterperiode und unter Führung eines militärischen Kommandanten ver-
richteten.

Mit Beginn des I. Weltkrieges jedoch wurden auch die "soldats de la
neige" in den Kriegsdienst einberufen, was ein allmähliches Verschwin-
den dieser langen Tradition zur Folge hatte. Das Monopol der "viérie",

---

[1] vgl.: Diémoz, G. (1986): S. 59 ff.

[2] vgl.: Guide de Agostini (1988): S. 221

das den Warentransport über den Großen Sankt Bernhard nur mit Karren und Schlitten von den Gemeinden Saint-Rhémy und Etroubles erlaubte, konnte nur bis zum Jahre 1783 aufrechterhalten werden.[1]

Während die Schrecken des I. Weltkrieges nur wenig Einfluß auf die Gemeinden Etroubles, Saint-Rhémy und Saint-Oyen genommen hatten, zeigte sich der II. Weltkrieg weitaus bedeutender für das Schicksal dieser Orte. Bereits im Jahre 1941 wurden die ersten Gefallenen verzeichnet; 1943 besetzten deutsche Truppen die Kasernen des Tales. Diese erreichten im Herbst desselben Jahres Etroubles und steckten einen Teil des Ortes in Brand.[2] Diese Katastrophe vernichtete nicht nur eine große Anzahl von Menschenleben, sondern führte auch zu einer Periode tiefer Armut, da viele Bewohner ihren gesamten Besitz verloren hatten.

Am 26. April 1945 flüchteten die deutschen Truppen schließlich, und die Gemeinden erfuhren eine weitere Besetzung durch die Amerikaner.

Die folgenden Jahre weisen keine besonderen geschichtlichen Ereignisse für die einzelnen Orte auf. Die historische Entwicklung verläuft im allgemeinen wie die für das gesamte Aostatal in Kapitel C beschriebene. Auffällig ist lediglich die kontinuierliche Bevölkerungsverminderung, die bereits erläutert worden ist.

---

[1] vgl.: Guide de Agostini (1988): S. 221
[2] vgl.: Diémoz, G. (1986): S. 85 ff.

3.4 Aosta[1]

(frz.: Aoste, frankoprov.: Veulla, italienische Benennung zur
Zeit des Faschismus: Aosta)
Einwohnerzahl im August 1990: 36227

Die wesentlichen historischen und geographischen Charakteristiken der Regionshauptstadt sind bereits an anderer Stelle erläutert worden.

Im Rahmen der hier vorzunehmenden linguistischen Untersuchung sind vor allem die typisch städtischen Phänomene wie Mischbevölkerung, Mobilität, Industrie, Handel und Fremdenverkehr von Bedeutung und stellen entscheidende Einflußgrößen in bezug auf das individuelle Sprachverhalten der Bewohner Aostas dar. Etwa zwei Drittel der Bevölkerung gelten heute als nicht-valdostanisch, das heißt, stammen aus anderen Teilen Italiens, vor allem jedoch aus Kalabrien. Ferner hat eine regionsinterne Mobilität (Landflucht) zum Anwachsen und einer weiteren Vermischung der Bevölkerung

Abb. 10: Aosta (Piazza E. Chanoux)

---

[1] vgl. Kapitel B, Punkt 3. dieser Arbeit

geführt. Ursache für diese starke Anziehungskraft, die Aosta insbesondere bis Ende der 70er Jahre auf viele Menschen ausgeübt hat, ist das reichhaltige Angebot an Arbeitsplätzen in Industrie, Handel und Tourismus. Wie dieses Phänomen im einzelnen auf die linguistische Situation dieser Stadt Einfluß genommen hat, soll in der folgenden Untersuchung erläutert werden.

4. Erläuterungen zur Vorgehensweise bei der Enquête[1]

Um einen Überblick über die Vitalität der französischen, italienischen und frankoprovenzalischen Sprache zu erhalten, das heißt, um festzustellen, in welchen Situationen welche Sprache gesprochen wird, und vor allem, inwieweit die einzelnen Sprachen aktiv und passiv beherrscht werden, wurde eine Enquête mit einer Anzahl von insgesamt 280 Gewährspersonen in verschieden strukturierten Gebieten des Aostatales durchgeführt. Dabei wurden 140 Personen aus den Berggemeinden Etroubles, Saint-Oyen und Saint-Rhémy sowie 140 Personen aus dem Stadtgebiet Aosta befragt. In allen Gebieten wurden je 20 Personen eines jeden Lebensalters (Gruppeneinteilung von jeweils zehn Jahren) in die Untersuchung einbezogen. Lediglich Kinder und Jugendliche wurden auf Grund der besonderen Bedingungen in zwei Gruppen eingeteilt, von denen die eine ein Lebensalter bis 13 Jahre, die andere ein Lebensalter von 14 bis 21 Jahren repräsentiert.

Während in den Berggemeinden Etroubles, Saint-Oyen und Saint-Rhémy fast ausschließlich eingesessene Dorfbewohner befragt wurden, berücksichtigt die Untersuchung in der Stadt Aosta auch zugezogene Einwohner. Im Gegensatz zu den Berggemeinden ist der Anteil der Zugezogenen in der Stadt nämlich so hoch, daß eine Nichtberücksichtigung dieser Gruppe zur Verfälschung der Ergebnisse führen würde. Zugezogene stellten sich im übrigen nicht gerne zur Verfügung, weil sie Bedenken hatten, sowohl das Frankoprovenzalische als auch das Französische nur unzureichend zu beherrschen.

Bei der Enquête wurde versucht, eine gewisse soziale Differenzierung vorzunehmen. Das heißt, neben verschiedenen Altersgruppen wurden auch verschiedene Berufs- und Einkommensgruppen berücksichtigt. Es konnte nämlich vermutet werden, daß die Zugehörigkeit zu bestimmten sozialen Gruppen auch Einfluß auf die Sprachverwendung der einzelnen Mitglieder haben wird.

Insgesamt war die Bereitschaft der Gemeindemitglieder (nach Abbau des anfänglichen Mißtrauens), sich für die Enquête zur Verfügung zu stellen, erfreulich groß, so daß ein störungsfreier Ablauf gewährleistet war.

---

[1] Die Vorgehensweise bei der Enquête lehnt sich im wesentlichen an die von J. Kramer vorgenommene Untersuchung zur Vitalität des Ampezzanischen an. Vgl.: Kramer, J. (1978): S. 19

Die linguistische Untersuchung der einzelnen Gebiete erfolgte in zwei
Etappen:

1. 06. Juli bis 22. Juli 1989: Etroubles
   Saint-Oyen
   Saint-Rhémy

2. 19. Juni bis 06. Juli 1990: Aosta

Die jeweils 140 Gewährspersonen der einzelnen Untersuchungsgebiete wurden zunächst nach ihren persönlichen Daten befragt: Name, Geburtsdatum und Beruf sowie die Herkunft der Eltern. Dann erfolgten Fragen hinsichtlich des Sprachgebrauchs in verschiedenen Situationen: in der Familie, am Arbeitsplatz (beziehungsweise in der Schule), in Ämtern, im Gasthaus, unter Freunden und in der Kirche. Außerdem wurde gefragt, in welcher Sprache (Französisch oder Italienisch) die betreffende Person Zeitungen liest, ob sie französisches oder italienisches Fernseh- beziehungsweise Radioprogramm bevorzugt, und in welcher Sprache sie Kino- oder Theatervorstellungen besucht. Die zuletzt genannten Punkte dienten dabei weniger dazu, die Vitalität des frankoprovenzalischen Dialektes zu bestimmen, sondern sollten vielmehr Aufschluß über eine mögliche Zweisprachigkeit von Französisch und Italienisch geben. Die Befragung selbst wurde zum Teil in Französisch und zum Teil in Italienisch durchgeführt.[1]

Nach diesen allgemeinen Fragen zur Sprachverwendung beginnt der eigentliche, aus zwei Teilen bestehende sprachliche Fragebogen. Im ersten Teil sollte die aktive Beherrschung des Frankoprovenzalischen überprüft werden. Zu diesem Zweck wurden aus sechs Wortfeldern (Farben, Zahlen, Lebensmittel, Kirche, Wochentage/Zeitangaben und Körperteile) etwa jeweils zehn Wörter in Französisch genannt und das entsprechende frankoprovenzalische Wort dazu erfragt. In diesem Teil der Befragung wurden absichtlich einige sehr einfache Wörter des Grundwortschatzes, aber auch etwas schwierigere Wörter, die eine gewisse Kenntnis des Dialektes voraussetzen, gewählt. Alle 280 Gewährspersonen wurden berücksichtigt.

Im zweiten Teil des Fragebogens wurden die passiven Kenntnisse des Frankoprovenzalischen unter besonderer Berücksichtigung der französischen

---

[1] Ein ausschließlicher Gebrauch des Französischen als Untersuchungssprache erwies sich auf Grund von Verständnisproblemen bei vielen Gewährspersonen als nicht möglich.

Sprachkompetenz untersucht. Dabei wurden alle Wörter in Frankoprovenzalisch genannt und die französische Entsprechung nachgefragt. Falls den Gewährspersonen diese nicht bekannt war, sollten sie das entsprechende italienische Wort angeben. Dieses Verfahren wurde absichtlich so gewählt, weil davon ausgegangen werden mußte, daß die italienische Sprache grundsätzlich besser beherrscht wird als die französische.[1] Somit wurde durch das Einbeziehen der italienischen Sprache ein reelleres Ergebnis hinsichtlich der passiven Beherrschung des Frankoprovenzalischen erzielt. Schließlich impliziert das Nichtwissen in französischer Sprache noch nicht, daß das frankoprovenzalische Wort überhaupt unbekannt ist. Der Gewährsperson wurde daher zusätzlich die Möglichkeit zur Nennung in Italienisch gegeben. Die nur in Italienisch gewußten, mit den gleichzeitig in Italienisch und Französisch gewußten Wörtern, spiegeln also die passive Beherrschung des frankoprovenzalischen Dialektes wider. Die französische Sprachkompetenz läßt sich hingegen zumindest grosso modo aus der Anzahl der Nennungen in Französisch ablesen.

Bei den Wörtern dieses Fragebogens handelt es sich natürlich um seltenere, schwierigere Wörter. Außerdem wurde darauf geachtet, daß die Wörter aus den einzelnen Wortfeldern (Alte Berufe, landwirtschaftliche Geräte, Gebirgstiere, Gebirgspflanzen, Gemüsesorten, Kleidung und Möbel) möglichst stark vom Französischen und Italienischen abweichen. Dabei war es teilweise schwierig, eine solche Abweichung für beide Sprachen gleichzeitig zu gewähren. Es ließ sich also nicht vermeiden, daß der Fragebogen einige Wörter enthält, die mit der Entsprechung in einer der beiden Sprachen eine gewisse Ähnlichkeit aufweisen. Die daraus entstandenen Analogieschlüsse seitens der Gewährspersonen führen jedoch zu weiteren Ergebnissen. Das Problem der Analogien wurde außerdem noch durch die Varietäten der einzelnen Dialekte, die zum Teil von Ort zu Ort, wenn nicht sogar oft von Ortsteil zu Ortsteil erstaunliche phonetische und auch lexikalische Diversifikationen erkennen ließen, verstärkt. War zum Beispiel eine deutliche Abweichung des italienischen und französischen Wortes von der frankoprovenzalischen Entsprechung in den Orten Etroubles, Saint-Oyen und Saint-Rhémy gewährleistet, so konnte die in Aosta übliche frankopro-

---

[1] Dies war aus früheren Aufenthalten im Aostatal sowie aus den Ergebnissen zur allgemeinen Sprachverwendung bereits ersichtlich geworden.

venzalische Bezeichnung des gleichen Begriffes bereits eine so hohe Ähnlichkeit zum italienischen oder französischen Ursprungswort besitzen, daß Analogieschlüsse oft gar nicht vermieden werden konnten, da das Gesamtkorpus der zu erfragenden Wörter ja nicht verändert werden sollte.[1]

Auch der zweite Teil des Fragebogens berücksichtigt alle 280 Gewährspersonen und umfaßt jeweils etwa zehn Wörter pro Wortfeld. Beide Teile der Befragung ermöglichen einen gewissen Überblick über die Beherrschung der drei hauptsächlich im Aostatal verwendeten Sprachen, auch wenn morphologische und syntaktische Überlegungen nicht in die Untersuchung miteinbezogen werden.

Es wurde bereits darauf hingewiesen, daß vor allem in den städtischen Gebieten auch Zugezogene befragt worden sind. Diese werden wahrscheinlich nur schlecht (wenn überhaupt?) frankoprovenzalisch sprechen, und außerdem, sofern sie aus italophonen Gebieten stammen, auch nur über mangelnde Französischkenntnisse verfügen. Während bei den Untersuchungen in den drei Berggemeinden Etroubles, Saint-Oyen und Saint-Rhémy der Anteil der Gewährspersonen mit zugezogenen Eltern nur fünf Prozent repräsentiert und daher kaum Einfluß auf das Gesamtergebnis nimmt, stellt er mit circa 38 Prozent in Aosta einen weitaus höheren Anteil dar und beeinflußt das Gesamtergebnis somit in beträchtlichem Maße. Die Ergebnisse in den Orten Etroubles, Saint-Oyen und Saint-Rhémy können also als symptomatisch für die alteingesessene Bevölkerung betrachtet werden; in Aosta hingegen muß man im folgenden eine detailliertere, diversifizierende Analyse vornehmen, um ein authentisches Bild der linguistischen Situation in diesen Orten zu gewinnen.

Insgesamt führen die Ergebnisse in den einzelnen Untersuchungsgebieten durch die Möglichkeit der Projizierung dieser auf andere, ähnlich strukturierte Gebiete schließlich zu einer durchaus realen Einschätzung der linguistischen Situation der gesamten Region Aostatal.

---

[1] vgl. z.B.: die frankoprovenzalische Entsprechung für ital.: carota / frz.: carotte lautet in Etroubles, Saint-Oyen und Saint-Rhémy "patén-aille"; in Aosta "gneuf".

4.1 Erläuterung zur Darstellungsform der Untersuchungsergebnisse

Bevor mit der eigentlichen Analyse der Befragungen begonnen wird, sollen zunächst die jeweiligen Tabellen, die die Ergebnisse repräsentieren, kurz erläutert werden.

Die Einteilung der Gewährspersonen erfolgte nach Altersgruppen: Altersgruppe 1: bis 13 Jahre; Altersgruppe 2: 14 bis 21 Jahre; Altersgruppe 3: 22 bis 30 Jahre; Altersgruppe 4: 31 bis 40 Jahre; Altersgruppe 5: 41 bis 50 Jahre; Altersgruppe 6: 51 bis 60 Jahre; Altersgruppe 7: über 60 Jahre.

In der Tabelle zur allgemeinen Sprachverwendung werden die Namen der Gewährsleute nach Altersgruppen geordnet; innerhalb der Gruppe alphabetisch mit Angaben zur Person (Geburtsdatum und Beruf) und zur Sprachverwendung angeführt. In den einzelnen Spalten bedeutet I Verwendung des Italienischen; F Verwendung des Französischen; FP Verwendung des Frankoprovenzalischen. Werden mehrere Sprachen angegeben, so richtete sich der Gebrauch je nach den Umständen. Für die Bereiche Zeitung, Radio, TV, Kino und Theater ist die angegebene Sprache als Rezeptionssprache zu verstehen (z.B. das Lesen einer italienischsprachigen Zeitung). Weiterhin bedeutet a "geboren im Aostatal"; z "nicht geboren im Aostatal" (also zugezogen); V indiziert "Vater"; M "Mutter", so daß zum Beispiel Va/Mz aussagen würde: "Vater ist im Aostatal geboren, Mutter nicht".

In der Tabelle zur aktiven Beherrschung des Frankoprovenzalischen ist immer dann das Zeichen * angegeben, wenn das Wort bekannt war, ansonsten steht - .

In der Tabelle zur passiven Beherrschung des Frankoprovenzalischen mit gleichzeitiger Berücksichtigung der französischen Sprachkompetenz bedeutet *, daß das jeweilige Wort sowohl in Französisch als auch in Italienisch bekannt war; I , daß es nur in Italienisch gewußt wurde und - , daß es überhaupt nicht bekannt war.[1]

---

[1] Der Fall, daß ein Wort nur in Französisch, nicht aber in Italienisch bekannt war, existiert nicht. Wurde ein Wort in Französisch gewußt, so kannte es die Gewährsperson auch in Italienisch.

Die Graphiken zu den einzelnen Untersuchungen gewährleisten darüber hinaus im Anschluß an die Tabellen einen Gesamtüberblick über sämtliche Ergebnisse. Zunächst werden die jeweiligen aktiven oder passiven Sprachkenntnisse der einzelnen Altersgruppen in einem Bild für alle Wörter zusammen präsentiert. Dieser Darstellung folgen dann einzelne Bilder, die die jeweiligen Kenntnisse pro Wortfeld anzeigen. Bei der Darstellung der aktiven Kenntnisse des Frankoprovenzalischen (siehe Abb. 11 und 14) wird die Anzahl der maximal möglichen positiven Nennungen, die sich aus der Multiplikation aller gefragten Wörter eines Wortfeldes mit den jeweils 20 Personen einer Altersgruppe ergibt, auf der Ordinate eingetragen; die Abszisse zeigt die einzelnen Altersgruppen an. Bsp.: Im Wortfeld Lebensmittel wurden 10 Wörter gefragt. Daraus ergeben sich pro Altersgruppe also 10 x 20 = 200 mögliche positive Nennungen. In der Gesamtdarstellung zeigt die Ordinate die maximale Anzahl aller möglichen positiven Nennungen, die sich durch die Addition der maximal möglichen positiven Nennungen der einzelnen Wortfelder ergibt, an. In den einzelnen Darstellungen werden sowohl die positiven als auch die negativen Nennungen pro Altersgruppe aufgeführt.

Bei der Untersuchung der passiven Kenntnisse des Frankoprovenzalischen unter gleichzeitiger Berücksichtigung der französischen Sprachkompetenz wurden zwei Abbildungen erstellt. In der ersten Abbildung (siehe Abb. 12 und 15), die die französische Sprachkompetenz mit berücksichtigt, werden gemäß dem bekannten Darstellungsprinzip nicht nur positive und negative Nennungen unterschieden, sondern insgesamt drei Alternativen graphisch festgehalten: - in Französisch und Italienisch bekannt; - nur in Italienisch bekannt; - nicht bekannt. Die zweite Abbildung (siehe Abb. 13 und 16) betrifft die passiven Kenntnisse des Frankoprovenzalischen ohne Berücksichtigung der französischen Sprachkompetenz und differenziert nur positive und negative Nennungen, also entweder in Italienisch gewußt oder nicht gewußt.

Die graphischen Darstellungen erwiesen sich insofern als sinnvoll, da die Sprachkenntnisse der einzelnen Altersgruppen jeweils in einem Bild präsentiert werden und somit untereinander verglichen werden können. Darüber hinaus erleichtern sie den Vergleich der linguistischen Situation in den verschiedenen Untersuchungsgebieten. Die Legenden zu den Graphiken sind den einzelnen Darstellungen zu entnehmen.

5. Ergebnisse der Enquête in den Gemeinden Etroubles, Saint-Oyen und Saint-Rhémy

5.1 Analyse zur allgemeinen Sprachverwendung

Zur Auswertung dieses Teils der Befragung sei zunächst gesagt, daß das Frankoprovenzalische bei jungen und alten Leuten in diesen Gemeinden gleichermaßen äußerst beliebt ist. Es hat sich immer als Ortsdialekt halten können. Die befragten Personen ließen sogar einen gewissen Stolz erkennen, diese Mundart sprechen zu können, der sie im täglichen Sprachgebrauch eine eindeutige Präferenz vor Italienisch und Französisch erweisen. Mit dem gleichen Stolz bekannten sie auch, daß ihr "Patois" von Ort zu Ort bereits kleine phonetische Unterschiede aufweise, von Tal zu Tal sogar lexikalische Divergenzen aufträten, und daß es somit eine Vielzahl von frankoprovenzalischen Mundarten im Aostatal gebe. Die hohe Einschätzung ihres Dialektes bedeutet für die Ergebnisse der Befragung, daß sie eher ins Positive als ins Negative tendieren, was die Beherrschung des Frankoprovenzalischen betrifft.

Die Sprache in der Familie ist grundsätzlich Frankoprovenzalisch oder Italienisch. Dabei wird Italienisch bis auf einige Ausnahmen eigentlich nur in den Familien gesprochen, in denen einer der Ehepartner nicht aus dem Aostatal, sondern aus anderen Regionen Italiens stammt. Französisch hingegen wird nur äußerst selten innerhalb der Familie gesprochen. Lediglich, wenn Verwandte aus Frankreich oder der französischen Schweiz zu Besuch kommen, findet das Französische als Verständigungssprache Verwendung. Das Frankoprovenzalische hat also innerhalb der Familie einen hohen Stellenwert. Auch in Familien mit Angehörigen intellektueller Berufe ist die örtliche Mundart sehr hoch angesehen und wird als valdostanisches Kulturgut an die Kinder weitergegeben. Nur einige Familien hatten Bedenken, daß die Kinder durch das Sprechen der Mundart Schwierigkeiten in der Schule haben könnten und bevorzugten daher innerhalb der Familie die italienische Sprache. Etwa 27 Prozent der Befragten gaben beide Sprachen, also Italienisch oder Frankoprovenzalisch je nach Umständen an. Dabei konnte jedoch keine klare Abgrenzung der jeweiligen Umstände getroffen werden. Fest steht, daß 118 von 140 befragten Personen der Gemeinden Etroubles, Saint-Oyen und Saint-Rhémy das Frankoprovenzalische täglich innerhalb der Familie sprechen, was einer Prozentzahl von ca. 84 Prozent entspricht.

Am Arbeitsplatz richtet sich die Sprache nach den einzelnen Berufen der Gewährspersonen. Für die befragten Kinder und Jugendlichen, die noch zur Schule gehen, erhalten wir fast immer alle drei Sprachen. Dabei gilt jedoch grundsätzlich, daß sie untereinander Frankoprovenzalisch oder Italienisch sprechen, im Unterricht meist Italienisch, nur selten Französisch. Nur die jüngeren unter ihnen gaben an, auch im Unterricht sehr viel Französisch zu sprechen, was auf die neuerlichen Reformen für den zweisprachigen Unterricht in valdostanischen Schulen zurückzuführen ist.[1] Die älteren behaupteten jedoch, Französisch nur als Einzelfach zu betreiben, während die sonstige allgemeine Unterrichtssprache Italienisch sei.

Bei den Erwachsenen gebrauchen diejenigen, deren Berufe in direkter Verbindung mit dem Fremdenverkehr stehen, neben Italienisch und Frankoprovenzalisch auch Französisch (z.b. Tätigkeiten in Banken, Handel, Hotelwesen, sowie allgemeines Dienstleistungsgewerbe). Ebenso verwenden valdostanische Beamte (z.B. Verwaltungsangestellte oder Lehrer) Französisch und Italienisch. Alle anderen Berufe, vor allem die im industriellen oder handwerklichen Bereich, erfordern lediglich die Kenntnis der italienischen Sprache. Dieses ist zu einem großen Teil durch die Zusammenarbeit mit italophonen Kollegen bedingt. Unter ausschließlich valdostanischen Kollegen findet jedoch das Frankoprovenzalische am häufigsten Verwendung.

Grundsätzlich gilt, daß intellektuelle Berufe sowie Tätigkeiten, die einen offiziellen Charakter haben, am ehesten mit der französischen Sprache konfrontiert werden. Außerdem wirkt sich der Tourismus günstig auf den Fortbestand des Französischen aus. Durch die in der unmittelbaren Nähe zur französischen Schweiz gelegenen Gemeinden sowie durch ihre ohnehin für einen Sprachkontakt geschaffene Position auf der Transitstrecke Schweiz - Italien, ergibt sich häufig die Gelegenheit zum Gebrauch der französischen Sprache im Gespräch mit Touristen und anderen Reisenden. Auf der anderen Seite führt die große Zahl an italophonen Touristen aber auch zu einer verstärkten Verwendung des Italienischen. Das Frankoprovenzalische wird in Berufen, die in direktem Kontakt mit Fremdenverkehr stehen, kaum oder gar nicht verwendet.

---

[1] vgl. Kapitel G., Punkt 2. zur Reform des zweisprachigen Unterrichts im Aostatal

In den Ämtern des Aostatales wird meist Italienisch gesprochen. Dort, wo hauptsächlich eingesessene Valdostaner beschäftigt sind, zum Beispiel in den Gemeindeverwaltungen der hier untersuchten Gemeinden, ist die Verständigungssprache grundsätzlich Frankoprovenzalisch. Französisch wird nur sehr selten, eigentlich nur bei Manifestationen oder Versammlungen, in denen es darum geht, die französische Tradition und Sprache zu erhalten, gesprochen. Auch in schriftlichen Dokumenten findet es immer seltener Verwendung. Das Italienische gilt also als eigentliche Amtssprache. Allerdings würde ein Valdostaner, der in seiner Gemeinde etwas Amtliches zu erledigen hat, niemals mit den zuständigen Angestellten Italienisch sprechen, wenn er weiß, daß auch sie normalerweise Frankoprovenzalisch verwenden. Die Konversation würde also in jedem Fall im Ortsdialekt geführt. Bei einem Besuch in den Ämtern der Stadt Aosta würde das Gespräch jedoch eher in Italienisch begonnen. Das erkläre sich – nach Aussagen einiger Befragter – durch die Tatsache, daß in den Ämtern in Aosta auch einige italophone Immigranten beschäftigt sind, die die örtliche Mundart natürlich nicht oder nur unzureichend beherrschen. Das Französische fände in der städtischen Verwaltung eine etwas häufigere Verwendung als in den Landgemeinden. Viele schriftliche Dokumente würden zum Beispiel zweisprachig verfaßt. Ansonsten überwiege jedoch auch hier die italienische Sprache.

Unter Freunden und im Gasthaus sind wiederum bei allen Altersgruppen die Sprachen Frankoprovenzalisch und Italienisch üblich. Frankoprovenzalisch wird vor allem unter Bekannten und Freunden aus der Umgebung gesprochen, während Italienisch im Gespräch mit Freunden aus anderen Regionen Italiens sowie mit Fremden (im Gasthaus) überhaupt Verwendung findet. Auch hier gilt, daß ein Valdostaner mit Freunden oder im Gasthaus niemals Italienisch sprechen würde, wenn er weiß, daß sein Gegenüber Frankoprovenzalisch versteht und auch aktiv verwendet. Kinder und Jugendliche gaben häufiger Italienisch als Verständigungssprache unter Freunden an. Das ist auf ihre Kontakte zu italophonen Immigrantenkindern, mit denen sie vor allem in der Schule zusammentreffen, zurückzuführen. Französisch wurde nur äußerst selten angegeben. Es wird lediglich zur Verständigung mit Fremden sowie mit Freunden aus frankophonen Ländern gebraucht.

Für den privaten Bereich läßt sich also schon an dieser Stelle eine eindeutige Präferenz für das Frankoprovenzalische ablesen. Auch unter Kindern und Jugendlichen wird es - sofern es sich nicht um Zugezogene handelt - noch aktiv verwendet.

Während das Französische für lange Zeit untrennbar mit der valdostanischen Kirche verbunden war, ist es heute durch die italienische Sprache abgelöst worden.[1] Zu den bekannten historischen Gründen kamen aktuelle hinzu. Zum einen sind unter den Kirchgängern viele italophone Immigranten, die kein Französisch sprechen und verstehen; zum anderen stammen auch die Pfarrer der einzelnen Gemeinden oft aus italophonen Regionen und verfügen nur über geringe Französischkenntnisse. Somit werden heute, zum großen Bedauern vor allem der älteren Gemeindemitglieder, die Messen fast immer in italienischer Sprache zelebriert. Lediglich in Aosta findet regelmäßig sonntags eine Messe in französischer Sprache statt. In einigen Berggemeinden, zum Beispiel in Etroubles, werden die Kirchenlieder teilweise noch in Französisch gesungen. Das Frankoprovenzalische findet im kirchlichen Bereich jedoch keine Verwendung.

Fast alle Gewährspersonen, bis auf einige Kinder, lesen regelmäßig eine Zeitung. Dabei handelt es sich meist um italienischsprachige Zeitungen. Eine regionale valdostanische Tageszeitung existiert darüber hinaus auch weder in italienischer noch französischer Sprache. Lediglich einige der Befragten lesen zusätzlich eine französische oder Schweizer Tageszeitung. Die meistgelesene Tageszeitung in italienischer Sprache ist "La Stampa" aus Turin. Valdostanische Zeitungen, die zum Teil in französischer Sprache redigiert sind, erscheinen nur wöchentlich oder monatlich, stellen aber für die befragte Bevölkerung eine willkommene Abwechslung dar. Fast alle gaben an, regelmäßig eine regionale Zeitung zu lesen. Diese Publikationen, die zum Teil sogar auch Artikel in Frankoprovenzalisch enthalten (z.B. "Le Peuple Valdôtain"),sind stark politisch und verstehen sich als Träger und Verteidiger der valdostanischen Autonomie und Kultur. Einige der Befragten lesen auch gern französischsprachige Zeitschriften zu speziellen Themen. Auch diese Publikationen stammen jedoch immer aus der Schweiz oder aus Frankreich.

---

[1] vgl. Kapitel E der vorliegenden Arbeit

Grundsätzlich ist der am aktuellen Tagesgeschehen interessierte Valdostaner also auf Informationen aus der nationalen, italienischsprachigen Presse angewiesen.

Alle befragten Personen verfügen über Radio- und Fernsehgeräte. Da die italienischen Fernsehanstalten (sowie die weniger beliebten regionalen Privatsender "St. Vincent", "TVA" oder "Teleaosta") nur italienischsprachige Sendungen anbieten, greifen fast alle Gewährspersonen (85 Prozent) gern auf französischsprachige Programme der Schweiz ("Télévision Suisse Romande") oder Frankreichs ("Antenne 2") zurück. Während die jüngeren Befragten hauptsächlich an Spielfilmen und Sportsendungen interessiert sind, verfolgen die Älteren gern die französischsprachigen Nachrichten und die für die Landwirtschaft wichtigen Wetterprognosen (Dabei wurden die Vorhersagen der "Télévision Suisse Romande" als besonders zutreffend für das Aostatal eingeschätzt). Einige wenige interessierten sich auch für politische Diskussionen in französischer Sprache; Kinder erfreuten sich hingegen vor allem an den im französischen und Schweizer Fernsehen zahlreich vorhandenen Tier- und Comicsendungen.

Während das französischsprachige Fernsehen also bei allen Altersgruppen regen Zuspruch erfährt, keiner der Befragten verfolgte allerdings nur französischsprachige Sendungen, liegen im Radiobereich eindeutige Präferenzen für italienischsprachige Programme vor. Etwa 94 Prozent der Befragten hören regelmäßig Radio, davon jedoch nur 38 Prozent italienische und französische Programme. Die Beliebtheit der französischsprachigen Radiosendungen steigt außerdem mit dem Alter der Befragten. Die Gewährspersonen der Altersgruppen 4 bis 7 stellen etwa 75 Prozent der gesamten Interessenten an französischsprachigen Radioprogrammen dar. Die Vorliebe älterer Personen für diese Sendungen ist vor allem durch ihre Inhalte begründet: es handelt sich dabei im besonderen um die täglich ausgestrahlte einstündige Regionalsendung der "Radiodue - Sede regionale per la Valle d'Aosta" "La voix de la Vallée", die neben Informationen über das Aostatal verstärkt folkloristische Musik darbietet. Dieser Sender hat in seiner Gesamtheit einen sehr volkstümlichen Charakter. Jeden Nachmittag, außer sonntags, gibt es dokumentarische Sendungen über das Aostatal, die jedoch nur zum Teil in französischer Sprache gehalten sind. Diese betreffen oftmals auch Darbietungen in frankoprovenzalischer Mundart, zum Beispiel Lieder und Gedichte aus dem Aostatal. Einige der Befragten, deren Meinung nach die französische Sprache im Rundfunk zu wenig berücksichtigt wird, greifen auch auf französische oder Schweizer Radioprogramme zurück.

Unter den Jugendlichen jedoch ist eine eindeutige Vorliebe für italienischsprachige Programme zu verzeichnen, zum Beispiel "Radio Monte Bianco". Dieses mag wohl daran liegen, daß sich ihr Interesse am Radio auf das Hören moderner Musik beschränkt, welche bei den zahlreichen italienischen Privatsendern das tägliche Hauptprogramm darstellt.

Interessanterweise repräsentieren also die Radiogewohnheiten der befragten Valdostaner Zweisprachigkeit weniger stark als die Fernsehgewohnheiten, und das, obwohl es im Radio eigens für das Aostatal bestimmte französischsprachige Sendungen gibt. Es erhebt sich also der Verdacht, daß weniger ein Interesse an der französischen Sprache für die Auswahl der verschiedenen Programme entscheidend ist, sondern vielmehr deren Inhalt. Die Übertragung eines Skirennens im Schweizer oder französischen Fernsehen würde daher nicht wegen des französischsprachigen Kommentars, sondern einfach deshalb, weil es im italienischen Fernsehen gerade keine Übertragung gibt, verfolgt. Dennoch muß das Interesse an französischsprachigen Programmen hoch eingeschätzt werden. Schließlich kann man davon ausgehen, daß die Befragten zumindest eine gute passive Kenntnis des Französischen haben. Ansonsten würden sie sich wohl kaum die Mühe machen, französischsprachige Sendungen zu verfolgen. Das betrifft nämlich die italophonen Zugezogenen, die sich nicht an französischsprachigen Programmen interessiert zeigten, da sie die Sprache nicht beherrschen. Insofern bieten also die Institutionen Radio und Fernsehen - auch wenn es keine eigenen französischsprachigen Produktionen im Aostatal gibt - eine gute Möglichkeit, das Französische zumindest passiv durch den Empfang der Schweizer und französischen Programme aufrechtzuerhalten.

Nur etwa 42 Prozent der Befragten besuchen regelmäßig Kinovorstellungen. Von diesen stellt die jüngere Bevölkerung der Berggemeinden (Altersgruppe 2 bis 4) die eigentlichen Kinogänger dar. In Etroubles, Saint-Oyen und

Saint-Rhémy gibt es kein Kino. Die Filme in den Kinos von Aosta werden grundsätzlich in italienischer Sprache präsentiert. Es gibt kaum französischsprachige Vorstellungen. Allerdings schien das Interesse an derartigen Filmen auch äußerst gering. Nur einige wenige gaben an, ab und zu in die Schweiz zu fahren, um französischsprachige Kinofilme zu sehen.

Das Interesse an Theatervorstellungen erwies sich unter den 140 Befragten als noch geringer. Nur 31 Prozent der Gewährspersonen besuchen eher unregelmäßig Theaterschauspiele in Aosta. Viele ältere Personen versicherten jedoch, gerne ins Theater zu gehen, dieses aber auf Grund der schlechten Verkehrsverbindungen nicht realisieren zu können. In der Spalte "Theater" werden oft drei Sprachen angegeben. Neben italienischen Vorstellungen erfolgen in Aosta vor allem in der Herbst- und Wintersaison nämlich auch französischsprachige Aufführungen. Daneben erfreut sich das volkstümliche Theaterensemble "Lo Charaban", mit seinen alljährlich stattfindenden Aufführungen in frankoprovenzalischer Mundart einer enormen Beliebtheit. Grundsätzlich gilt, daß nur besser gebildete Personen Theateraufführungen besuchen.

Als Fazit dieses ersten Teils der Befragung können wir zunächst festhalten, daß sich fast alle Personen positiv zum Frankoprovenzalischen geäußert haben. Fast alle gebürtigen Valdostaner verwenden es täglich und halten es auch für richtig, sowohl mit ihren Kindern als auch mit anderen Personen ihrer Heimat Frankoprovenzalisch zu sprechen. Lediglich unter und mit Zugezogenen wird Italienisch verwendet. Das gleiche gilt für Familien, in denen ein Ehepartner nicht aus dem Aostatal stammt und daher keine oder nur geringe Kenntnisse in Frankoprovenzalisch besitzt. Bei den jüngeren Befragten ist ein leichter Rückgang im Gebrauch des Dialektes zu verzeichnen. Das ist jedoch hauptsächlich durch den Kontakt zu anderen, nicht valdostanischen Personen in Schule, Universität und Freundeskreis zu erklären. Innerhalb der Familie verwenden auch sie grundsätzlich noch den heimischen Dialekt. Alle befragten gebürtigen Valdostaner behaupteten außerdem, Frankoprovenzalisch zu verstehen, auch wenn sie es selbst nicht oder nur kaum verwenden.

Somit scheint die intersubjektive Bewußtseinslage der befragten Personen in den drei Berggemeinden Etroubles, Saint-Oyen und Saint-Rhémy relativ günstig für den Fortbestand des valdostanischen Dialektes.

Ganz anders hingegen verhält es sich mit der französischen Sprache. Während Frankoprovenzalisch und Italienisch täglich aktiv von allen Befragten (die Zugezogenen ausgenommen) gesprochen werden, rückt das Französische als eigentlich nur passiv erlebte Rezeptionssprache in den Hintergrund. Nur 8 von 140 Befragten (= ca. 6 Prozent) behaupteten, bei besonderen Gelegenheiten, zum Beispiel bei Verwandtenbesuchen aus dem frankophonen Ausland, innerhalb der Familie Französisch zu sprechen. Alle anderen verwenden immer Italienisch oder Frankoprovenzalisch. In etwa das gleiche gilt für den Sprachgebrauch im Gasthaus und unter Freunden. Nur, wenn es sich um "rein" französischsprachige Gesprächspartner handelt, zum Beispiel Touristen aus Frankreich oder der französischen Schweiz, wird Französisch verwendet. Es würde jedoch keiner der Befragten von sich aus mit einer ihm bekannten Person aus der Gemeinde ein Gespräch auf Französisch führen.

Das Französische findet also außer in den Schulen nur im Bereich der Massenmedien einen relativ festen, jedoch passiven Platz im täglichen Leben der Valdostaner. Doch auch hier hat die italienische Sprache ein deutliches Übergewicht; vor allem deshalb, weil keine französischsprachige Tageszeitung existiert. Ebenso verhält es sich mit Nachrichtensendungen im Fernsehen. Die italienischsprachigen Nachrichten der "RAI" sind für das Aostatal zutreffender als beispielsweise französischsprachige aus der Schweiz. Der am aktuellen nationalen Geschehen interessierte Valdostaner verfolgt daher natürlich die italienische Sendung.

In jedem Fall jedoch verfügen die befragten Personen über Französischkenntnisse. Für die jüngeren unter ihnen garantiert das der intensive Französischunterricht in den Schulen; für die älteren gelten die bekannten historischen Voraussetzungen, wobei der größte Teil der Gewährspersonen der Altersgruppen 6 und 7, bedingt durch den italienischen Faschismus, keinen Französischunterricht in der Schule hatte. Das tägliche Leben erfuhr damals aber noch eine weitaus größere Penetration durch die französische Sprache als das heute der Fall ist. Denn trotz des heute zweisprachig erteilten Unterrichtes gebrauchen die Kinder außerhalb der Schule ausschließlich Frankoprovenzalisch oder Italienisch. Französisch begegnet ihnen daher in der Schule nicht als ihre Muttersprache, sondern als Fremdsprache, die sie vor der Schulpflichtigkeit weder im Kreise der Familie, noch im täglichen Leben gesprochen hatten.

Insgesamt stellen sich also die Bewußtseinslage und die aus der Umgebung der befragten Gewährsleute resultierenden Umstände (z.B. Italienisch in der Kirche, in den Ämtern, italienischsprachige Tageszeitung, italienischsprachige Regionalprogramme im Fernsehen) als eher ungünstig für den Erhalt der französischen Sprache dar. Es scheint, daß sich die französische Sprache, trotz ihrer Gleichstellung mit der italienischen durch das Autonomiestatut, nie wieder in der Weise etablieren konnte, wie das noch vor knapp einem Jahrhundert der Fall war. In den untersuchten Gemeinden ist Französisch heute in fast allen öffentlichen Angelegenheiten durch Italienisch ersetzt worden; im privaten Bereich hingegen findet das Frankoprovenzalische am häufigsten Verwendung. Die folgenden zwei Fragebögen sollen nun messen, inwieweit sprachlich die Voraussetzungen für einen Fortbestand des Französischen und Frankoprovenzalischen gegeben sind.

Tab. 6 : Allgemeine Sprachverwendung: Etroubles, St. Oyen, St. Rhémy

Altersgruppe 1

Name, Geburts-datum, Beruf	Eltern	Sprache in: Familie	Arbeitspl.	Ämter	Gasthaus	Freunde	Kirche	Zeitung	Radio	TV	Kino	Theater
Bignotti, Barbara 24.10.77 Schülerin	Vz/Ma	I/FP	I/FP/F	I	I/FP	I/FP	I	I	I/F	I/F		I/FP/F
Cerise, Marco 27.03.78 Schüler	Va/Ma	I	I/FP/F	I	I	I	I	I/F	I	I/F		
Charbonnier, Claudia 04.03.81 Schülerin	Va/Ma	FP	I/FP/F	I	I/FP	I/FP	I	I		I		
Charbonnier, Nadia 11.10.79 Schülerin	Va/Ma	FP	I/FP/F	I	I/FP	I/FP	I	I	I	I/F		
Cheillon, Sabina 02.02.76 Schülerin	Va/Ma	FP	I/FP/F	I	I	I	I	I	I	I/F		
De Janossi, Nicolas 02.03.78 Schüler	Va/Ma	I/FP	I/FP/F	I	I	I/FP	I	I/F	I	I/F I		
De Janossi, Francois 18.08.80 Schüler	Va/Ma	I/FP	I/FP/F	I	I	I	I	I/F	I/F	I/F I		
Farinet, Deborah 16.12.77 Schülerin	Va/Ma	FP	I/FP/F	I	I/FP	I	I	I/F	I/F	I/F I	I	
Jordan, Michela 01.04.77 Schülerin	Va/Ma	I/FP	I	I/FP	I/FP	I	I/FP/F	I	I/F	I/F		I/FP/F
Labbiento, Isidoro 08.10.78 Schüler	Vz/Mz	I	I/FP/F	I	I	I	I	I	I	I	I	
Munier, Henri 09.09.80 Schüler	Va/Ma	FP	I/FP/F	I	I	I	I	I/F	I/F	I/F		
Munier, Nicole 10.07.76 Schülerin	Va/Ma	I/FP	I/FP/F	I	FP	I/FP	I	I	I	I/F I		
Munier, Pierre 28.08.81 Schüler	Va/Ma	FP	I/FP/F	I	I	I/FP	I	I	I	I/F		
Munier, Michel 28.08.81 Schüler	Va/Ma	FP	I/FP/F	I	I	I/FP	I	I	I	I/F		
Pasquettaz, Chantal 30.12.77 Schülerin	Va/Ma	FP	I/FP/F	I/FP	FP	I/FP	I	I	I	I/F	I/F	I/FP/F
Pomat, Gerard 16.11.75 Schüler	Va/Ma	FP	I/FP/F	I	I	I/FP	I	I/F	I	I/F I		
Real, Stefania 02.09.75 Schülerin	Va/Ma	FP	I/FP/F	I	I/FP	I/FP	I	I	I	I/F I	I	
Ronc, Samanta 11.08.76 Schülerin	Va/Ma	I/FP	I/FP/F	I	I/FP	I	I	I	I	I/F		
Ronc, Luca 27.09.79 Schüler	Va/Ma	FP	I/FP/F	FP	I	FP	I	I	I	I/F		
Stacchetti, Laura 14.11.76 Schülerin	Va/Ma	FP	I/FP/F	I	I	I	I	I/F	I	I/F		

Altersgruppe 2

Name, Geburts-datum, Beruf	Eltern	Sprache in: Familie	Arbeitspl.	Ämter	Gasthaus	Freunde	Kirche	Zeitung	Radio	TV	Kino	Theater
Avoyer, Silvano 04.07.73 Maurer	Va/Ma	FP	I/FP	I	I/FP	I/FP	I	I	I	I/F		
Bigay, Roberta 01.11.71 Schülerin	Va/Ma	I/FP	I/F	I	I	I	I	I/F	I	I/F	I	
Bigay, Daniela 01.05.68 Studentin	Va/Ma	I/FP	I/F	I	I	I/FP	I	I/F	I	I/F	I	
Cerise, Carlo 06.11.71 Schüler	Va/Ma	I/FP	I/F	I	I	I	I/F	I	I	I/F	I	I/F
Conti, Laurent 20.09.69 Schüler	Va/Ma	I/FP	I/F	I/FP	I	I/FP	I	I/F	I	I/F	I	I/FP/F
Farinet, Loris 15.01.71 Schüler	Va/Ma	I/FP	I/FP/F	I	I/FP	I/FP	I	I	I	I	I	I
Forafó, Ricardo 26.09.71 Schüler	Vz/Ma	I	I/F	I/F	I	I/F		I	I	I/F		
Frassy, Lucia 06.12.73 Angestellte	Va/Ma	FP	I/FP/F	I	I	I/FP	I	I/F	I/F	I/F		I/FP/F
Jacquin, Annalisa 15.10.74 Schülerin	Va/Ma	I/FP	I/FP/F	I	I	I/FP	I	I/F	I	I/F	I	
Jordan, Diego 28.12.71 Schüler	Va/Ma	I/FP	I/FP/F	I	I/FP	I/FP	I	I	I	I	I	
Jordan, Corrado 22.05.73 Schüler	Va/Ma	I/FP	I/FP/F	I	I	I/FP	I	I	I	I/F	I	
Jordan, Lorena 15.11.70 Schülerin	Va/Ma	I/FP	I/FP/F	I/F	I	I	I	I/F	I	I/F	I	I/FP/F
Letey, Ivo 14.03.71 Forstarbeiter	Va/Ma	FP	I/FP	I	I	I/FP	I	I	I	I/F	I	
Macori, Stefane 03.11.73 Schüler	Va/Ma	I	I/FP/F	I	I/FP	I/FP	I	I/F	I/F	I/F	I	I/FP/F
Munier, Marc 13.11.72 Schüler	Va/Ma	FP	I/FP/F	I	I	I/FP	I	I	I	I/F	I	I
Rigollet, Loris 13.10.74 Schüler	Va/Ma	I/FP/F	I/FP/F	I	I/FP	I/FP	I	I/F	I/F	I/F	I	I
Ronc, Daniel 19.08.73 Schüler	Va/Ma	FP	I/FP/F	I	I/FP	I/FP	I	I/F	I	I/F	I	FP
Ronc, Edy 28.08.73 Schülerin	Va/Ma	FP	I/FP/F	I	FP	I/FP	I	I/F	I	I		
Tamone, Andrea 24.11.71 Schüler	Va/Ma	FP	I/FP/F	I/F	I	I/FP	I	I/F	I	I/F	I	I/FP/F
Tamone, Massimo 18.10.68 Drucker	Va/Ma	FP	I/FP	I	FP	I/FP	I	I/F	I/F	I/F	I	FP/F

Altersgruppe 3

Name, Geburtsdatum, Beruf	Eltern	Sprache in: Familie	Arbeitspl.	Ämter	Gasthaus	Freunde	Kirche	Zeitung	Radio	TV	Kino	Theater
Bertin, Alberto 21.08.66 Student	Va/Ma	FP	I/FP	I/FP	I/FP	I/FP	I	I/F	I	I/F	I	
Cerisey, Ubaldo 11.10.60 Hubschaubertechniker	Va/Ma	FP	I	I	I/FP	I/FP	I	I/F	I	I/F	I	
Chenal, Maddalena 15.12.65 Restaurantfachfrau	Va/Ma	I	I/F	I	I	I	I	I	I	I/F	I	
Curto, Flavio 05.11.61 Student	Vz/Ma	I	I	I	I	I/FP		I/F	I	I/F	I	I
Desandré, Edy 25.10.66 Tankwart	Va/Ma	I/FP	I/FP/F	I	I/FP	I/FP	I	I	I	I/F	I	
Figerod, Oswald 03.06.62 Skilehrer	Va/Ma	FP	I/FP/F	I/FP	FP	FP	I/F	I/F	I	I	I	
Jorrioz, Fabio 28.12.65 Angestellter	Va/Ma	I/FP	I/FP	I	FP	I/FP		I/F	I/F	I/F	I	
Letey, Andrea 14.01.65 Elektriker	Va/Ma	FP	I/FP	I/FP	FP	FP	I	I/F	I/F	I/F		
Lustrissy, Cristina 30.09.63 Studentin	Va/Ma	I	I	I	I	I		I/F		I/F	I/F	I/F
Madaschi, Fabiano 31.07.66 Angestellter	Vz/Mz	I	I	I	I	I		I/F	I	I/F	I	I
Marcoz, Andrea 02.08.66 Student	Va/Ma	I	I	I/F	I	I	I	I	I	I/F	I	I
Marguerettaz, Fulvio 25.12.67 Skilehrer	Va/Ma	I/FP	I/FP/F	I	I	FP	I	I	I	I	I	
Martini, Emanuela 29.03.67 Angestellte	Va/Ma	I	I	I	I	I	I	I	I	I/F	I	
Millet, Paolo 05.10.65 Elektriker	Va/Ma	FP	I/FP	I/FP	FP	FP	I	I/F	I/F	I/F		
Montrosset, Alfonso 24.06.64 Student	Va/Ma	I/FP	I	I	I/FP	I/FP		I	I	I/F	I	I
Pomat, Corrado 25.02.64 Metzger	Va/Ma	FP	I/FP	I/FP	FP	FP	I	I	I	I/F	I	
Proment, Marisa 12.09.64 Krankenschwester	Va/Ma	FP	I/FP/F	I/FP	FP	FP	I	I	I	I	I	
Real, Claudio 08.08.60 Lehrer	Va/Ma	I/FP	I/FP/F	I	I/FP	I/FP	I	I/F	I	I/F	I/F	I/F
Ronc, Marco 15.09.63 Gärtner	Va/Ma	FP	I/FP	I/F	I/FP	I/FP		I	I	I		
Ronc, Stefania 13.08.66 Bibliothekarin	Va/Ma	I	I	I	I	I	I	I/F	I/F	I/F	I	I/F

Altersgruppe 4

Name, Geburts-datum, Beruf	Eltern	Sprache in: Familie	Arbeitspl.	Ämter	Gasthaus	Freunde	Kirche	Zeitung	Radio	TV	Kino	Theater
Bionnaz, Emile 25.08.50 Bauarbeiter	Va/Ma	FP	I/FP	I/FP	FP	FP	I	I/F	I/F	I/F		F/FP
Charbonnier, Sergio 21.11.50 Skilehrer	Va/Ma	FP	I/FP/F	I	I/FP	FP	I	I	I/F	I/F	I	
Cheney, Marilena 19.09.54 Kunsthandwerkerin	Va/Ma	I/FP	I/FP	I	I/FP	I/FP	I	I	I	I/F		
Comé, Dario 03.06.56 Sportlehrer	Va/Ma	I/FP	I	I/FP	I/FP	I/FP	I	I	I	I/F	I	I/FP/
Di Carlo, Maria Pia 01.08.57 Bewegungstherapeutin	Vz/Ma	I	I	I/FP	I/FP	I/FP	I	I/F	I/F	I/F	I	I/FP
Frassy, Agata 01.02.50 Kauffrau	Va/Ma	FP	I/FP/F	I/FP	I/FP	FP	I	F		I/F		
Guichardaz, Ilda 13.11.48 Einzelhandelskauffr.	Va/Ma	FP	I/FP/F	I	I/FP	FP	I	I/F	I	I/F		
Jacquin, Ivana 13.03.53 Kaufm. Angestellte	Va/Ma	FP	I/FP	I	I/FP	I/FP	I	I	I	I/F	I	FP
Jorrioz, Marilena 25.03.56 Einzelhandelskauffr.	Va/Ma	I/FP	I/FP/F	I	I	I/FP	I	I	I/F	I/F	I	
Letey, Lea 09.07.55 Angestellte	Va/Ma	FP	I/FP	I/FP	FP	FP	I	I	I	I/F	I	
Lettry, Robert 21.08.55 Hotelier	Va/Ma	I/FP	I/FP/F	I/FP	I/FP	I/FP	I	I	I	I	I	FP
Levroux, Lina 25.11.56 Kinderkrankenschwe.	Va/Ma	I	I	I	I	I	I	I	I/F	I/F		
Luboz, Bruno 24.04.51 Gewerbl. Ausbilder	Va/Ma	I	I	I/FP	FP	I/FP	I	I	I	I/F	I	
Margueret, Silvana 19.01.52 Angestellte	Va/Ma	FP	I/FP	I	I/FP	I/FP	I	I	I	I/F		
Mellé, Teresina 31.07.55 Köchin	Va/Ma	FP	I/FP	I	I/FP	I/FP	I	I	I	I/F		FP/F
Mortara, Dario 21.07.57 Forstarbeiter	Va/Ma	FP	I/FP	I/FP	FP	FP		I/F	I/F	I/F		
Munier, Emile 29.01.52 Kunsthandwerker	Va/Ma	I/FP	I/FP	I	I/FP	I/FP	I		I	I/F	I	
Pasquettaz, Edi 09.11.51 Forstingenieur	Va/Ma	FP	I/FP/F	I/FP/F	I/FP	I/FP	I	I/F	I/F	I/F	I/F	I/F
Pomat, Olga 08.08.55 Angestellte	Va/Ma	FP	I/FP	I	I/FP	FP	I	I	I/F	I/F		F
Provenzano, Giovanni 20.03.56 Maurer	Vz/Mz	I	I/FP	I/FP/F	FP	I/FP		I	I	I/F		

Altersgruppe 5

Name, Geburts-datum, Beruf	Eltern	Sprache in: Familie	Arbeitspl.	Ämter	Gasthaus	Freunde	Kirche	Zeitung	Radio	TV	Kino	Theater
Biancquin, Clara 09.06.39 Angestellte	Va/Ma	FP	I		I	I/FP	I/FP	I	I/F	I	I	
Castagno, Adriano 22.12.42 Uhrmacher	Vz/Mz	I	I		I	I	I		I	I	I/F	
Charbonnier, Iva 07.11.39 Einzelhandelskauffr.	Va/Ma	FP	I/FP/F	I		I/FP	I/FP/F	I	I/F		I/F	
Chentre, Louis 14.11.43 Hotelkaufmann	Va/Ma	FP	I/FP/F		I/FP/F	I/FP/F	I/FP		I/F		I/F	I/F
Chentre, Giuliana 19.12.38 Hausfrau	Va/Ma	FP	FP		I/FP	FP	FP	I	I/F	I/F	I/F	
Deffeyes, Charles 25.01.40 Skilehrerausbilder	Va/Ma	I	I/FP/F	I		FP	I/FP	I	I/F	I/F	I/F	I/FP
Ferrol, Nilda 06.05.46 Einzelhandelskauffr.	Va/Ma	FP	I/FP/F	I		I/FP	I/FP	I	I	I	I/F	
Jordan, Lino 15.05.44 Förster	Va/Ma	I/FP/F	I/FP		I/FP	FP	I/FP/F	I	I	I/F	I/F	I
Letey, Enzo 28.03.46 Bauarbeiter	Va/Ma	FP	I/FP	I		FP	FP	I	I/F	I/F	I/F	
Letey, Sergio 03.04.42 Handwerker	Va/Ma	FP	I/FP	I		I/FP/F	I/FP		I		I/F	
Munier, Agnese 27.11.41 Hausfrau	Va/Ma	FP	FP	FP		FP	FP	I	I/F	I/F	I/F	
Munier, Anselme 05.02.48 Lehrer	Va/Ma	FP	I/FP/F	I		I/FP	FP	I	I/F	I	I/F	
Perrier, Guido 23.03.42 Metzger	Va/Ma	FP	I/FP/F	I		I/FP	I/FP	I	I/F	I/F	I/F	
Pomat, Lorenzina 10.11.42 Kindergärtnerin	Va/Ma	FP	I/FP/F	I		I/FP	I/FP	I	I/F	I/F	I/F	
Pressendo, Mario 04.03.41 Handwerker	Vz/Mz	I	I		I	I	I/FP	I	I	I	I/F	I
Real, Giulietta 08.07.48 Tankwart	Va/Ma	I/FP	I/FP/F	I		I/FP	I/FP	I	I	I	I/F	
Ronc, Lina 10.02.47 Einzelhandelskauffr.	Va/Ma	FP	I/FP/F	I		FP	FP	I	I	I	I/F	
Savoye, Luciana 14.11.41 Schneiderin	Va/Ma	I/FP	I/FP	I		I	I/F	I	I/F	I/F	I/F	I/F I/FP/F
Tamone, Leonard 15.05.40 Angestellter	Va/Ma	FP	I/FP/F		I/FP/F	I/FP/F	FP/F	I/F	I/F		F	F
Verraz, Felice 05.03.43 Kaufmann	Va/Ma	I/F/FP	I/FP/F	I		I/FP/F	I/FP/F	I	I/F	I/F	I	

Altersgruppe 6

Name, Geburtsdatum, Beruf	Eltern	Sprache in: Familie	Arbeitspl.	Ämter	Gasthaus	Freunde	Kirche	Zeitung	Radio	TV	Kino	Theater
Bigay, Luigi 08.07.34 Angestellter	Va/Ma	FP	I/FP	I/FP	FP	I/FP	I	I	I/F	I/F		
Collé, Nestor 31.05.29 Angestellter	Va/Ma	FP	I/FP	I	FP	FP	I	I	I	I		
Curtaz, Laurent 30.07.29 Kunstschreiner	Va/Ma	FP	I/FP/F	I/FP	I/FP/F	I/FP	I	I/F	I/F	I/F		I/F/FP
Felappi, Rose 27.06.34 Angestellte	Vz/Mz	I	I/FP/F	I	I/FP	I/FP	I	I/F	I/F	I/F		
Figerod, Albino 15.01.36 Schreiner	Va/Ma	FP	I/FP	I/FP	I/FP	FP	I	I/F	I/F	I/F		
Forrét, Carla 25.10.33 Gastwirt	Va/Ma	FP	I/FP/F	I	I/FP/F	FP	I	I	I	I/F		
Grange, Emilia 16.08.38 Gastwirt	Va/Ma	FP	I/FP/F	I	I	I	I	I/F	I	I/F	I	I
Jacquin, Giovanni 24.06.37 Angestellter	Va/Ma	FP	I/FP/F	I/FP	FP	FP	I	I/F	I/F	I/F		
Jacquin, Gildo 18.04.34 Forstaufseher	Va/Ma	FP	I/FP	I	FP	FP	I	I/F	I/F	I/F		
Marcoz, Firmin 27.09.30 Dreher	Va/Ma	FP	I/FP	I/FP	I/FP	FP	I	I	I	I		
Marguerettaz, Oswalda 22.05.29 Hausfrau	Va/Ma	FP	FP	I	I	I/FP	I	I	I	I/F		
Marguerettaz, Guido 28.02.36 Bankangestellter	Va/Ma	I/FP	I/FP/F	I/F	I/FP	FP	I	I	I	I		
Pomat, Simona 18.04.31 Hausfrau	Va/Ma	I/FP	I/FP	FP	I/FP	FP	I	I	I	I		
Pomat, Aldo 13.06.38 Metzger	Va/Ma	FP	I/FP/F	I	FP	I/FP	I	I/F	I	I/F		FP
Proment, René 16.10.30 Bankangestellter	Va/Ma	I/FP/F	I/FP/F	I	FP	FP	I	I/F	I	I/F		
Proment, Ottilia 25.06.29 Angestellte	Va/Ma	I/F	I/F	I	I	I/F	I	I	I/F	I/F	I/F	
Ronc, Emilia 24.06.30 Lehrerin	Va/Ma	FP	I/FP/F	I	I/FP	I/FP	I	I/F	I/F	I/F		
Rosaire, Dina 30.06.29 Hausfrau	Va/Ma	FP	FP	I	I/FP	I/FP	I	I	I	I		
Verraz, Oscar 04.09.29 Maurer	Va/Mz	FP	I/FP/F	I	I/FP/F	I/FP/F	I	I/F	I/F	I/F		
Vuilleminaz, Cecilia 28.10.33 Hausfrau	Va/Ma	I	I	I	I/FP	I/FP	I	I		I/F	I	

Altersgruppe 7

Name, Geburts-datum, Beruf	Eltern	Sprache in: Familie	Arbeitspl.	Ämter	Gasthaus	Freunde	Kirche	Zeitung	Radio	TV	Kino	Theater
Bertin, Giovanni 23.09.09 Dreher	Va/Ma	FP/F	I/FP/F	I/F	F	FP/F	I	I/F	I/F	I/F		
Bertin, Aldo 21.03.25 Schmied	Va/Ma	FP	I/FP	I	FP	FP	I	I/F	I	I/F		
Bertin, Charles 10.02.15 Kunsthhandwerker	Va/Ma	FP	I/FP	I/FP	I/FP/F	FP	I	I/F	I/F	I/F		
Cargnand, Albertina 05.06.27 Landwirtin	Va/Ma	FP	FP	I	FP	FP	I	I/F	I	I		
Chentre, Firmina 04.02.12 Wäscherin	Va/Ma	FP	FP	FP	FP	FP	I	I		I/F		
Chentre, Samuele 10.01.10 Landwirt	Va/Ma	FP	FP		I/FP/F	I/FP/F	FP	I	I/F	I/F	I/F	
Diemoz, Charlotte 01.02.05 Hausfrau	Va/Ma	FP	FP	I/FP	FP	FP	I/F	I/F	I/F	I/F		
Gonrad, Michel 06.10.20 Lehrer	Va/Ma	I/FP	I/FP/F	I	I/FP	I/FP	I	I/F	I/F	I/F	I	I/F
Jacquemod, Marius 05.02.24 Pfarrer	Va/Ma	FP	I/FP/F	I	I/FP	I/FP/F	I/F	I/F	I	I/F		
Jacquin, Terese 04.02.24 Einzelhandelskauffr.	Va/Ma	FP	I/FP/F	I	I/FP/F	I/FP	I	I	I/F	I/F		FP
Lavanche, Edmond 11.09.27 Bauarbeiter	Va/Ma	FP	I/FP	I	FP	FP	I	I/F	I	I		
Lettry, Nestor 15.11.24 Landwirt	Va/Ma	FP	FP	I	I/FP	I/FP	I	I	I/F	I		
Marcoz, Euphrosine 08.08.20 Einzelhandelskauffr.	Va/Ma	I/FP	I/FP/F	I	I	I/FP	I	I	I	I/F		
Marguerettaz, Lucien 24.05.13 Angestellter	Va/Ma	FP	I/FP	I/FP	FP	FP	I	I/F	I	I/F		
Marguerettaz, Fernanda 17.02.27 Angestellte	Va/Ma	I/FP	I	I	I	I	I	I/F	I	I/F		
Munier, Faustina 21.11.26 Lehrerin	Va/Ma	FP	I/FP/F	I/FP/F	FP	FP	I	I/F	I/F	I	F	FP
Proment, Yvonne 10.01.20 Hausfrau	Va/Ma	FP	FP	I/FP	I/FP	I/FP	I	I/F	I/F	I/F		
Ronc, Lea 13.12.19 Lehrerin	Va/Ma	I/FP	I/FP/F	I	I/FP	I/FP/F	I	I/F	I/F	I/F	I/F	I/F
Ronc, Marie 13.11.04 Lehrerin	Va/Ma	I/FP/F	I/FP/F	F	FP	F	I	I/F	I/F	I/F		
Teston, Flora 26.10.20 Schneiderin	Vz/Mz	F	I/F	I/F	I	I/F	I	I/F	I/F	I/F		

Tab. 7 : Aktive Beherrschung des Frankoprovenzalischen
Etroubles, St. Oyen, St. Rhémy

Farben

	bis 13	14-21	22-30	31-40	41-50	51-60	über 60
ROUGE (rodzo)	★★★★★ ★★★★★ ★★★★★ ★★---	★★★★★ ★★★★★ ★★★★★ ★★★★★	★★★★★ ★★★★★ ★★★★★ ★★★--	★★★★★ ★★★★★ ★★★★★ ★★★★-	★★★★★ ★★★★★ ★★★★★ ★★★★★	★★★★★ ★★★★★ ★★★★★ ★★★★★	★★★★★ ★★★★★ ★★★★★ ★★★★-
NOIR (nèr)	★★★★★ ★★★★★ ★★★★★ ★★★--	★★★★★ ★★★★★ ★★★★★ ★★★★-	★★★★★ ★★★★★ ★★★★★ ★★★--	★★★★★ ★★★★★ ★★★★★ ★★★★-	★★★★★ ★★★★★ ★★★★★ ★★★★-	★★★★★ ★★★★★ ★★★★★ ★★★★★	★★★★★ ★★★★★ ★★★★★ ★★★★★
JAUNE (dzano)	★★★★★ ★★★★★ ★★★★★ -----	★★★★★ ★★★★★ ★★★★★ ★★★★-	★★★★★ ★★★★★ ★★★★★ ★★★--	★★★★★ ★★★★★ ★★★★★ ★★★★-	★★★★★ ★★★★★ ★★★★★ ★★★--	★★★★★ ★★★★★ ★★★★★ ★★★★★	★★★★★ ★★★★★ ★★★★★ ★★★★★
VERT (vert)	★★★★★ ★★★★★ ★★★★★ ★★★--	★★★★★ ★★★★★ ★★★★★ ★★★★-	★★★★★ ★★★★★ ★★★★★ ★★★★★	★★★★★ ★★★★★ ★★★★★ ★★★★-	★★★★★ ★★★★★ ★★★★★ ★★★★★	★★★★★ ★★★★★ ★★★★★ ★★★★★	★★★★★ ★★★★★ ★★★★★ ★★★★★
BLEU (bleu)	★★★★★ ★★★★★ ★★★★★ ★★★--	★★★★★ ★★★★★ ★★★★★ ★★★★-	★★★★★ ★★★★★ ★★★★★ ★★★--	★★★★★ ★★★★★ ★★★★★ ★★★★-	★★★★★ ★★★★★ ★★★★★ ★★★★★	★★★★★ ★★★★★ ★★★★★ ★★★★★	★★★★★ ★★★★★ ★★★★★ ★★★★★
BLANC (blan)	★★★★★ ★★★★★ ★★★★★ ★★★★-	★★★★★ ★★★★★ ★★★★★ ★★★★-	★★★★★ ★★★★★ ★★★★★ ★★★★-	★★★★★ ★★★★★ ★★★★★ ★★★★★	★★★★★ ★★★★★ ★★★★★ ★★★★★	★★★★★ ★★★★★ ★★★★★ ★★★★★	★★★★★ ★★★★★ ★★★★★ ★★★★★
BLÊME (blayo)	★★★-- ----- ----- -----	★★★★★ ★★★-- ----- -----	★★★★★ ★★--- ----- -----	★★★★★ ★★★★★ ★★★-- -----	★★★★★ ★★★★★ ★★--- -----	★★★★★ ★★★★★ ★★★★★ -----	★★★★★ ★★★★★ ★★★-- -----
CLAIR (clèr)	★★★★★ ★★★★★ ★★★★★ ★★★★★	★★★★★ ★★★★★ ★★★★★ ★★★--	★★★★★ ★★★★★ ★★★★★ ★★★★-	★★★★★ ★★★★★ ★★★★★ ★★★★-	★★★★★ ★★★★★ ★★★★★ ★★★★★	★★★★★ ★★★★★ ★★★★★ ★★★★★	★★★★★ ★★★★★ ★★★★★ ★★★--
SOMBRE (teup)	★★★★★ ----- ----- -----	★★★★★ ★---- ----- -----	★★★★★ ★★★★★ ★---- -----	★★★★★ ★★★★★ ★★--- -----	★★★★★ ★★★★★ ★---- -----	★★★★★ ★★★★★ ★★★★- -----	★★★★★ ★★★★★ ----- -----

Zahlen

	bis 13	14-21	22-30	31-40	41-50	51-60	über 60
UN (un)	****_	*****	***__	*****	*****	*****	*****
DEUX (do)	****_	****_	*****	*****	*****	*****	*****
TROIS (trèi)	*****	****_	*****	*****	*****	*****	*****
QUATRE (catro)	*****	****_	*****	*****	*****	*****	*****
CINQ (sénque)	*****	****_	****_	*****	*****	*****	****_
SIX (choué)	***__	****_	****_	*****	*****	*****	*****
SEPT (sat)	****_	****_	*****	*****	*****	*****	****_
HUIT (ouèt)	*****	****_	****_	*****	*****	*****	****_
NEUF (nou)	***__	****_	*****	*****	*****	*****	*****
DIX (djī)	****_	****_	****_	*****	*****	*****	*****
VINGT (veun)	*____	****_	***__	*****	****_	*****	*****
SOIXANTE-DIX (stanta)	_____	*____	_____	*____	***__	***__	****_
QUATRE-VINGT (ouitanta)	*____	***__	*____	****_	****_	*****	****_

Lebensmittel

	bis 13	14-21	22-30	31-40	41-50	51-60	über 60
VIANDE (tseur)	***** ***** ***** **___	***** ***** ***** ****_	***** ***** ***** ***__	***** ***** ***** ****_	***** ***** ***** ***__	***** ***** ***** *****	***** ***** ***** *****
BEURRE (beuro)	***** ***** ***** _____	***** ***** ***** ****_	***** ***** ***** ***__	***** ***** ***** *****	***** ***** ***** ****_	***** ***** ***** *****	***** ***** ***** ****_
FROMAGE (fromadzo)	***** ***** ***** **___	***** ***** ***** ****_	***** ***** ***** ****_	***** ***** ***** *****	***** ***** ***** *****	***** ***** ***** *****	***** ***** ***** *****
PAIN (pan)	***** ***** ***** **___	***** ***** ***** ****_	***** ***** ***** ***__	***** ***** ***** *****	***** ***** ***** ***__	***** ***** ***** *****	***** ***** ***** *****
LAIT (lasī)	***** ***** ***** ***__	***** ***** ***** ****_	***** ***** ***** ****_	***** ***** ***** *****	***** ***** ***** *****	***** ***** ***** *****	***** ***** ***** *****
SUCRE (seucro)	***** ***** ***** **___	***** ***** ***** **___	***** ***** ***** ****_	***** ***** ***** *****	***** ***** ***** ****_	***** ***** ***** *****	***** ***** ***** *****
TRANCHE (fètta)	***** ****_ _____ _____	***** ***** **___ _____	***** ***** ***__ _____	***** ***** ***** ****_	***** ***** ***** _____	***** ***** ***** *****	***** ***** ***** ***__
NOIX (gneu)	***** ****_ _____ _____	***** ***** ***__ _____	***** ***** **___ _____	***** ***** ***** ***__	***** ***** ***** ***__	***** ***** ***** ****_	***** ***** ***** ***__
EAU (éve)	***** ***** ***** **___	***** ***** ***** ***__	***** ***** ***** **___	***** ***** ***** *****	***** ***** ***** ****_	***** ***** ***** *****	***** ***** ***** *****
HUILE (oillo)	***** ***** **___ _____	***** ***** ***** _____	***** ***** ***** _____	***** ***** ***** ****_	***** ***** ***** ***__	***** ***** ***** *****	***** ***** ***** *****

Kirche

	bis 13	14-21	22-30	31-40	41-50	51-60	über 60
ÉGLISE (éillése)	***** ***** ***__ -----	***** ***** ***** -----	***** ***** ***__ -----	***** ***** ***** ****_	***** ***** ***** ***__	***** ***** ***** ****_	***** ***** ***** ***__
PRÊTRE (prie)	***** ***** ***** *____	***** ***** ***** *____	***** ***** ***__ -----	***** ***** ***** ****_	***** ***** ***** ****_	***** ***** ***** *****	***** ***** ***** *****
NONNE (mouéina)	****_ ----- ----- -----	***** ***** **___ -----	***** ***** *____ -----	***** ***** ****_ -----	***** ***** ***__ -----	***** ***** ***** -----	***** ***** *____ -----
PÈLERINAGE (pélérinadzo)	****_ ----- ----- -----	***** ***** ----- -----	****_ ----- ----- -----	***** ***** **___ *____	***** ***** ***** -----	***** ***** ****_ -----	***** ***** ***** -----
MOINE (capetseun)	*____ ----- ----- -----	***** *____ ----- -----	***** *____ ----- -----	***** ****_ ----- -----	***** ***** ***__ -----	***** ****_ ----- -----	***** ***** ***__ -----
CURÉ (ènquiâ)	***** *____ ----- -----	***** ***** ****_ -----	***** ***** ***** *____	***** ***** ***** ****_	***** ***** ***** ****_	***** ***** ***** ****_	***** ***** ***** *****
PRIÈRE (preuye)	***** ***** ***__ -----	***** ***** *____ -----	***** ***** ***__ -----	***** ***** ***** ***__	***** ***** ***** *____	***** ***** ***** ****_	***** ***** ***** ****_
CLOCHER (cloutchï)	***** ***__ ----- -----	***** ***** **___ -----	***** ***** ----- -----	***** ***** ***** ***__	***** ***** ***** **___	***** ***** ***** **___	***** ***** ***** ****_
AUTEL (ooutèr)	***** ***** ----- -----	***** ****_ ----- -----	***** ***** *____ -----	***** ***** ***** -----	***** ***** ****_ -----	***** ***** ***__ ***__	***** ***** ***** *____
CIMETIÈRE (semeteurio)	***** ***** ----- -----	***** ***** ****_ -----	***** ***** ***** -----	***** ***** ***** ****_	***** ***** ***** ****_	***** ***** ***** ****_	***** ***** ***** ****_
DIABLE (djablo)	***** ***** ***** *____	***** ***** ***** ***__	***** ***** ***** ***__	***** ***** ***** ****_	***** ***** ***** ****_	***** ***** ***** ****_	***** ***** ***** ****_
ANGE (andze)	***** ***** ----- -----	***** ***** ****_ -----	***** ***** *____ -----	***** ***** ***** **___	***** ***** ***** *____	***** ***** ***** ***__	***** ***** ***** *****

Wochentage/Zeitangaben

	bis 13	14-21	22-30	31-40	41-50	51-60	über 60
LUNDI (deleun)	***** ***** ***** -----	***** ***** ***** ****_	***** ***** ***** ****_	***** ***** ***** *****	***** ***** ***** ****_	***** ***** ***** *****	***** ***** ***** ****_
MARDI (demars)	***** ***** ***** *____	***** ***** ***** *****	***** ***** ***** ****_	***** ***** ***** ****_	***** ***** ***** *****	***** ***** ***** *****	***** ***** ***** *****
MERCREDI (demécro)	***** ***** ***** *____	***** ***** ***** *****	***** ***** ***** *****	***** ***** ***** *****	***** ***** ***** *****	***** ***** ***** *****	***** ***** ***** *****
JEUDI (dedzou)	***** ***** ****_ -----	***** ***** ***** *****	***** ***** ***** ****_	***** ***** ***** *****	***** ***** ***** ****_	***** ***** ***** *****	***** ***** ***** ****_
VENDREDI (devèndro)	***** ***** ***** **___	***** ***** ***** ***__	***** ***** ***** *****	***** ***** ***** *****	***** ***** ***** *****	***** ***** ***** *****	***** ***** ***** *****
SAMEDI (desando)	***** ***** ***** -----	***** ***** ***** ****_	***** ***** ***** *****	***** ***** ***** ***__	***** ***** ***** *****	***** ***** ***** *****	***** ***** ***** *****
DIMANCHE (demèndze)	***** ***** ***** ***__	***** ***** ***** ****_	***** ***** ***** ****_	***** ***** ***** *****	***** ***** ***** *****	***** ***** ***** *****	***** ***** ***** *****
MOIS (méis)	***** ***** ****_ -----	***** ***** ***** ****_	***** ***** ***** *____	***** ***** ***** *****	***** ***** ***** ****_	***** ***** ***** *****	***** ***** ***** *****
SEMAINE (senã)	***** ****_ ----- -----	***** ***** ***** -----	***** ***** ***__ -----	***** ***** ***** **___	***** ***** ***** ***__	***** ***** ***** *****	***** ***** ***** ****_
JOUR (dzõ)	***** ***** ***** *____	***** ***** ***** ****_	***** ***** ***** *****	***** ***** ***** ***__	***** ***** ***** *****	***** ***** ***** *****	***** ***** ***** *****
NUIT (néte)	***** ***** ***** -----	***** ***** ***** ***__	***** ***** ***** ****_	***** ***** ***** ****_	***** ***** ***** ****_	***** ***** ***** *****	***** ***** ***** *****
HEURE (ovva)	***** ***** ***** *____	***** ***** ***** ****_	***** ***** ***** ****_	***** ***** ***** ****_	***** ***** ***** ****_	***** ***** ***** *****	***** ***** ***** ****_

Körperteile

	bis 13	14-21	22-30	31-40	41-50	51-60	über 60
TÊTE (téta)	***** ***** ***** ****_	***** ***** ***** *****	***** ***** ***** ****_	***** ***** ***** ****_	***** ***** ***** *****	***** ***** ***** *****	***** ***** ***** *****
MAIN (man)	***** ***** ***** **___	***** ***** ***** ****_	***** ***** ***** **___	***** ***** ***** ****_	***** ***** ***** ****_	***** ***** ***** ****_	***** ***** ***** *****
PIED (pià)	***** ***** ***** ***__	***** ***** ***** ***__	***** ***** ***** ***__	***** ***** ***** ****_	***** ***** ***** ****_	***** ***** ***** *****	***** ***** ***** *****
LÊVRE (pot)	****_ ***** *____ _____	***** ***** ****_ _____	***** ***** ***__ _____	***** ***** ***** *****	***** ***** ***** *____	***** ***** ***** **___	***** ***** ***** *____
BOUCHE (botse)	***** ***** ***** _____	***** ***** ***** ****_	***** ***** ***** ***__	***** ***** ***** ****_	***** ***** ***** ****_	***** ***** ***** *****	***** ***** ***** ****_
DOIGT (dèi)	***** ***** ***** **___	***** ***** ***** ****_	***** ***** ***** **___	***** ***** ***** ****_	***** ***** ***** ****_	***** ***** ***** *****	***** ***** ***** *****
VENTRE (vèntro)	***** ***** ***** _____	***** ***** ***** _____	***** ***** ***** *____	***** ***** ***** ***__	***** ***** ***** ****_	***** ***** ***** *****	***** ***** ***** ****_
OREILLE (bouêgno)	***** ***** ***** _____	***** ***** ***** ****_	***** ***** ***** ***__	***** ***** ***** ****_	***** ***** ***** ****_	***** ***** ***** ****_	***** ***** ***** *****
NEZ (nã)	***** ***** ***** *____	***** ***** ***** ****_	***** ***** ***** **___	***** ***** ***** ****_	***** ***** ***** ***__	***** ***** ***** *****	***** ***** ***** *****
DOS (étsén-a)	***** ***** **___ _____	***** ***** ***** ***__	***** ***** **___ _____	***** ***** ***** **___	***** ***** ***** **___	***** ***** ***** *____	***** ***** ***** **___
JAMBE (tsamba)	***** ***** ***** **___	***** ***** ***** ****_	***** ***** ***** ****_	***** ***** ***** ****_	***** ***** ***** *****	***** ***** ***** *****	***** ***** ***** *****

- 163 -

**Abb. 11: Aktive Beherrschung des Frankoprovenzalischen
Etroubles, St. Oyen, St. Rhémy**

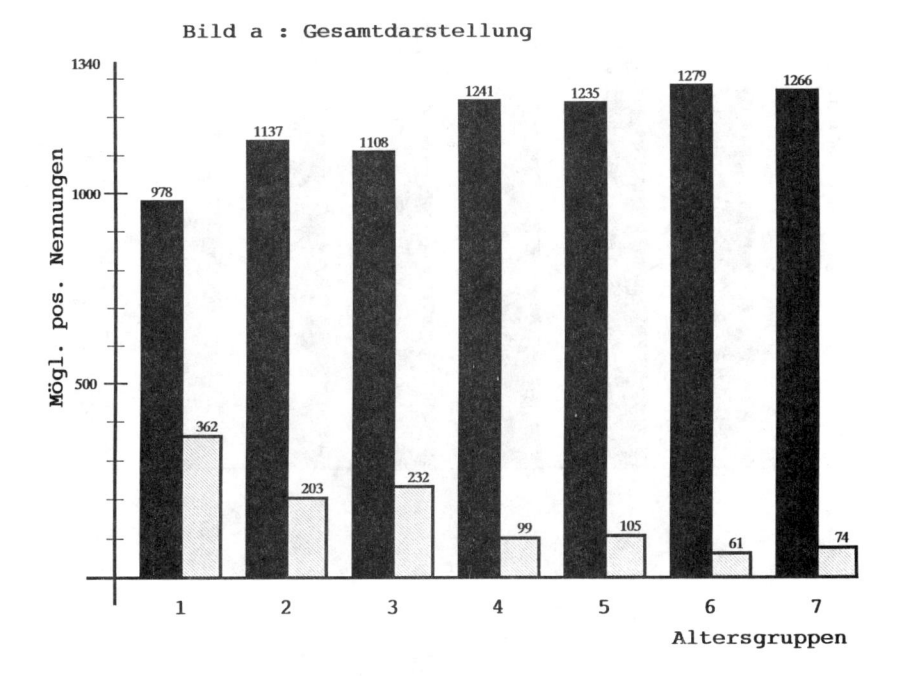

Bild a : Gesamtdarstellung

Mögl. pos. Nennungen

Altersgruppe	in Frankoprovenzalisch bekannt	nicht bekannt
1	978	362
2	1137	203
3	1108	232
4	1241	99
5	1235	105
6	1279	61
7	1266	74

Altersgruppen

Legende:

■ in Frankoprovenzalisch bekannt

□ nicht bekannt

Bild b : Farben

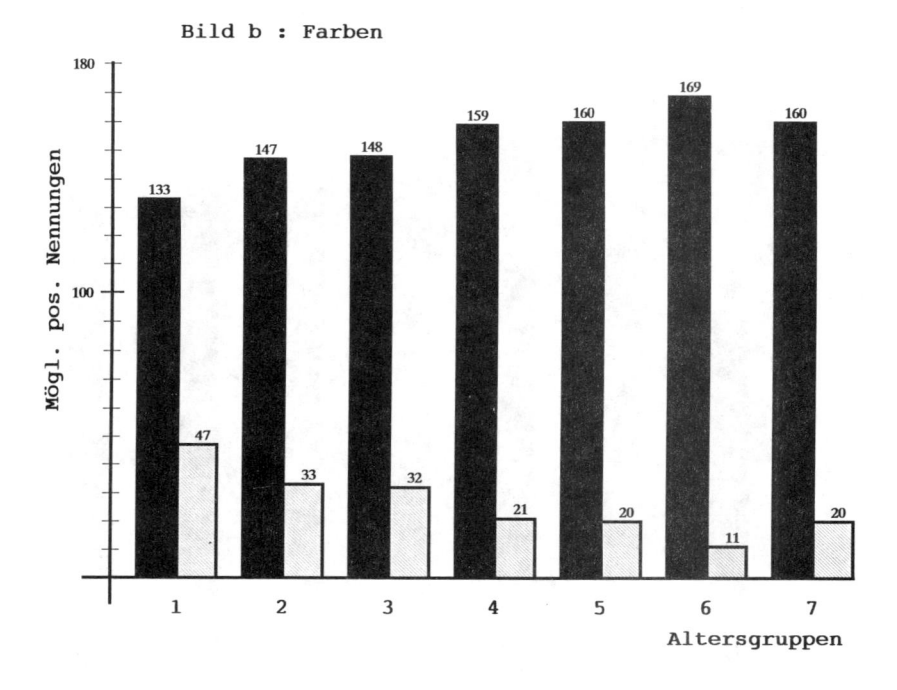

Mögl. pos. Nennungen

Altersgruppe	dunkel	hell
1	133	47
2	147	33
3	148	32
4	159	21
5	160	20
6	169	11
7	160	20

Altersgruppen

Bild c : Zahlen

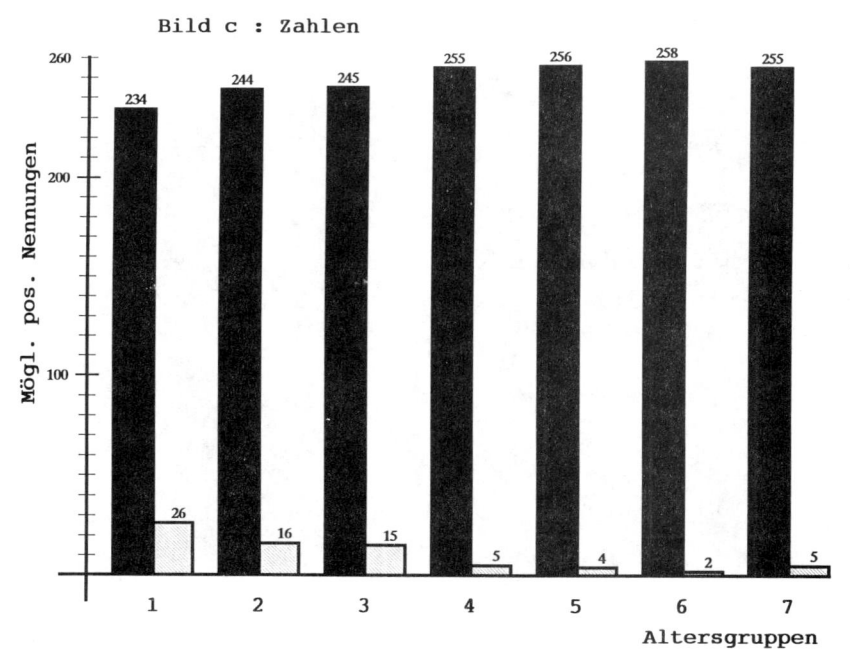

Mögl. pos. Nennungen

Altersgruppe	dunkel	hell
1	234	26
2	244	16
3	245	15
4	255	5
5	256	4
6	258	2
7	255	5

Altersgruppen

Bild d : Lebensmittel

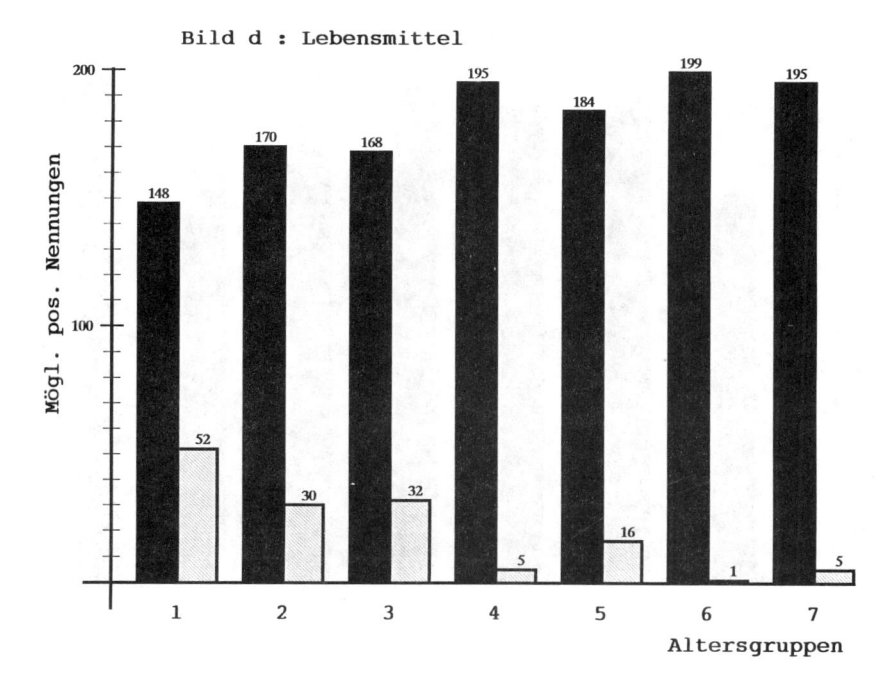

Altersgruppen

Bild e : Kirche

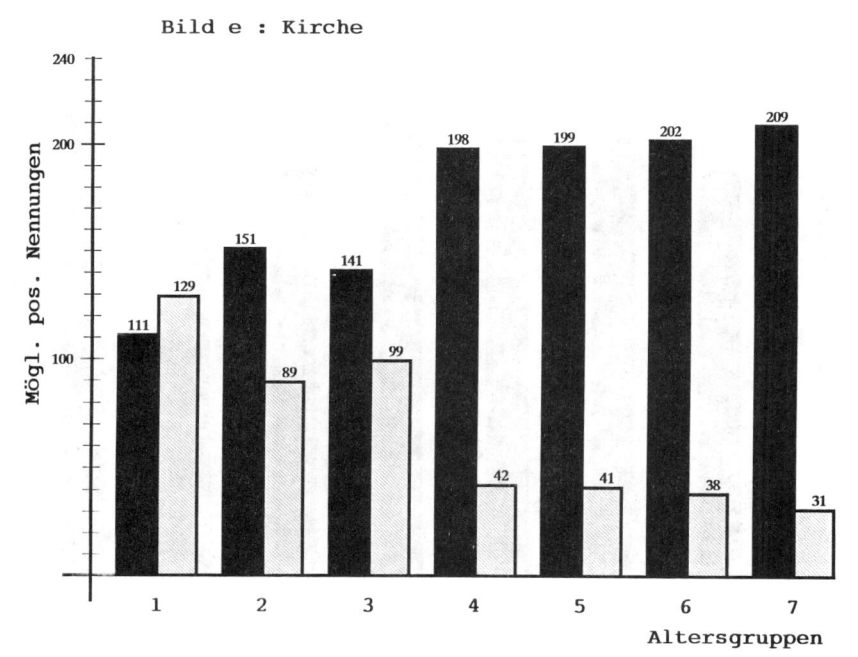

Altersgruppen

Bild f : Wochentage/Zeitangaben

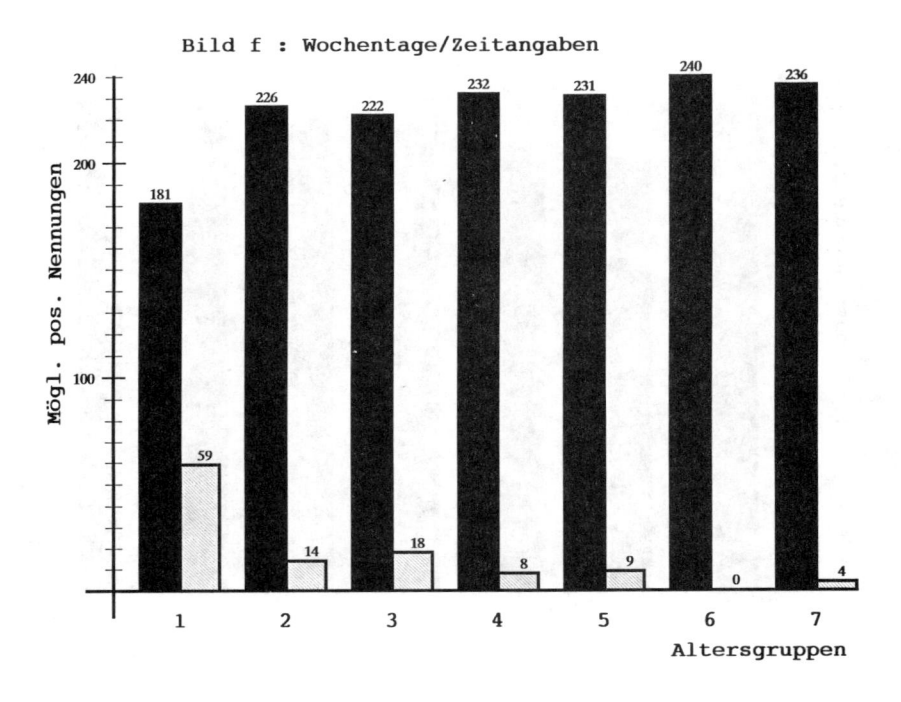

Altersgruppe	1	2	3	4	5	6	7
Mögl. pos. Nennungen (dunkel)	181	226	222	232	231	240	236
(hell)	59	14	18	8	9	0	4

Bild g : Körper

Altersgruppe	1	2	3	4	5	6	7
Mögl. pos. Nennungen (dunkel)	171	199	184	202	205	211	211
(hell)	49	21	36	18	15	9	9

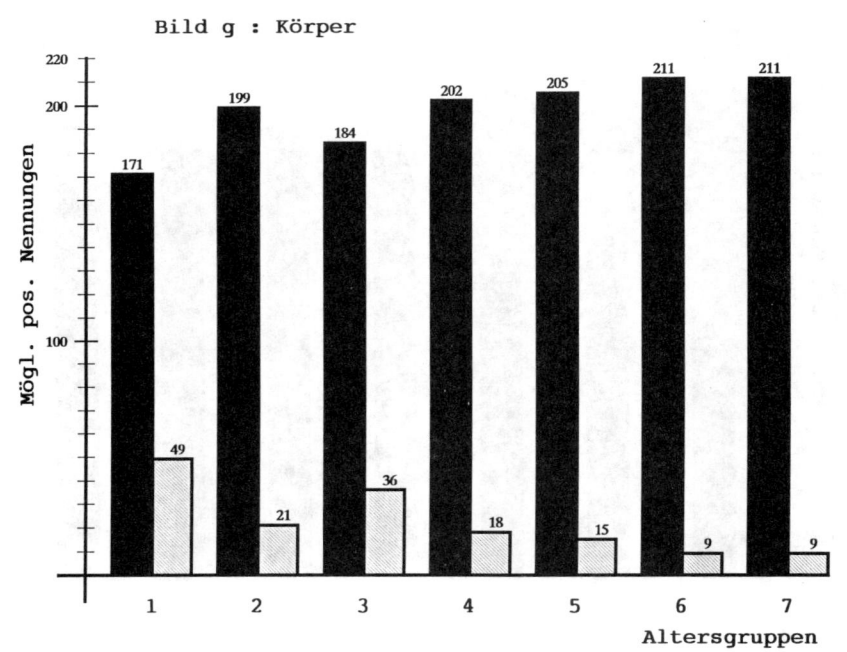

5.2 Analyse zur aktiven Beherrschung des Frankoprovenzalischen

Die vorhergehenden Tabellen und Graphiken präsentieren die aktiven Kenntnisse des Frankoprovenzalischen der 140 Gewährspersonen. Dabei ist immer das Zeichen * eingetragen, wenn das Wort bekannt war, - hingegen, wenn das nicht der Fall war. Die Graphiken präsentieren die gewußten und nicht gewußten Wörter für alle Wortfelder getrennt, sowie in einer Gesamtdarstellung für alle gefragten Wörter. Ausgangssprache bei der Befragung war Französisch.

Der Fragebogen zeigt zunächst, daß die meisten Wörter des Grundwortschatzes fast allen Befragten ausnahmslos bekannt sind. Für die einzelnen Wortfelder ergaben sich für alle Altersgruppen zusammen folgende positive Nennungen: (in Prozent)

Farben: 85 %   Kirche: 72 %
Zahlen: 96 %   Wochentage/Zeitang.: 93 %
Lebensmittel: 90 %   Körperteile: 90 %

Die hohen Ergebnisse in den Wortfeldern Zahlen und Wochentage/Zeitangaben fallen besonders auf. Lediglich die Zahlen stanta und ouitanta bereiteten einigen Befragten Schwierigkeiten. Dabei handelte es sich vor allem um die bis 30jährigen, also vornehmlich um jüngere Personen. Das Problem beruht hier zum größten Teil auf der französischen Ausgangsform der Wörter, die im Gegensatz zum Italienischen sehr von den frankoprovenzalischen Bezeichnungen abweicht. Alle Befragten gaben nämlich später an, die frankoprovenzalischen Wörter für siebzig und achtzig durchaus zu kennen und auch zu verwenden (Diese Aussagen beziehen sich natürlich nur auf die eingesessene Bevölkerung der drei Berggemeinden. Die wenigen italophonen befragten Immigranten kannten das französische Wort grundsätzlich überhaupt nicht, hatten die frankoprovenzalische Bezeichnung jedoch schon oft gehört). Bei den Wochentagen/Zeitangaben ergibt sich ein ähnliches Bild. Hier erwies sich die Nennung von senâ bei den jüngeren Befragten (Altersgruppe 1 bis 3) als besonders schwierig. Ein gewisses Defizit zeigte sich für dieses Wortfeld außerdem bei der jüngsten Altersgruppe. Sie konnten oftmals die frankoprovenzalischen Bezeichnungen für die Wochentage nicht spontan nennen, obwohl sie ihnen bekannt waren. Sie erinnerten sich nämlich sofort, wenn sie ihnen gesagt wurden. Auch hier beruht das anfängliche Nichtwissen wohl eher auf der französischen Ausgangssprache, die den meisten nicht so geläufig ist.

Obschon die Gesamtergebnisse auch in den anderen Wortfeldern für eine gute Beherrschung des Frankoprovenzalischen sprechen, gibt es einige Wörter, deren Bekanntheitsgrad weniger hoch war. Es fällt auf, daß dieses insbesondere die Altersgruppen 1 bis 3, also die bis 30jährigen betrifft. Ältere Gewährspersonen beweisen bis auf einige Ausnahmen grundsätzlich bessere Kenntnisse ihres Heimatdialektes.[1] Im Bereich des Wortfeldes Farben läßt sich das an blayo gut darstellen: Während es in Altersgruppe 1 nur 3 von 20 Personen, in Altersgruppe 2 nur 8 und in Altersgruppe 3 nur 7 Personen bekannt war, also insgesamt nur 18 von den befragten 60 Personen der Altersgruppe 1 bis 3 (= 30 %), erfolgten bei den Altersgruppen 4 bis 7 immerhin 53 von insgesamt 80 möglichen positiven Nennungen (= 66 %). Ähnliche Beobachtungen konnten im Wortfeld Lebensmittel für fètta (53 % / 90 %), gneu (56 % / 92 %) und oillo (70 % / 96 %) sowie im Wortfeld Kirche für pélérinadzo (45 % / 71 %), ènquiâ (60 % / 96 %), cloutchî (50 % / 89 %) und semeteurio (65 % / 95 %) getroffen werden.

Es fällt also auf, daß vom 30. Lebensjahr an grundsätzlich eine bessere Kenntnis des Frankoprovenzalischen vorliegt. Viele der jüngeren Befragten gaben jedoch an, daß sie bestimmte Wörter, zum Beispiel teup, bereits gehört hatten, selbst aber nicht verwendeten, ihnen somit also nur passiv bekannt waren. Dasselbe gilt auch für die Wörter fètta, mouéina und pot.

Einige der gefragten Wörter wurden von den Gewährspersonen auch als nicht mehr gebräuchlich bewertet. Dieses betrifft vor allem das ohnehin unter der durchschnittlichen Sprachkompetenz liegende Wortfeld Kirche. So ist mouéina zum Beispiel im modernen Sprachgebrauch durch das französische Wort soeur oder häufiger noch durch die italienische Bezeichnung suora abgelöst und in den frankoprovenzalischen Wortschatz integriert worden. Ebenso wird heute anstelle von ènquiâ fast immer prie verwendet, auch wenn diese Wörter eigentlich keine reinen Synonyme darstellen. Alle anderen gefragten Wörter wurden jedoch als durchaus gebräuchlich betrachtet.

---

[1] vgl. die positiven Nennungen pro Altersgruppe und Wortfeld in den Graphiken.

Was die französische Sprache betrifft, so waren viele Wörter in
der hier genannten französischen Ausgangsform nicht oder nur unsicher
bekannt. So wurde bei Wörtern wie blême, tranche, noix, nonne, lèvre,
dos, um nur einige zu nennen, zunächst deren italienische Übersetzung
nachgefragt, erst dann erfolgte die meist richtige Beantwortung in
Frankoprovenzalisch. Diese kleine Hilfestellung wurde im folgenden
nicht überbewertet, da es sich bei diesem Teil der Befragung ja hauptsächlich um die Überprüfung der aktiven Kenntnisse des Frankoprovenzalischen handelte. Die Beherrschung des Französischen soll stattdessen
im Fragebogen zur passiven Kenntnis des Frankoprovenzalischen mitberücksichtigt werden. Dennoch läßt sich aus dieser Unsicherheit der Gewährspersonen bereits der Schluß ziehen, daß das Italienische in der
Hierarchie der Sprachverwendung vor dem Französischen anzusiedeln ist.

Für das Frankoprovenzalische können wir insgesamt feststellen, daß es,
trotz einiger kleiner Defizite bei den jüngeren Gewährspersonen,eine
recht stabile Stellung im aktiven Sprachgebrauch der hier befragten
Valdostaner innehat. Für die einzelnen Altersgruppen ergeben sich die
folgenden Prozentsätze an gewußten Wörtern für alle Wortfelder zusammen:
Altersgruppe 1 :   ca. 73 %   (≙ 978 von 1340 mögl. positiven Nennungen)
Altersgruppe 2 :   ca. 85 %   (≙ 1137 "   "   "   "   "   )
Altersgruppe 3 :   ca. 83 %   (≙ 1108 "   "   "   "   "   )
Altersgruppe 4 :   ca. 93 %   (≙ 1241 "   "   "   "   "   )
Altersgruppe 5 :   ca. 92 %   (≙ 1235 "   "   "   "   "   )
Altersgruppe 6 :   ca. 95 %   (≙ 1279 "   "   "   "   "   )
Altersgruppe 7 :   ca. 94 %   (≙ 1266 "   "   "   "   "   )

Mit einer Bilanz von etwa 88 Prozent an positiven Nennungen für alle
Altersgruppen und Wortfelder zusammen sind also durchaus solide Grundlagen für einen Fortbestand des Frankoprovenzalischen in den Berggemeinden Etroubles, Saint-Oyen und Saint-Rhémy gegeben.[1]

---

[1] Insgesamt ergaben sich für alle befragten Gewährspersonen zusammen 9380 (also 1340 x 7) mögliche positive Nennungen. Davon waren 8244 positive und 1136 negative Nennungen, was einem Prozentsatz von 87,889 % entspricht.

Tab. 8 : Passive Beherrschung des Frankoprovenzalischen unter gleichzeitiger
Berücksichtigung der französischen Sprachkompetenz
Etroubles, St. Oyen, St. Rhêmy

Alte Berufe

	bis 13	14-21	22-30	31-40	41-50	51-60	über 60
TAILLEUR (tailleur, sarto)	*IIII	*****	*****	*****	*****	*****	*****
	-----	**III	*****	*****	*****	*****	*****
	-----	I----	**III	*IIII	*****	*****	*****
	-----	-----	-----	IIII-	***I-	**II-	****-
FAVRO (forgeron, fabbro)	IIIII	***II	**III	**III	*****	*****	*****
	IIIII	IIIII	IIIII	IIIII	****I	*IIII	****I
	IIIII	IIIII	IIIII	IIIII	IIIII	IIIII	IIIII
	-----	IIII-	IIIII	IIII-	III--	IIIII	III--
CORDAGNÏ (cordonnier, calzolaio)	**III	**III	**III	****I	*****	*****	*****
	I----	III--	IIIII	IIIII	*****	*****	*****
	-----	-----	I----	IIIII	****I	****I	*****
	-----	-----	-----	I----	II---	IIIII	*III-
MÏJÏ (menuisier, falegname)	*IIII	*****	*****	*****	*****	*****	*****
	-----	***II	**III	*****	*****	*****	*****
	-----	II---	III--	*IIII	*****	**III	*****
	-----	-----	-----	II---	**I--	IIII-	***II
SÎLÏ (tonnelier, bottaio)	-----	-----	-----	III--	*II--	*III-	***--
	-----	-----	-----	-----	-----	-----	-----
	-----	-----	-----	-----	-----	-----	-----
	-----	-----	-----	-----	-----	-----	-----
RAMONEUR (ramoneur, spazzacamino)	****I	*****	*****	*****	*****	*****	*****
	II---	*****	*****	*****	*****	*****	*****
	-----	*III-	**I--	*****	*****	*****	*****
	-----	-----	-----	IIII-	*----	*****	*****
MASON (maçon, muratore)	*****	*****	*****	*****	*****	*****	*****
	***II	*****	*****	*****	*****	*****	*****
	IIIII	****I	*****	*****	*****	*****	*****
	III--	IIII-	**II-	*III-	****I	*****	****-
FREUTÏ (fromagier, casaro)	**II-	**III	*IIII	*IIII	***II	****I	**III
	-----	IIII-	IIIII	IIIII	IIIII	IIIII	IIIII
	-----	-----	I----	II---	III--	IIIII	II---
	-----	-----	-----	-----	-----	I----	-----
SÉITOOU (faucheur, falciatore)	-----	-----	-----	*****	*****	****I	*****
	-----	-----	-----	II---	IIII-	IIIII	****I
	-----	-----	-----	-----	-----	-----	IIII-
	-----	-----	-----	-----	-----	-----	-----
CAMPAGNAR (paysan, contadino)	*****	*****	*****	*****	*****	*****	*****
	*****	*****	*****	*****	*****	*****	*****
	***II	*****	*****	*****	*****	*****	*****
	-----	III--	***II	*****	*****	****-	*****

Landwirtschaftliche Geräte

	bis 13	14-21	22-30	31-40	41-50	51-60	über 60
FÂ (faucille, falce)	**III IIIII IIIII II---	***** *IIII IIIII I----	***** ***II IIIII III--	***** ***** IIIII III--	***** ***** ***II III--	***** ***** ***II IIII-	***** ***** ***** *IIII
PALA (pelle, badile)	***** **III IIIII IIIII	***** ****I IIIII III--	****I IIIII IIIII II---	***** **III IIIII IIII-	***** ***** ***II IIIII	***** ****I IIIII IIIII	***** ***** ***II III--
FOTCHOOU (pioche, zappa)	IIII- ----- ----- -----	II--- ----- ----- -----	IIIII III-- ----- -----	*IIII IIIII ----- -----	**III IIIII III-- -----	***II IIIII IIIII I----	***** IIIII IIIII IIII-
ÊNRÉI (charrue, aratro)	III-- ----- ----- -----	III-- ----- ----- -----	IIIII IIIII ----- -----	IIIII IIIII IIII- -----	IIIII IIIII I---- -----	IIIII IIIII IIII- -----	*IIII IIIII IIIII II---
RÂTÏ (râteau, rastrello)	****I IIIII IIIII II---	***** *IIII IIIII III--	****I IIIII IIIII III--	***** ***** **III IIIII	***** ***** **III III--	***** ***** **III IIIII	***** ***** ****I IIII-
PEUQUE (pic, picco)	***** *IIII III-- -----	***** ***II IIIII III--	***** *IIII IIIII II---	***** ***** IIIII IIIII	***** ***** IIIII IIII-	***** IIIII IIIII IIII-	***** ***** IIIII I----
FAOUTSÈT (serpe, roncola)	*IIII I---- ----- -----	IIIII IIIII III-- -----	IIIII IIIII III-- -----	**III IIIII IIIII -----	*IIII IIIII IIIII -----	*IIII IIIII IIIII III--	*IIII IIIII IIIII -----
RÉSETTA (scie, sega)	IIIII III-- ----- -----	**III IIIII IIIII I----	***II IIIII III-- -----	***** **III IIIII I----	***** ***II IIIII II---	***** *IIII IIIII IIII-	***** ***** **III II---
MARTELET (marteau, martello)	***** ***** ***II IIII-	***** ***** ***** *IIII	***** ***** ***** IIIII	***** ***** ***** ***II	***** ***** ***II IIIII	***** ***** ***** *IIII	***** ***** ***** *****
SÊTON (hotte, gerla)	I---- ----- ----- -----	IIII- ----- ----- -----	IIIII II--- ----- -----	*IIII IIIII II--- -----	***II IIIII IIIII -----	***II IIIII IIIII I----	***** IIIII IIIII IIII-
PAGNÏ (panier, cesto)	***** ***** ****I I----	***** ***** ***II III--	***** ***** ****I III--	***** ***** ***** *III-	***** ***** ****I **II-	***** ***** ****I IIIII	***** ***** ***** ****I

– 172 –

Gebirgstiere

	bis 13	14-21	22-30	31-40	41-50	51-60	über 60
MARMOTTA (marmotte, marmotta)	***** ***** ***** *III-	***** ***** ***** ***II	***** ***** ***** **III	***** ***** ***** ****I	***** ***** ***** *****	***** ***** ***** **III	***** ***** ***** *****
RÊINÃ (renard, volpe)	***** ***** ***II II---	***** ***** ****I IIII-	***** ***** ***** II---	***** ***** ***** *I---	***** ***** ***** **I--	***** ***** ***** **II-	***** ***** ***** **III
TSAMOT (chamois, camoscio)	***** ***** ****I IIII-	***** ***** ****I III--	***** ***** ***** **II-	***** ***** ***** ****I	***** ***** ***** ***I-	***** ***** ***** **III	***** ***** ***** *****
MARTÊYA (martre, martora)	IIIII ----- ----- -----	IIIII IIIII II--- -----	IIIII IIII- ----- -----	**III IIIII III-- -----	***II IIIII IIII- -----	*IIII IIIII III-- -----	***II IIIII IIIII III--
ÃILLA (aigle, aquila)	***** ****I IIIII I----	***** ***** **III II---	***** ***** ***II -----	***** ***** ***** *III-	***** ***** ***** *III-	***** ***** ****I IIII-	***** ***** ***** ***II
VÊRDZÉ (écureuil, scoiattolo)	I---- ----- ----- -----	***** **I-- ----- -----	****I III-- ----- -----	***** ***** ***II I----	***** ***** *IIII I----	***** IIIII IIIII I----	***** IIIII IIIII -----
TÉISON (blaireau, tasso)	II--- ----- ----- -----	IIIII IIIII II--- -----	*IIII IIII- ----- -----	***II IIIII IIIII I----	***II IIIII III-- -----	***II IIIII II--- -----	*IIII IIIII IIII- -----
BOYE (serpent, serpente)	***** ***** ***II II---	***** ***** ***** **II-	***** ***** *IIII I----	***** ***** ***** IIII-	***** ***** ***** **I--	***** ***** ***** **III	***** ***** ***** ****I
MOTSÈT (faucon, falco)	II--- ----- ----- -----	*IIII II--- ----- -----	IIIII III-- ----- -----	IIIII IIIII II--- -----	****I IIIII IIIII -----	IIIII IIIII IIIII -----	***II IIIII IIIII II---
SÊRF (cerf, cervo)	***** ***** ***** **II-	***** ***** ***** IIII-	***** ***** ***** **---	***** ***** ***** ****-	***** ***** ***** ***--	***** ***** ***** ***--	***** ***** ***** ***II

Gebirgspflanzen

	bis 13	14-21	22-30	31-40	41-50	51-60	über 60
RANSIGNOULEUN (rhododendron, rododendro)	I---- ----- ----- -----	*---- ----- ----- -----	**III ----- ----- -----	***** ***** III-- -----	***** ****I II--- -----	***** IIIII II--- -----	***** *III- ----- -----
PAÒU (pavot, papavero)	III-- ----- ----- -----	IIII- ----- ----- -----	II--- ----- ----- -----	**III IIIII II--- -----	***II IIIII III-- -----	**III IIIII I---- -----	***** IIIII IIIII I----
BIOLA (bouleau, betulla)	II--- ----- ----- -----	**III I---- ----- -----	*IIII II--- ----- -----	*IIII IIII- ----- -----	****I IIIII III-- -----	*IIII I---- ----- -----	*III- ----- ----- -----
TRIOLET (trèfle, trifoglio)	IIIII ----- ----- -----	*IIII IIII- ----- -----	IIIII II--- ----- -----	**III IIIII IIIII III--	***II IIIII IIIII -----	*IIII IIIII III-- I----	***II IIIII IIIII II---
GIRAGNON (géranium, geranio)	***** ***** ***II IIII-	***** ***** ***** *IIII	***** ***** ***** **II-	***** ***** ***** ***I-	***** ***** ***** ****I	***** ***** ***** ****I	***** ***** ***** **II-
DZEUNSAN-A (gentiane, genziana)	*II-- ----- ----- -----	***II II--- ----- -----	***** ****I II--- -----	***** **III IIIII I----	***** ***** **III -----	***** ***II IIIII III--	***** **III III-- -----
SÉISIYE (cerisier, ciliegio)	***** IIII- ----- -----	***** *I--- ----- -----	***** ***II III-- -----	***** ***** ***** *II--	***** ***** ***** *I---	***** ***** ***II IIII-	***** ***** ***** *III-
VERNA (aune, ontano)	----- ----- ----- -----	*---- ----- ----- -----	I---- ----- ----- -----	II--- ----- ----- -----	**III I---- ----- -----	IIIII ----- ----- -----	*IIII II--- ----- -----
SARDJÏ (saule, salice)	II--- ----- ----- -----	***II II--- ----- -----	**III IIIII I---- -----	*IIII IIIII IIIII -----	***** *IIII IIII- -----	**III IIIII II--- -----	***** IIIII II--- -----
PÈSSE (sapin, abete)	***II ----- ----- -----	**III II--- ----- -----	***** IIII- ----- -----	***** ***** **III I----	***** ****I IIII- -----	***** ****I IIIII I----	***** ****I IIIII III--
BRENVA (mélèze, larice)	I---- ----- ----- -----	*IIII ----- ----- -----	**III II--- ----- -----	***** IIIII II--- -----	***** *IIII III-- -----	***II IIIII IIII- -----	****I IIIII I---- -----

Gemüsesorten

	bis 13	14-21	22-30	31-40	41-50	51-60	über 60
TSOU (chou, cavolo)	***** ***** IIIII I----	***** ***** **III III--	***** ***** ***** IIII-	***** ***** ***** **II-	***** ***** ***** ****-	***** ***** ***** ****I	***** ***** ***** ****I
PÊRSÏ (persil, prezzemolo)	***** ***** IIIII -----	***** ***II IIIII III--	***** ***** IIIII III--	***** ***** ***** **II-	***** ***** ***** **I--	***** ***** ***** ***II	***** ***** ***** ***I-
PATÉN-AILLE (carotte, carota)	**I-- ----- ----- -----	***** ***** I---- -----	***** ****I ----- -----	***** ***** ***** ***--	***** ***** ***** **---	***** ***** ****I II---	***** ***** ***** *IIII
POS (poireau, porro)	IIII- ----- ----- -----	****I IIIII IIII- -----	***** *IIII III-- -----	***** ***II IIIII II---	***** ***** *IIII I----	***** ***** ***II III--	***** ***** ***** *III-
TRIFOLLA (pomme de terre, patata)	***** ***** ***** *III-	***** ***** ***** ***I-	***** ***** ***** **II-	***** ***** ***** **II-	***** ***** ***** ***II	***** ***** ***** ***II	***** ***** ***** *****
RAVANEUN (radis, ravanello)	IIIiI IIIII IIIII -----	*IIII IIIII IIIII III--	IIIII IIIII IIIII III--	**III IIIII IIIII IIII-	***II IIIII IIIII I----	**III IIIII IIIII III--	****I IIIII IIIII II---
PESÈT (petit pois, pisello)	***** *IIII III-- -----	***** ***II IIIII II---	***** **III IIII- -----	***** ***** ****I III--	***** ***** ***** *I---	***** ***** **III IIIII	***** ***** ***** IIII-
GRÔILLE (haricot vert, fagiolino)	II--- ----- ----- -----	I---- ----- ----- -----	*II-- ----- ----- -----	IIIII III-- ----- -----	***** I---- ----- -----	*IIII II--- ----- -----	****I III-- ----- -----
FÉISOU (haricot, fagiolo)	IIIII IIIII IIIII I----	***** IIIII IIIII II---	****I IIIII IIIII I----	***** ***** IIIII II---	***** ***** ***II IIII-	***** ***** ***** -----	***** ***** IIIII III--
CÔTA (blette, bietola)	IIIII II--- ----- -----	*IIII III-- ----- -----	****I IIIII IIIII I----	*IIII IIIII IIIII I----	**III IIIII IIIII II---	IIIII IIIII IIIII III--	***II IIIII II--- -----

Kleidung

	bis 13	14-21	22-30	31-40	41-50	51-60	über 60
BASQUINA (chemisette, camicetta)	----- ----- ----- -----	*---- ----- ----- -----	*---- ----- ----- -----	***** ***** II--- -----	***** ***** *---- -----	***** ****I II--- -----	***** ***** **I-- -----
JUPPA (jupe, gonna)	***** ***** ***** I----	***** ***** ***** ****-	***** ***** ***** ***--	***** ***** ***** ***I-	***** ***** ***** II---	***** ***** ***** *II--	***** ***** ***** **II-
FOOUDÉ (tablier, grembiule)	IIIII I---- ----- -----	*IIII IIIII ----- -----	*IIII IIIII III-- -----	***** **III IIIII I----	***** ***** *IIII -----	***** *IIII IIIII III--	***** ***** ***** *IIII
COTEUILLON (robe, vestito)	***** *IIII IIII- -----	****I III-- ----- -----	***II IIIII II--- -----	***** IIIII IIIII -----	***** IIIII I---- -----	***** IIIII I---- -----	***** **III I---- -----
GAMBEUILLON (combinaison, sottoveste)	*IIII II--- ----- -----	IIIII I---- ----- -----	IIIII II--- ----- -----	IIIII IIIII IIIII -----	*IIII IIIII IIIII II---	**III IIIII IIIII I----	***II IIIII IIIII -----
SARDZON (jupon, sottoveste con drap)	----- ----- ----- -----	----- ----- ----- -----	----- ----- ----- -----	I---- ----- ----- -----	II--- ----- ----- -----	II--- ----- ----- -----	***** *III- ----- -----
TSOOUSON (bas, calze)	***** ****I IIIII I----	***** **III IIIII IIII-	***** ***** **III IIII-	***** ***** ***** *II--	***** ***** ***** *III-	***** ***** ***** IIIII	***** ***** ***** **III
METAN-E (moufles, muffole)	**I-- ----- ----- -----	**III I---- ----- -----	**III I---- ----- -----	****I IIIII I---- -----	***** *IIII ----- -----	**III ----- ----- -----	***II IIIII I---- -----
CACHENÏ (écharpe, sciarpa)	****I I---- ----- -----	**--- ----- ----- -----	IIIII ----- ----- -----	***II IIIII I---- -----	***** *IIII III-- -----	***II II--- ----- -----	***** ***II I---- -----

Möbel

	bis 13	14-21	22-30	31-40	41-50	51-60	über 60
TABLA (table, tavolo)	***** ***** ***** ****I	***** ***** ***** *****	***** ***** ***** *****	***** ***** ***** *****	***** ***** ***** *****	***** ***** ***** *****	***** ***** ***** *****
CHÉSE (chaise, sedia)	***** ***** ***** ***II	***** ***** ***** ****I	***** ***** ***** ****I	***** ***** ***** ****I	***** ***** ***** ****I	***** ***** ***** ***II	***** ***** ***** *****
ARTSON (coffre, cassapanca)	*IIII I---- ----- -----	*IIII IIII- ----- -----	*IIII IIII- ----- -----	IIIII IIIII I---- -----	IIIII IIIII I---- -----	**III IIIII IIII- -----	*IIII IIIII ----- -----
CREDÈNSE (armoire, armadio)	***** ***** ****I II---	***** ***** *IIII IIII-	***** ***** **III IIII-	***** ***** ****I IIII-	***** ***** **III IIII-	***** ***** *IIII III--	***** ***** ***II II---
BANTSE (banc, panca)	**III II--- ----- -----	*IIII IIIII IIIII II---	*IIII IIIII IIIII -----	**III IIIII IIIII I----	***** **III IIIII IIII-	*IIII IIIII IIIII I----	***** *IIII IIIII II---
CÔTSE (lit, letto)	***** ***** ***** III--	***** ***** ***** ****_	***** ***** ***** ****_	***** ***** ***** ****_	***** ***** ***** ****_	***** ***** ***** ***II	***** ***** ***** ***I_
BRÉLA (tabouret, sgabello)	**II- ----- ----- -----	*IIII ----- ----- -----	**III III-- ----- -----	****I IIIII ----- -----	***** II--- ----- -----	IIIII ----- ----- -----	***** II--- ----- -----
BRÉ (berceau, culla)	*I--- ----- ----- -----	**III III-- ----- -----	*IIII II--- ----- -----	**III IIIII IIIII -----	***** IIIII IIIII -----	***** **III III-- -----	***** ***II IIIII II---
ÈSTADJÌE (étagère, buffe)	----- ----- ----- -----	----- ----- ----- -----	*I--- ----- ----- -----	***** II--- ----- -----	***** III-- ----- -----	***** I---- ----- -----	***** ***** ----- -----
PRIE-DJEU (agenouilloir, inginocchiatoio)	*---- ----- ----- -----	**III ----- ----- -----	****I III-- ----- -----	****I III-- ----- -----	***** ***I- ----- -----	***** ****I II--- -----	***** ***** ***-- -----

Abb. 12: Passive Beherrschung des Frankoprovenzalischen
unter gleichzeitiger Berücksichtigung der
französischen Sprachkompetenz
Etroubles, St. Oyen, St. Rhémy
Bild a : Gesamtdarstellung

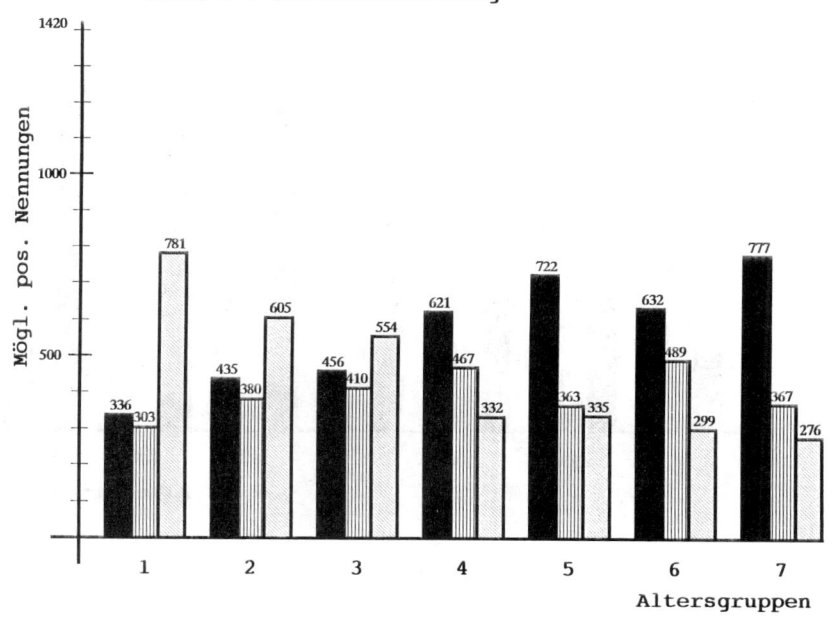

Mögl. pos. Nennungen

Altersgruppe	in Französisch und Italienisch bekannt	nur in Italienisch bekannt	nicht bekannt
1	336	303	781
2	435	380	605
3	456	410	554
4	621	467	332
5	722	363	335
6	632	489	299
7	777	367	276

Legende:

■ in Französisch und Italienisch bekannt

▦ nur in Italienisch bekannt

□ nicht bekannt

Bild b : Alte Berufe

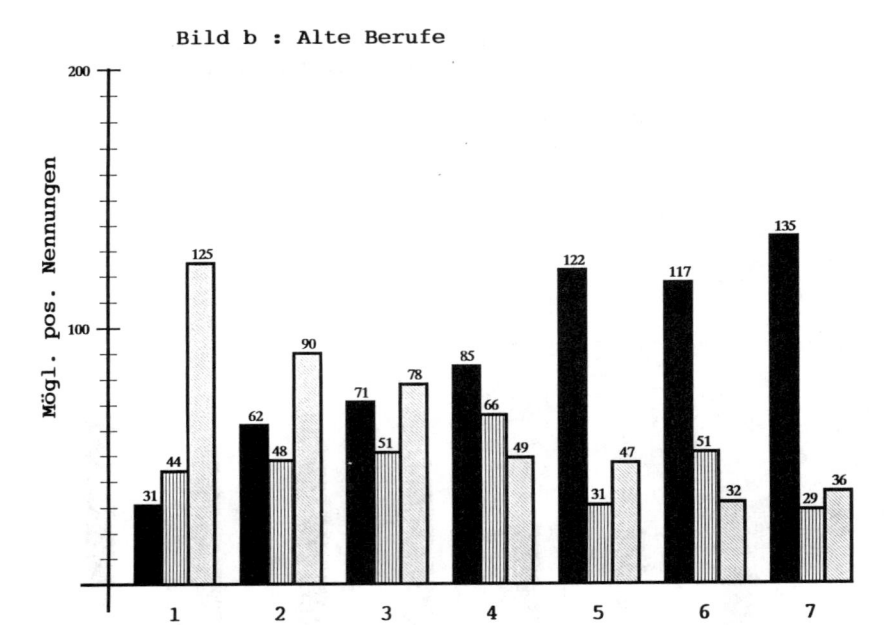

Bild c : Landwirtschaftliche Geräte

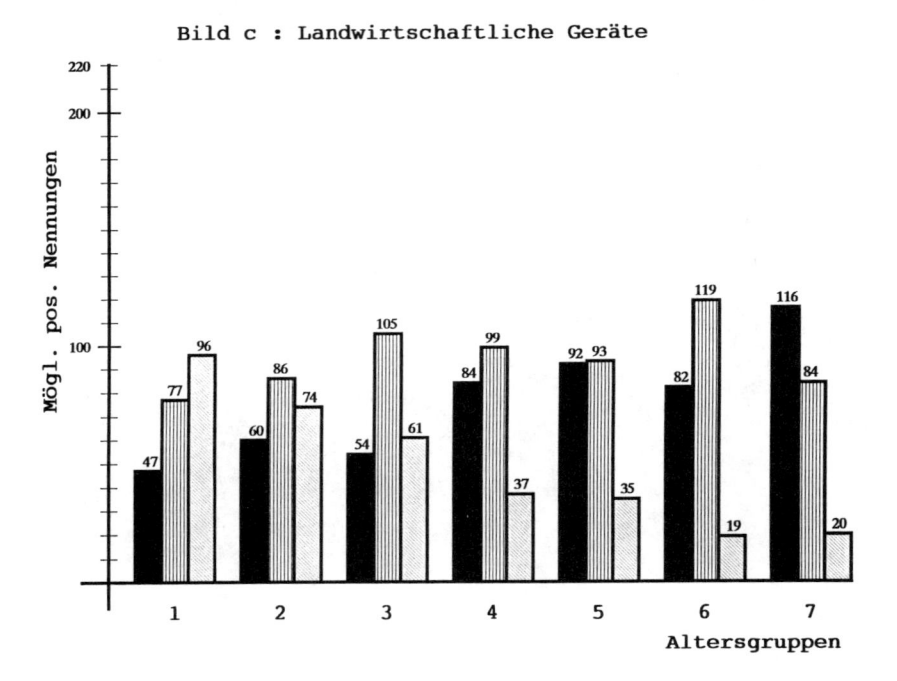

Bild d : Gebirgstiere

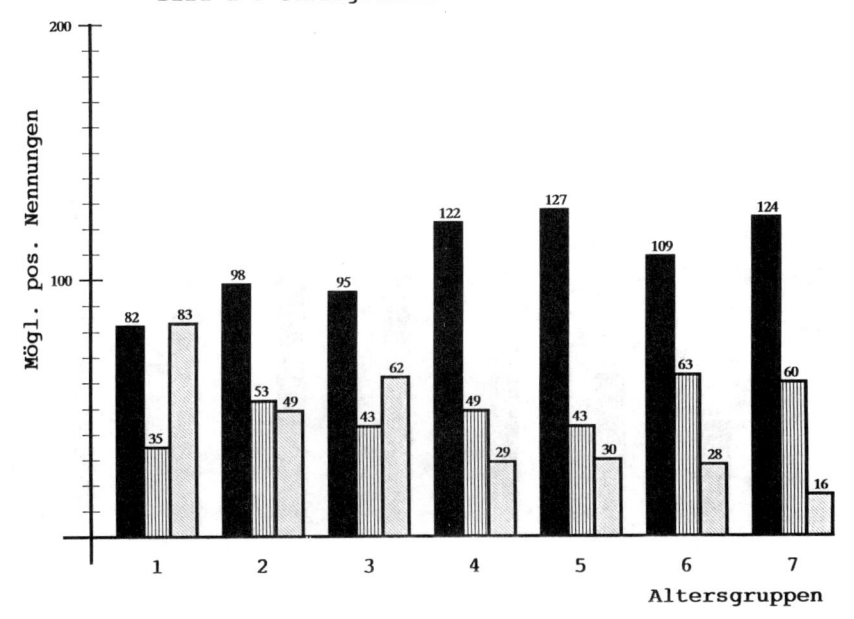

Bild e : Gebirgspflanzen

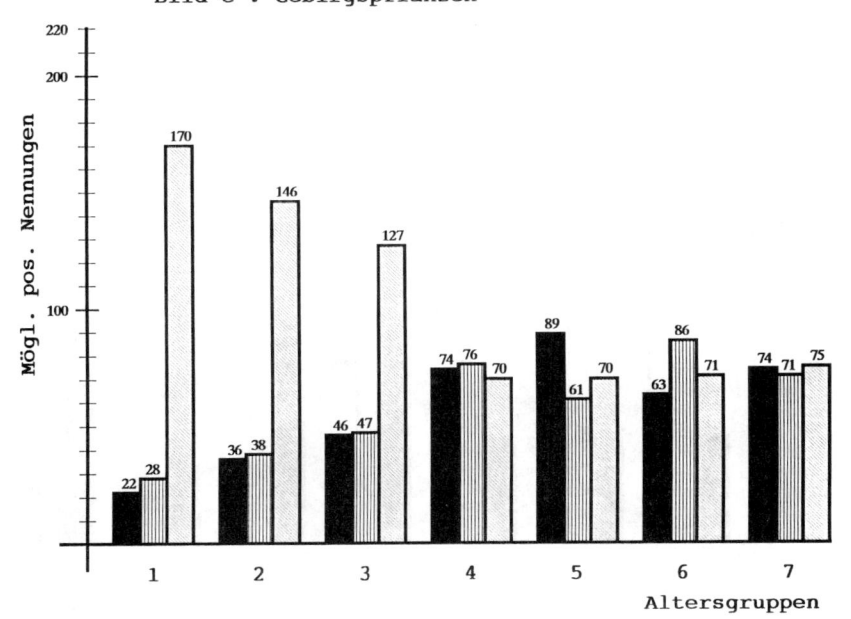

Bild f : Gemüsesorten

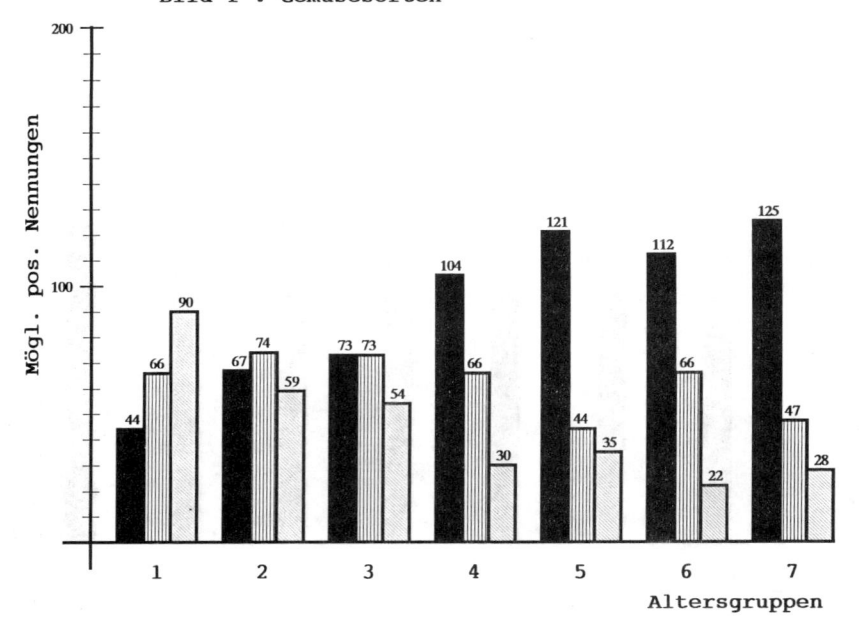

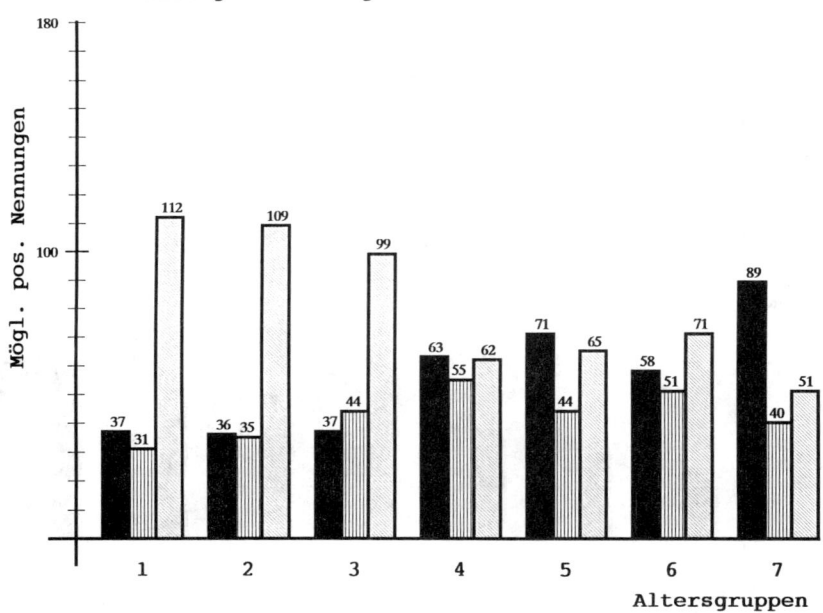

Mögl. pos. Nennungen / Altersgruppen

Bild g : Kleidung

Mögl. pos. Nennungen / Altersgruppen

Bild h : Möbel

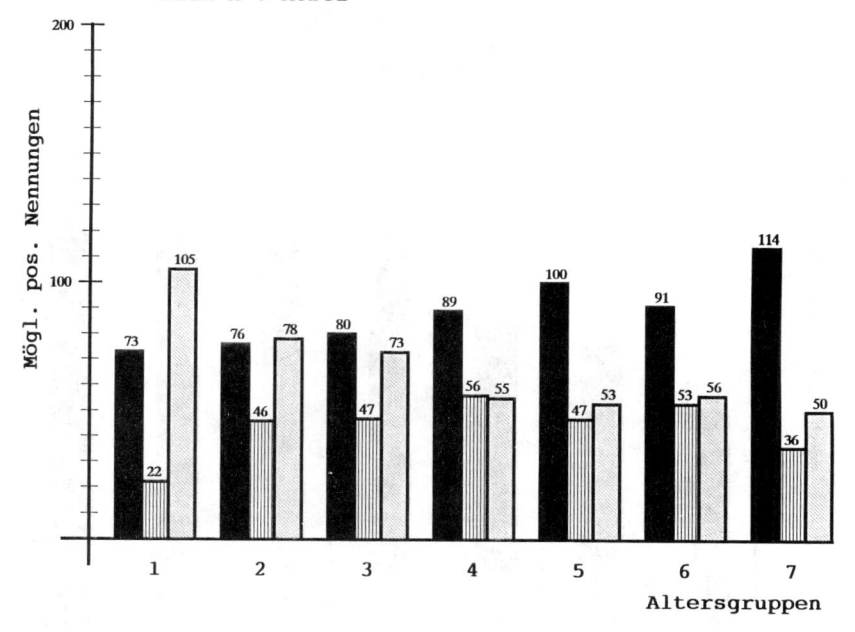

Mögl. pos. Nennungen

Altersgruppen

- 182 -

Abb. 13: Passive Beherrschung des Frankoprovenzalischen ohne Berücksichtigung der französischen Sprachkompetenz
Etroubles, St. Oyen, St. Rhémy
Bild a : Gesamtdarstellung

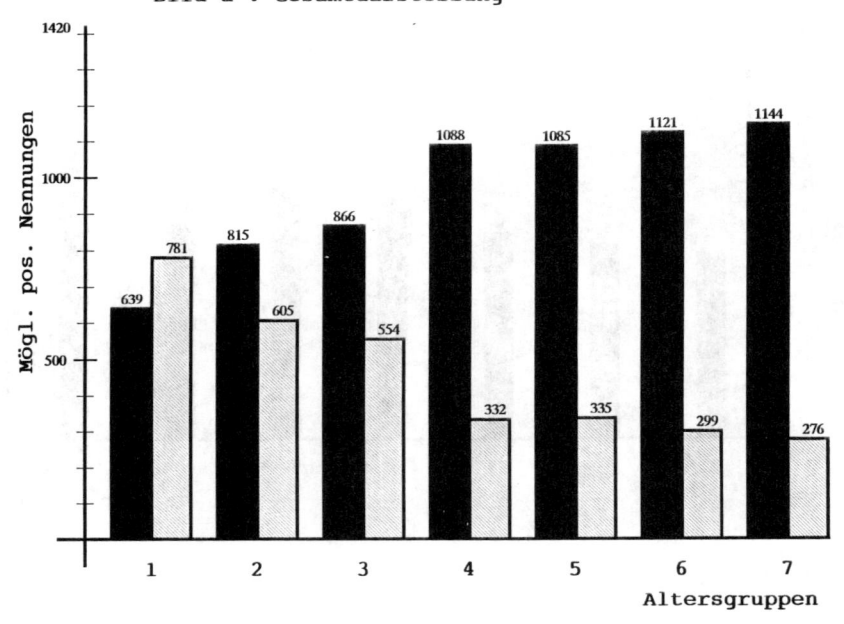

Mögl. pos. Nennungen

Altersgruppe	in Italienisch bekannt	nicht bekannt
1	639	781
2	815	605
3	866	554
4	1088	332
5	1085	335
6	1121	299
7	1144	276

Legende:

■ in Italienisch bekannt
☐ nicht bekannt

Bild b : Alte Berufe

Mögl. pos. Nennungen

Altersgruppen

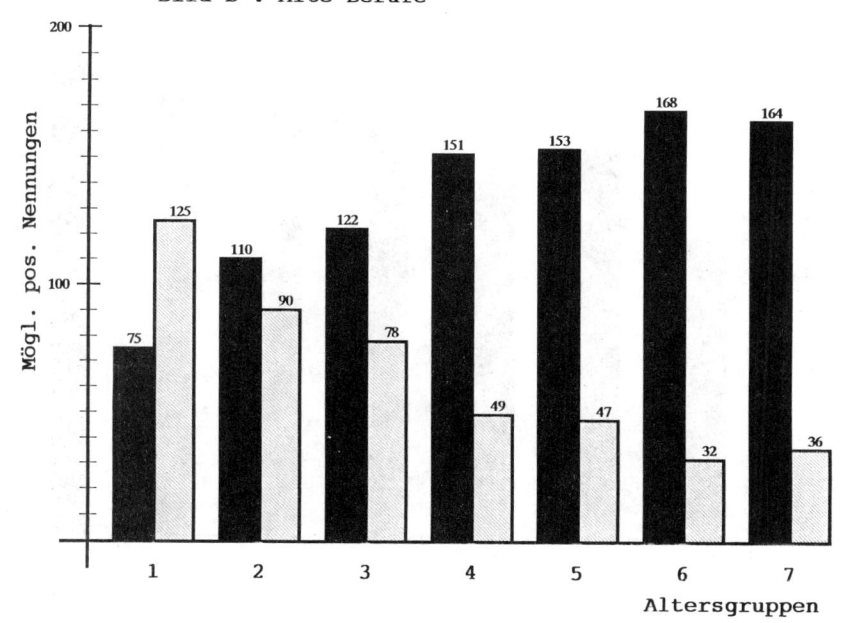

Bild c : Landwirtschaftliche Geräte

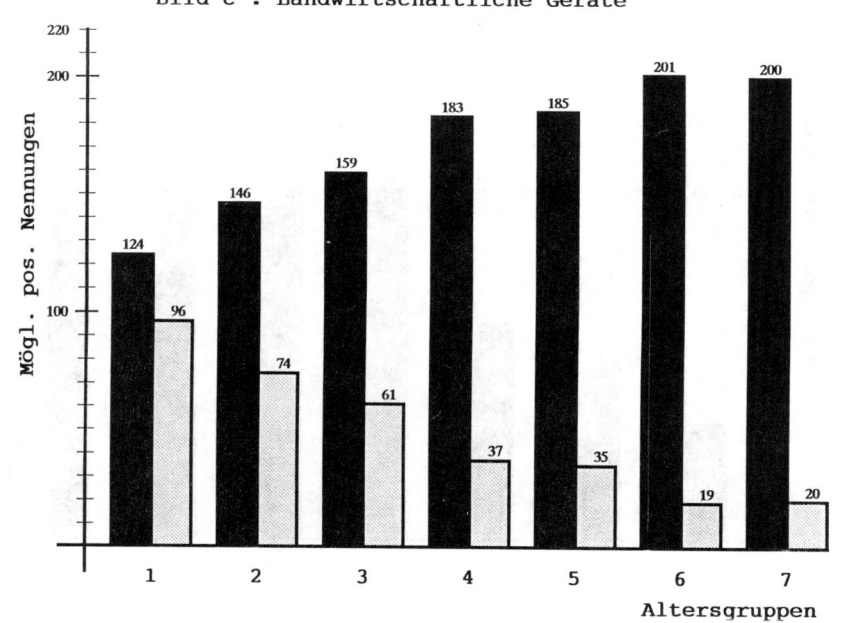

Mögl. pos. Nennungen

Altersgruppen

- 184 -

Bild d : Gebirgstiere

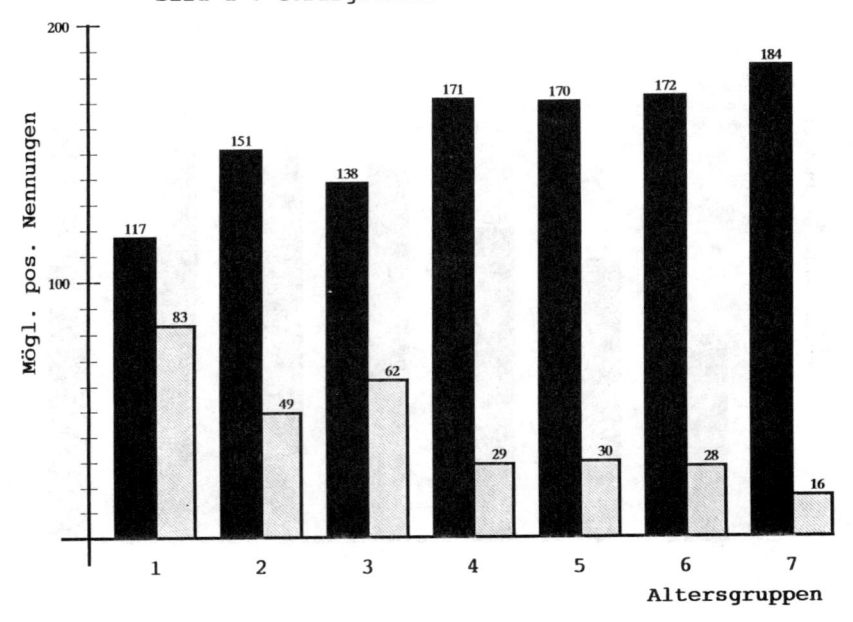

(Mögl. pos. Nennungen nach Altersgruppen 1–7)

Altersgruppe	dunkel	hell
1	117	83
2	151	49
3	138	62
4	171	29
5	170	30
6	172	28
7	184	16

Bild e : Gebirgspflanzen

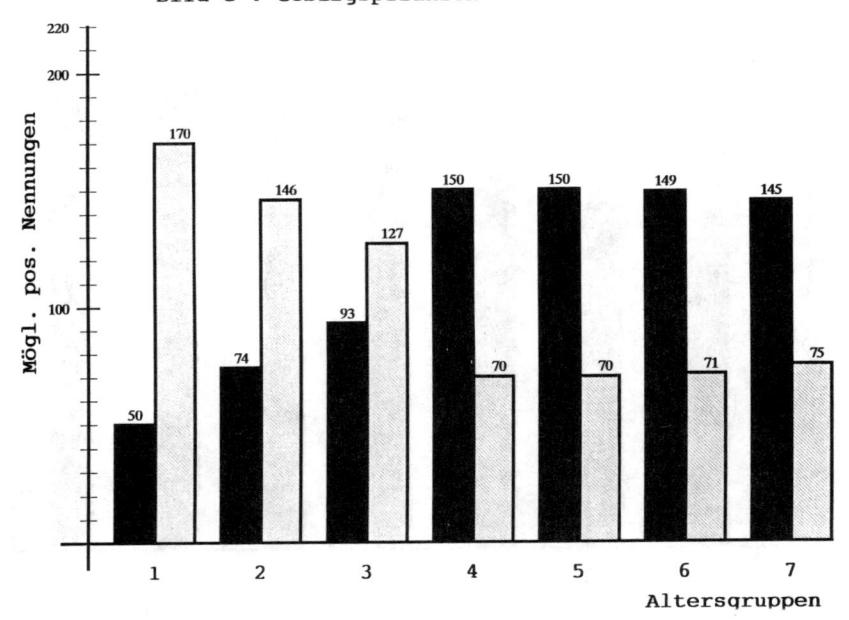

(Mögl. pos. Nennungen nach Altersgruppen 1–7)

Altersgruppe	dunkel	hell
1	50	170
2	74	146
3	93	127
4	150	70
5	150	70
6	149	71
7	145	75

Bild f : Gemüsesorten

Mögl. pos. Nennungen

Altersgruppe	schwarz	grau
1	110	90
2	141	59
3	146	54
4	170	30
5	165	35
6	178	22
7	172	28

Altersgruppen

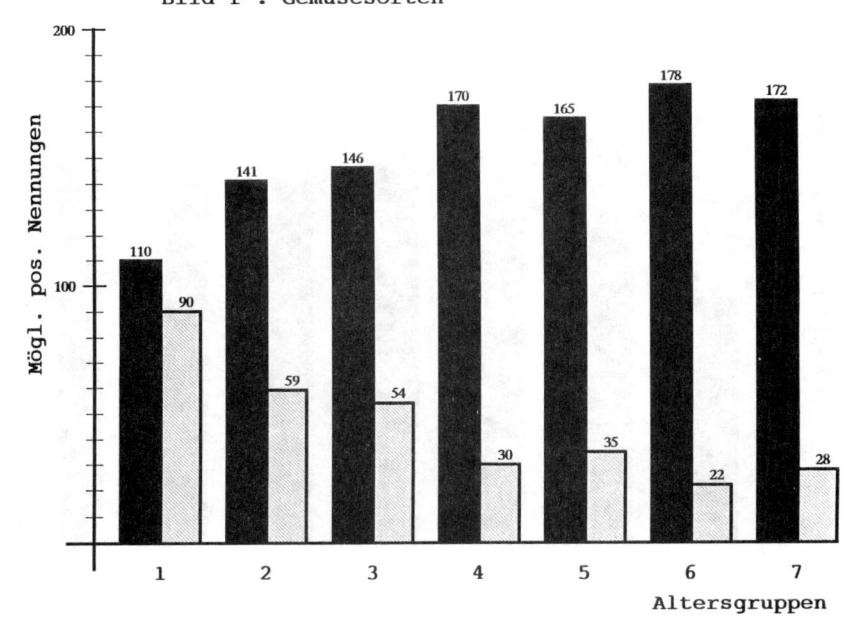

Bild g : Kleidung

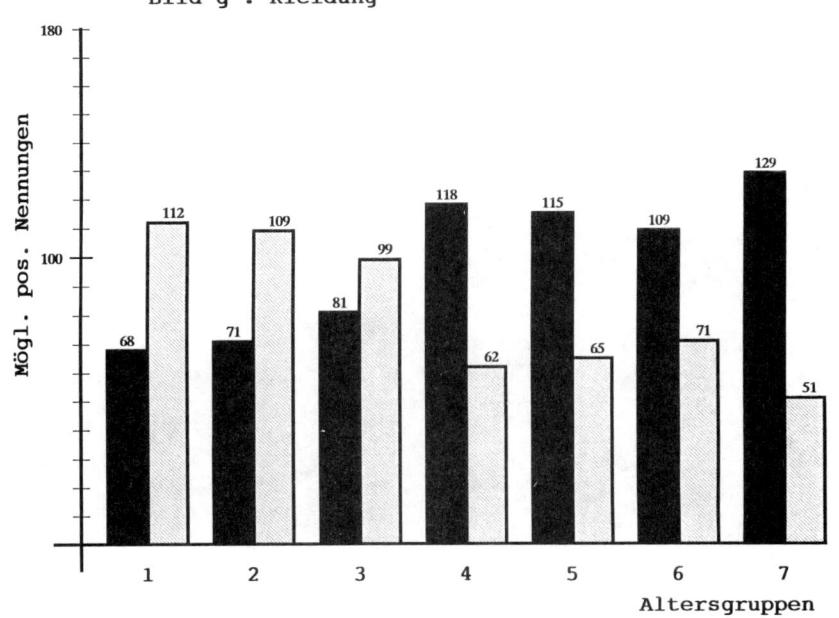

Mögl. pos. Nennungen

Altersgruppe	schwarz	grau
1	68	112
2	71	109
3	81	99
4	118	62
5	115	65
6	109	71
7	129	51

Altersgruppen

Bild h : Möbel

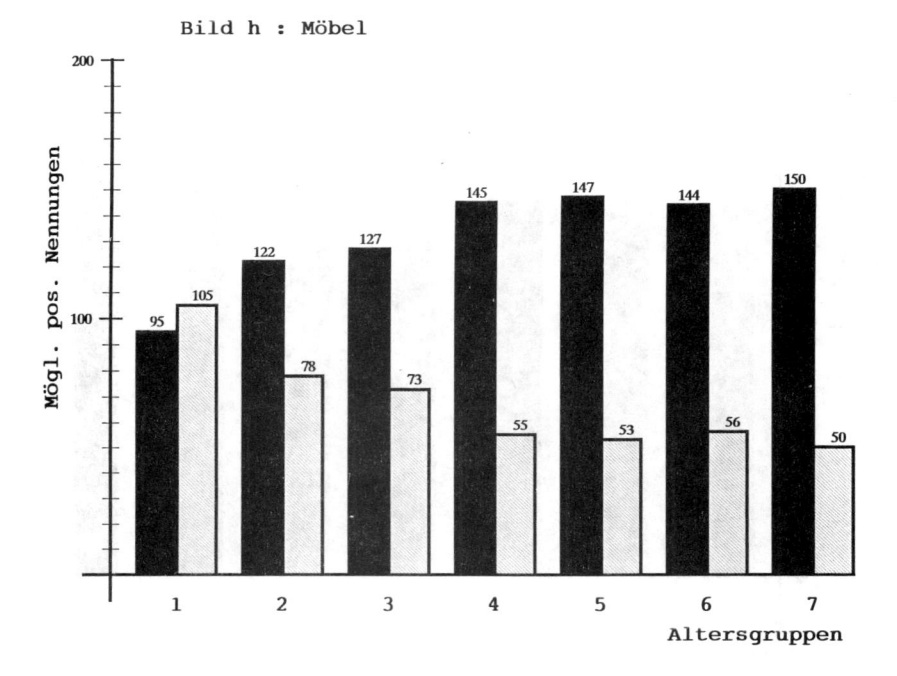

5.3 Analyse zur passiven Beherrschung des Frankoprovenzalischen unter gleichzeitiger Berücksichtigung der französischen Sprachkompetenz

Der zweite Fragebogen sollte die passiven Kenntnisse des Frankoprovenzalischen anhand von etwas ausgefalleneren Wörtern ermitteln. Dabei wurde gleichzeitig die französische Sprachkompetenz der Gewährspersonen mit berücksichtigt. Und zwar sollten die Befragten das in Frankoprovenzalisch genannte Wort zunächst in Französisch nennen und nur bei Nichtwissen die italienische Entsprechung angeben. Daher ergaben sich für diesen Teil der Befragung die folgenden Zeichen:

* bedeutet, daß die Gewährsperson sowohl die italienische als auch die französische Entsprechung für das in Frankoprovenzalisch genannte Wort kannte; I zeigt an, daß es nur in Italienisch bekannt war, und – stellt dar, daß es weder in Französisch noch in Italienisch, also gar nicht bekannt war. Es scheint zunächst, daß eine vierte Möglichkeit, nämlich die, daß die Gewährsperson das Wort nur in Französisch, nicht aber in Italienisch nennen konnte, einfach unterschlagen wird. Dieser Fall ist jedoch bei allen 140 Personen kein einziges Mal eingetreten. Ein in französisch gewußtes Wort war stets auch in Italienisch bekannt, was umgekehrt jedoch nicht unbedingt der Fall sein mußte.

Eben diese Tatsache erwies sich während der Befragung als kleines Problem, dient aber im nachhinein zur Charakterisierung der Rolle des Französischen. Trotz der wiederholten Aufforderungen nämlich, das betreffende Wort zuerst in Französisch zu nennen und wirklich nur bei Nichtwissen die italienische Entsprechung anzugeben, antworteten fast alle Befragten spontan zuerst in Italienisch. Die meisten gaben außerdem zu, daß sie, auch wenn sie direkt in Französisch geantwortet hatten, zunächst "im Kopf" eine Art Zwischenschritt unternommen hätten. Das heißt, sie hatten sich das betreffende Wort zuerst in die italienische und erst dann in die französische Form übersetzt. Diese Beobachtung spricht – wie die Ergebnisse aus Teil 1 und 2 der Befragung – nicht gerade für einen aktiven und vorrangigen Gebrauch des Französischen. Wäre Französisch die aktiv verwendete Sprache unter den befragten Valdostanern, hätten sie diesen Zwischenschritt wohl kaum durchgeführt.

Trotz dieser nicht zu leugnenden Dominanz der italienischen Sprache gaben die 140 Gewährspersonen im Durchschnitt immerhin für 40 Prozent aller gefragten Wörter eine korrekte französische Entsprechung an. In italienischer Sprache hingegen erfolgten wesentlich mehr positive Nennungen. Die in französisch und italienisch gewußten, zusammen mit den nur in italienisch gewußten Wörtern, stellen für alle Altersgruppen und Wortfelder durchschnittlich 68 Prozent dar.[1] Diese Zahl entspricht auch der durchschnittlichen passiven Beherrschung des Frankoprovenzalischen, die im folgenden zunächst ohne Berücksichtigung der französischen Sprachkompetenz betrachtet werden soll. Im Vergleich zur aktiven Beherrschung erscheint diese Zahl eher klein. Es muß dabei allerdings beachtet werden, daß viele Wörter von den befragten Personen als veraltet und nicht mehr gebräuchlich angesehen wurden. Das betrifft zum Beispiel die Wortfelder Kleidung, Möbel und alte Berufe. Oftmals waren die ausgewählten Wörter auch so speziell, daß sie nicht von allen gekannt wurden. So waren die meisten Bergpflanzen eigentlich nur denjenigen bekannt, die beruflich damit zu tun hatten. Vor allem jüngere Leute kannten manche Pflanzen überhaupt nicht und hätten auch die italienische oder französische Bezeichnung nicht mit der entsprechenden Pflanze in Verbindung gebracht. Das ist im besonderen auf die den meisten jungen Leuten fehlende Bindung zur Natur zurückzuführen. Hauptsächlich die älteren Leute (ab Altersgruppe 4) sind zumindest nebenberuflich in der Land- und Forstwirtschaft beschäftigt, während die Jüngeren durch ihre Berufswahl eher an städtische Lebensformen gewöhnt sind.

Für die einzelnen Wortfelder ergeben sich für alle Altersgruppen zusammen die folgenden positiven Nennungen, ohne Berücksichtigung der französischen Sprachkompetenz: (in Prozent)

Alte Berufe:	67 %	Gemüsesorten:	77 %
Landwirtschaftl. Geräte:	78 %	Kleidung:	55 %
Gebirgstiere:	79 %	Möbel:	66 %
Gebirgspflanzen:	53 %		

Grundsätzlich sind also den älteren Leuten mehr dialektale Ausdrücke

---

[1] Insgesamt ergaben sich für alle befragten Gewährspersonen zusammen 9940 (also 1420 x 7) positive Nennungen. Davon waren 6758 gewußte und 3182 nicht gewußte Wörter ohne Berücksichtigung der französischen Sprachkompetenz.

bekannt als jüngeren. Das erklärt sich folgendermaßen: Viele der gefragten Wörter, vor allem in den Bereichen alte Berufe, Kleidung und Möbel, sind heute jüngeren Leuten nicht mehr bekannt, weil die entsprechenden Gegenstände gar nicht mehr existieren. Dieses Phänomen wird zum Beispiel an sîlî, séitoou, sardzon, èstadjîe oder prie-djeu deutlich. Bei sîlî wußten selbst nur sehr wenige alte Leute, um welchen Beruf es sich handelte, da es schon seit Jahrzehnten keinen Böttcher mehr im Dorf gab. Bei dieser Art von Wörtern muß man berücksichtigen, daß es sich hier weniger um einen Verfall des Frankoprovenzalischen als vielmehr um eine Veränderung des täglichen Lebens handelt. Gewisse Kleidungsstücke, die schon seit Jahrzehnten nicht mehr getragen werden, sardzon zum Beispiel, sowie Möbelstücke, wie zum Beispiel das prie-djeu, das noch vor einem Jahrhundert in jedem Haus vorhanden war, sind heute aus der natürlichen Umgebung der Valdostaner verschwunden. Das heißt, selbst in relativ konservativ erscheinenden Gemeinden wie den hier untersuchten, ist die moderne Entwicklung nicht spurlos vorübergegangen, was auch Einfluß auf die Kenntnis entsprechender Wörter haben muß.

Insgesamt weisen die passiven Kenntnisse des Frankoprovenzalischen - wie bereits bei der Untersuchung zur aktiven Beherrschung - bei den jüngeren Gewährspersonen gewisse Defizite auf; bei den älteren Befragten (ab Altersgruppe 4) läßt sich auch im passiven Wortschatz eine solide Verankerung ihres Dialektes feststellen. Für die einzelnen Altersgruppen ergeben sich für alle Wortfelder - jedoch ohne Berücksichtigung der französischen Sprachkompetenz - die folgenden Werte:[1]

Altersgruppe 1:   ca. 45 %   (≙ 639 von 1420 mögl. positiven Nennungen)
Altersgruppe 2:   ca. 57 %   (≙ 815   "   "   "   "   "   )
Altersgruppe 3:   ca. 61 %   (≙ 866   "   "   "   "   "   )
Altersgruppe 4:   ca. 77 %   (≙1088   "   "   "   "   "   )
Altersgruppe 5:   ca. 76 %   (≙1085   "   "   "   "   "   )
Altersgruppe 6:   ca. 79 %   (≙1121   "   "   "   "   "   )
Altersgruppe 7:   ca. 81 %   (≙1144   "   "   "   "   "   )

Den Befragten bis 30 Jahre waren durchschnittlich ca. 54 %, den Gewährspersonen über 30 Jahre ca. 78 % der frankoprovenzalischen Wörter bekannt.

---

[1] vgl. die positiven Nennungen pro Altersgruppe und Wortfeld in Abb. 13.

Während die Bilanz der ab 30jährigen, wie im aktiven Bereich, als durchaus positiv zu bewerten ist, weisen die Defizite bei den jüngeren Personen auf eine mögliche Gefahr für den Fortbestand des Frankoprovenzalischen hin. Besonders Kinder und Jugendliche konnten nur etwa die Hälfte der gefragten Wörter richtig beantworten. Neben der bereits genannten Veränderung in der natürlichen Umgebung müssen hier noch andere Faktoren eine Rolle spielen.

Einige frankoprovenzalische Bezeichnungen, die nicht im täglichen Sprachgebrauch verwendet werden (zum Beispiel Gemüsesorten, Gebirgspflanzen oder landwirtschaftliche Geräte), sind den jüngeren Leuten nur in Italienisch bekannt. Wenn sie auch stets innerhalb der Familie den heimischen Dialekt verwenden, so geht es bei diesen Gesprächen doch grundsätzlich immer um allgemeine Dinge und Tätigkeiten des täglichen Lebens, in denen spezielle Wörter wie Pflanzen- oder Berufsbezeichnungen nicht unbedingt einbezogen werden. Die aktiven Kenntnisse des Frankoprovenzalischen, bei denen eher einfache, elementare Wörter nachgefragt wurden, bestätigen dieses. Sie bieten nämlich auch bei den jüngeren Gewährspersonen durch eine hohe Anzahl an positiven Nennungen eine scheinbar solide Ausgangsbasis für den Fortbestand des Frankoprovenzalischen.

Ein weiteres Negativum, das die passive Sprachkompetenz vor allem der jüngeren Valdostaner beeinflussen könnte, ist die Tatsache, daß sie unter Freunden und Kollegen oft die italienische Sprache verwenden. Das ist zum Teil auf die im Aostatal ansässigen italophonen Immigranten zurückzuführen, die Frankoprovenzalisch natürlich nicht beherrschen.

Somit muß trotz der positiven Bilanz in der aktiven Beherrschung des Frankoprovenzalischen eine gewisse, wenn auch geringe Gefahr für den Fortbestand dieses Dialektes in der Zukunft gesehen werden. Einige aus dem täglichen Umfeld verschwundene Wörter sind den Jüngeren nicht mehr bekannt, andere sind durch neue, italienische Bezeichnungen ersetzt worden. Vor allem Wörter aus den Bereichen der Technik, Unterhaltung und anderen Wortfeldern, die moderne Gegenstände und Tätigkeiten bezeichnen, existieren lediglich in italienischer Sprache. Diese werden natürlich auch an die nachfolgenden Generationen weitergegeben.

Sogar einige zum täglichen frankoprovenzalischen Grundwortschatz gehörende Wörter werden heute mehr und mehr durch italienische Entsprechungen abgelöst. Fast alle jüngeren Befragten gaben zum Beispiel an, anstelle von gambeuillon oder coteuillon die italienischen Wörter sottoveste und vestito zu verwenden. Dasselbe gilt für die Verwandtschaftsbezeichnungen pappagrand und mammagrand (welche nicht Teil der Befragung darstellten). Auch sie werden heute grundsätzlich durch die italienischen Entsprechungen nonno und nonna widergegeben.[1] Die fortschreitende Italianisierung des valdostanischen Dialektes ist nicht nur auf die weitestgehend italophone Umgebung zurückzuführen, sondern oftmals auch auf die Tendenz, komplizierte, am Französischen angelehnte frankoprovenzalische Wörter durch einfachere, italienische Wörter zu ersetzen. Diese Tendenz bestehe auch für die Syntax des Frankoprovenzalischen, wie einige Befragte berichteten. Auch im Satzbau erfolge eine unübersehbare Anpassung ans Italienische.[2]

Die kontinuierliche Annäherung an die italienische Sprache verläuft proportional zu einer immer größer werdenden Entfernung vom Französischen. Dieses zeigt sich zum einen am Verschwinden vieler französischer Elemente aus dem Frankoprovenzalischen. Zum anderen beweist die Untersuchung, daß - da ein großer Teil der frankoprovenzalischen Wörter zwar in Italienisch, nicht aber in Französisch genannt werden konnte - auch ein allgemeiner Rückgang in der Verwendung der französischen Sprache vorliegen muß.

Vor allem bei frankoprovenzalischen Wörtern, die stark vom Französischen abweichen, traten Schwierigkeiten bei der Angabe einer korrekten französischen Entsprechung auf. Stattdessen wurden die italienischen Bezeichnungen relativ spontan genannt. Bei der Berufsbezeichnung favro kannten nur 45 Prozent der Befragten die französische Entsprechung forgeron. Das ähnliche italienische Wort fabbro wurde hingegen von 93 Prozent der Gewährspersonen korrekt genannt. Darüber hinaus entstanden falsche Analogieschlüsse: viele versuchten aus der frankoprovenzalischen

---

[1] vgl.: Bétemps, A. (o.J.): zitiert aus: Martin, J.-P. (1982): S. 57
[2] vgl.: Chenal, A. (1970): zitiert aus: Martin, J.-P. (1982): S. 57

oder italienischen Form ein französisches Wort abzuleiten, wie zum Beispiel "favre" oder ähnliche Phantasieformen. In etwa die gleichen Beobachtungen konnten bei den Wörtern résetta, faoutsèt, séton, martèya, téison, motsèt, triolet, ravaneun, côta, gambeuillon, bantse und artson getroffen werden. Sie allen weisen sehr hohe Nennungen in italienischer Sprache, jedoch nur eine geringe Anzahl an korrekten französischen Entsprechungen auf.

Auch bei triolet kam es zu falschen Analogieschlüssen. Einige paßten das frankoprovenzalische Wort lediglich ein wenig an eine etwaige französische Aussprache an und erhielten so die französische Bezeichnung für eine Triole, andere verwandelten das italienische Wort trifoglio gern in ein "troisfeuille", das in der französischen Sprache gar nicht existiert.[1] Nur 10 (≙ 7 %) von 140 Leuten gaben die richtige französische Entsprechung, trèfle, an; 85 Personen (≙ 61 %) jedoch war das frankoprovenzalische Wort in italienisch bekannt.

Die Dominanz der italienischen Sprache wird an einem Beispiel ganz besonders deutlich. Während ènréi nur von 1 Person (≙ 0,7 %) in Französisch genannt werden konnte, wußten immerhin 72 Personen (≙ 51 %) die italienische Entsprechung (Dabei kannten viele jüngere Gewährspersonen ènréi überhaupt nicht, was durch die bereits erwähnte fehlende Bindung zur Natur und Landwirtschaft zu erklären ist).

Viele jüngere Personen, meist Kinder (und natürlich auch Zugezogene), wußten einige französische Wörter nicht, obwohl diese dem Frankoprovenzalischen sehr ähnlich sind. Bei mason nannten die Gewährspersonen der Altersgruppe 1 öfter die italienische Entsprechung muratore als das phonetisch gleichlautende französische Wort maçon. Dasselbe gilt für pala, das in den ersten drei Altersgruppen wesentlich mehr italienische Nennungen (badile) als französische (pelle) erhielt, obwohl die italienische Form viel mehr vom Frankoprovenzalischen abweicht. Auch bei tailleur kannten einige trotz Identität von frankoprovenzalischer und französischer Form eher das italienische Wort sarto. Einige versuchten auch hier Phantasieformen wie "sartre" zu bilden.

---

[1] Diverse konsultierte Lexika und Wörterbücher enthielten alle keine Eintragung für "troisfeuille".

Die zuletzt für die jüngeren Gewährspersonen genannten Ergebnisse
könnten insofern in Frage gestellt werden, indem behauptet würde,
daß die dem Französischen sehr ähnlichen frankoprovenzalischen For-
men die Befragten zunächst in Verwirrung und somit zu falschen Schlüs-
sen geführt hätten. Dieser Behauptung steht jedoch die durchaus plau-
sible Annahme entgegen, daß ein aktiver Französischsprecher auch
trotz dieser Ähnlichkeit eine korrekte französische Entsprechung
gegeben hätte. Man darf also wiederum annehmen, daß das Französische
im Gegensatz zum Italienischen nur unzureichend bekannt ist und nur
selten verwendet wird.

Insgesamt sind die aus dieser Untersuchung resultierenden Ergebnisse
hinsichtlich der französischen Sprachkompetenz von Kindern und Jugend-
lichen als eher schlecht zu bezeichnen. Auch wenn die Enquête einige
weniger gebräuchliche Wörter enthält, so beweisen die grundsätzlich
höheren Ergebnisse an Nennungen in italienischer Sprache dennoch, daß
die frankoprovenzalischen Wörter bekannt waren. Sonst hätten sie ja
auch in Italienisch nicht genannt werden können.

Diese regressive Entwicklung der französischen Sprache wird bei jüngeren
Gewährspersonen also besonders deutlich, betrifft im allgemeinen aber
alle Altersgruppen. Für die einzelnen Altersgruppen ergeben sich für
alle Wortfelder die folgenden Werte an korrekten französischen Entspre-
chungen:[1]

Altersgruppe 1:   ca. 24 %   ($\hat{=}$ 336 von 1420 mögl. positiven Nennungen)
Altersgruppe 2:   ca. 31 %   ($\hat{=}$ 435   "   "   "   "   "   )
Altersgruppe 3:   ca. 32 %   ($\hat{=}$ 456   "   "   "   "   "   )
Altersgruppe 4:   ca. 44 %   ($\hat{=}$ 621   "   "   "   "   "   )
Altersgruppe 5:   ca. 51 %   ($\hat{=}$ 722   "   "   "   "   "   )
Altersgruppe 6:   ca. 45 %   ($\hat{=}$ 632   "   "   "   "   "   )
Altersgruppe 7:   ca. 55 %   ($\hat{=}$ 777   "   "   "   "   "   )

Wie bei den vorherigen Ergebnissen ist auch hier mit zunehmendem Alter
ein Zuwachs in der französischen Sprachkompetenz zu beobachten. Die ste-
tige Entwicklung zeigt sich allerdings durch die Resultate der Alters-

---

[1] vgl. die positiven Nennungen pro Altersgruppe und Wortfeld in Abb. 12.

gruppe 6 (51 bis 60 Jahre) unterbrochen. Ihre im Gegensatz zu Altersgruppe 5 und 7 eher niedrigen Ergebnisse hinsichtlich der französischen Sprachkompetenz sind auf historische Umstände zurückzuführen. Alle Befragten dieser Altersgruppe gaben an, in der Schule zur Zeit des Faschismus keinen oder nur sehr wenig Französischunterricht gehabt zu haben. Daher besäßen sie nur geringe Französischkenntnisse, die sie zum Teil aus ihrer Umgebung und zum Teil durch Selbststudium erworben hätten. Während ihre Quote an französischen Nennungen also in der Tat als eher niedrig zu bezeichnen ist, stellt die Quote an italienischen Nennungen die höchste aller Altersgruppen dar und beweist daher insgesamt eine gute Kenntnis des frankoprovenzalischen Dialektes.[1]

Auch die Ergebnisse der Altersgruppe 7 sprechen nicht für eine zu erwartende ausgezeichnete Kenntnis der französischen Sprache. Die Gewährspersonen dieser Altersgruppe versicherten jedoch, früher häufig und gern Französisch gesprochen zu haben, heute hingegen ausschließlich Frankoprovenzalisch und Italienisch zu verwenden, so daß sie viele französische Wörter vergessen hätten. Tatsächlich erinnerten sie sich spontan an die meisten französischen Wörter, wenn sie ihnen nach der Befragung gesagt wurden. Im Gegensatz zu allen anderen Altersgruppen antworteten sie außerdem am ehesten erst in Französisch und daraufhin in Italienisch, so daß man bei ihnen insgesamt noch eine relativ feste Verankerung der französischen Sprache vermuten kann.

Nur sehr gebräuchliche Wörter wie tsoouson, juppa, martelet oder côtse konnten von fast allen Gewährspersonen aller Altersgruppen in Französisch genannt werden. Dasselbe gilt für dem Französischen sehr ähnliche Wörter wie tabla, chése, ramoneur, campagnar, pagnî, marmotta, rèinâ, tsamot, sèrf, giragnon, pèrsî und tsou. Auch sie waren fast allen bekannt. Die zuletzt genannten Wörter unterscheiden sich jedoch teilweise sehr von den italienischen Entsprechungen (z.B. rèinâ = volpe; tsou = cavolo, ramoneur = spazzacamino). Trotzdem konnten die Gewährspersonen bei korrekter französischer Entsprechung immer auch die italienische Bezeichnung nennen. Einigen waren sogar nur die italienischen Wörter bekannt.

Insgesamt sind die Französischkenntnisse der Gewährspersonen für alle

---

[1] vgl. Abb. 12.

Wortfelder deutlich unter der italienischen Sprachkompetenz anzusiedeln. Für die einzelnen Wortfelder ergeben sich für alle Altersgruppen zusammen die folgenden positiven Nennungen in französischer Sprache: (in Prozent)

Alte Berufe:	45 %	Gemüsesorten:	46 %
Landwirtschaftl. Geräte:	35 %	Kleidung:	35 %
Gebirgstiere:	54 %	Möbel:	45 %
Gebirgspflanzen:	26 %		

Wie schon bei den Nennungen in italienischer Sprache verfügt das Wortfeld Gebirgspflanzen auch hier über die niedrigste Quote an korrekten französischen Entsprechungen. Die Anzahl der italienischen Entsprechungen ist jedoch doppelt so hoch wie die der französischen (53 %). Das gleiche gilt für das Wortfeld Landwirtschaftliche Geräte. Auch hier waren etwa 78 % korrekte italienische Entsprechungen, aber nur 35 % französische Entsprechungen genannt worden. Für die anderen Wortfelder sind die Unterschiede weniger beträchtlich; dennoch liegen die Quoten der italienischen Nennungen stets um einiges über den französischen. Wie ist dieser Rückgang der französischen Sprache zu erklären?

Ohne die aus diesem Teil der Befragung gewonnenen Ergebnisse für die französische Sprache überbewerten zu wollen, muß dennoch festgehalten werden, daß die Kenntnis des französischen Wortschatzes im Vergleich zum Frankoprovenzalischen und Italienischen eher gering ist. Das ergibt sich zum einen aus der Bewußtseinslage der befragten Valdostaner, die das Französische im täglichen Leben fast nie verwenden, sondern nur passiv, zum Beispiel durch das Fernsehen, mit ihm konfrontiert werden. Zum anderen sprechen auch die Ergebnisse aus dieser Untersuchung zur passiven Beherrschung des Frankoprovenzalischen unter besonderer Berücksichtigung der französischen Sprachkompetenz für eine Vernachlässigung der französischen Sprache zugunsten des Italienischen. Zwar gaben fast alle Befragten an, ein einfaches französisches Gespräch, zum Beispiel mit Touristen oder beim Einkaufen, durchaus problemlos führen zu können, aber nur wenige trauten sich zu, die französische Sprache tatsächlich mündlich und schriftlich annähernd perfekt zu beherrschen. Nur einige Gewährspersonen, die beruflich mit dem Französischen konfrontiert werden, sowie diejenigen, die früher einmal in der französischen Schweiz oder in Frankreich gearbeitet hatten, verfügten über recht gute Französischkenntnisse.

Ansonsten hat die italienische Sprache in den hier untersuchten Berggemeinden als eine außerhalb des privaten Bereiches verwendete mündliche und schriftliche Sprache schon seit Jahrzehnten die ehemalige Stellung des Französischen eingenommen. Es versteht sich von selbst, daß eine zum größten Teil passiv erlebte Sprache Defizite in der aktiven Verwendung aufweisen muß. Die vielen nicht gewußten französischen Entsprechungen in diesem letzten Teil der Befragung bestätigen dieses.

6. Ergebnisse der Enquête in der Stadt Aosta

6.1 Analyse zur allgemeinen Sprachverwendung

Während in den Berggemeinden Etroubles, Saint-Oyen und Saint-Rhémy fast ausschließlich alteingesessene Valdostaner befragt wurden, nimmt der Anteil der Zugezogenen in der Stadt Aosta beträchtliche Ausmaße an. Von den 140 befragten Gewährspersonen besitzen nur 66 (ca. 47 Prozent), also weniger als die Hälfte, valdostanische Eltern. Die meisten Nachfahren der Zugezogenen sind jedoch bereits in Aosta geboren oder leben dort schon seit vielen Jahren. 21 Personen (ca. 15 Prozent) stammen aus Familien, in denen zumindest ein Elternteil valdostanischer Herkunft ist. Das heißt, insgesamt trifft man auf 87 Personen, deren Eltern entweder beide valdostanisch oder wenigstens einseitig alteingesessen sind (= ca. 62 Prozent). Der hohe Anteil an Zugezogenen aus anderen Teilen Italiens muß sich ungünstig auf die Situation des Frankoprovenzalischen und Französischen auswirken. Während sich in den Berggemeinden durch eine relativ homogene Gemeinschaft an alteingesessenen Valdostanern ein durchaus stabiles Bild des Dialektes abzeichnete, ist die Stadt Aosta durch einen zunehmenden Gebrauch des Italienischen gekennzeichnet. Im Gegensatz zu den Berggemeinden wurde der Dialekt oft als "bäuerlich" und wenig fein eingeschätzt. Italophone Immigrantenkinder bezeichnen ihre valdostanischen Schulkameraden als "baccanotti", was soviel wie Dummkopf oder Bauerntrampel bedeutet. Auch alteingesessene Valdostaner, die in der Stadt leben, haben den frankoprovenzalischen Dialekt oftmals zugunsten des Italienischen aufgegeben.

Die Tatsache, daß das Frankoprovenzalische von Ort zu Ort Varietäten aufweist, und welche von den Bergbewohnern mit Stolz und Nachdruck betont wurde, stößt in der Stadt eher auf Geringschätzung und Desinteresse. Eben durch die Uneinheitlichkeit des Dialektes sei es doch praktischer, die italienische Sprache zu verwenden, da ansonsten keine Verständigung zwischen zwei Valdostanern aus unterschiedlichen Orten möglich wäre.

Die Sprache in der Familie ist daher grundsätzlich Italienisch. Lediglich 51 der 140 Gewährspersonen verwenden neben Italienisch auch Frankoprovenzalisch im familiären Bereich (= ca. 36 Prozent). Fast alle Befragten – bis auf 40 Personen – geben jedoch Italienisch (zum Teil mit Frankoprovenzalisch) als meistverwendete Sprache an (= ca. 71 Prozent). Auffällig ist, daß Italienisch auch in den Familien häufig gesprochen wird, in denen beide Elternteile Valdostaner sind. In 34 von 66 Fällen ist Italienisch zumindest mit Frankoprovenzalisch die Verständigungssprache in der Familie, wobei die älteren Befragten als hauptsächliche Verwender des Dialektes zu nennen sind. Nur neun Personen der Gruppen 1 bis 3 (= ca. 15 Prozent), aber 42 Personen der Altersgruppen 4 bis 7 (= ca. 53 Prozent) gaben Frankoprovenzalisch als Familiensprache (und das meist zusammen mit Italienisch) an.

Französisch hingegen wird nur äußerst selten innerhalb der Familie gesprochen. Lediglich neun der insgesamt 140 Gewährspersonen in Aosta geben Französisch neben Italienisch beziehungsweise Frankoprovenzalisch in der Familie an (= ca. 6 Prozent). Interessanterweise stellen Kinder der Altersgruppe bis 14 Jahre mit sieben Personen den höchsten Anteil der wenigen Französischverwender dar. Möglicherweise resultiert dieses Ergebnis aus dem verstärkten Französischunterricht an der Schule (Scuola elementare), der die Kinder dazu anregen soll, auch außerhalb des Schulunterrichtes, also zuhause oder unter Freunden, Französisch zu gebrauchen. Ansonsten ist die Position des Französischen in der Familie als äußerst prekär zu bezeichnen. Wie auch in den Berggemeinden findet es nur bei besonderen Anlässen wie Verwandtenbesuchen aus der Schweiz oder Frankreich Anwendung. Und diese Feststellung kann man wiederum nur auf alteingesessene valdostanische Familien beziehen. Die zugezogenen Bewohner von Aosta verfügen - wenn überhaupt - nur über dürftige Schulfranzösischkenntnisse, die nicht in den privaten Bereich einfließen.

Im Gegensatz zu den Berggemeinden scheint das Frankoprovenzalische auf jeden Fall einen wesentlich niedrigeren Stellenwert im Sprachgebrauch der Stadtbvölkerung einzunehmen. Viele der befragten Eltern hatten zum Beispiel Bedenken, daß ihren Kindern durch den Gebrauch des Frankoprovenzalischen Schwierigkeiten in der Schule entstehen könnten und lehnten daher den Dialekt auch im familiären Bereich definitiv ab. Einige Kinder berichteten, daß die Großeltern oft in Frankoprovenzalisch zu ihnen sprächen, sie ihnen aber in Italienisch antworten würden. Im Stadtgebiet Aostas läßt sich der Rückgang des Frankoprovenzalischen also schon seit zwei Generationen beobachten: wenn die Eltern bereits das Italienische dem Frankoprovenzalischen vorziehen, ist es nicht verwunderlich, daß auch die Kinder Italienisch sprechen werden, und nur durch soziale Kontakte zu autochthonen Valdostanern (die in städtischen Gebieten jedoch weniger zahlreich vorhanden sind) könnten gewisse passive Relikte des Frankoprovenzalischen in den Nachfolgegenerationen erhalten bleiben.

Was die Sprachverwendung der Zugezogenen Aostas im familiären Bereich betrifft, so ist a priori eine Kenntnis des valdostanischen Ortsdialektes nicht vorauszusetzen. Neben dem Italienischen gebrauchen die vielen Immigranten in Aosta Dialekte, die ihrer Heimatregion entsprechen: nämlich vor allem Kalabresisch und Venetisch. Eine Anpassung an das Frankoprovenzalische kann aus zwei Gründen nicht stattfinden. Zum einen ist der Anteil der valdostanischen Dialektsprecher in der Stadt ohnehin schon äußerst gering; zum anderen ist die Zahl der Immigranten aus anderen Regionen so hoch, daß anders als in den Bergregionen eine Anpassung gar nicht notwendig ist, um eine Integration in die Gesellschaft zu ermöglichen. Nicht nur im familiären Bereich ist eine Assimilation des Valdostaners an die Sprache des Zugezogenen die Regel und nicht etwa umgekehrt.

Die sprachliche Situation am Arbeitsplatz beziehungsweise in der Schule entspricht in etwa derjenigen von Etroubles, Saint-Oyen und Saint-Rhémy. Vor allem Berufe, die in direkter Verbindung mit Fremdenverkehr stehen, (z.B. Tätigkeiten in Banken, Handel, Hotellerie sowie im allgemeinen Dienstleistungssektor) zeichnen sich auch durch den Gebrauch der französischen Sprache aus. Das gleiche gilt für Beamte (Verwaltungsangestellte und Lehrer), die sowohl Italienisch als auch Französisch beherrschen müssen. Sogenannte "Concorsi" prüfen unter anderem vor der Einstellung auch die Französischkenntnisse des Bewerbers. In der beruflichen Realität wird dann jedoch meistens der italienischen Sprache in allen Angelegenheiten Vorrang gegeben. Lediglich, wenn der Gesprächspartner kein Italienisch versteht, würde die Konversation in Französisch geführt. Somit versteht es sich von selbst, daß die Sprache unter Kollegen fast immer Italienisch ist, beziehungsweise Frankoprovenzalisch, falls es sich um ein Zusammentreffen autochthoner Valdostaner handelt, die zufällig den gleichen Ortsdialekt sprechen.

Französisch findet also wiederum eigentlich nur bei Berufen, die einen offiziellen, politischen oder intellektuellen Charakter haben, Verwendung. Insgesamt gaben 34 von 103 berufstätigen Befragten an, auch Französisch am Arbeitsplatz zu gebrauchen (= ca. 33 Prozent). Berufe im industriellen oder handwerklichen Bereich weisen hingegen oft einen starken Anteil an italophonen Immigranten auf: in diesen Bereichen ist die Verständigungssprache fast ausschließlich Italienisch. Autochthone Valdostaner, also potentielle Sprecher des Frankoprovenzalischen, passen sich bei der Arbeit ihren (süd-)italienischen Kollegen an, das heißt, sie verzichten auf ihren Heimatdialekt zugunsten der Standardsprache Italienisch. Das Italienische hat somit im Bereich Arbeitsplatz die Funktion einer "lingua franca", die von allen Gesprächsteilnehmern verstanden wird.

Im Gegensatz zu den Berggemeinden wird in den städtischen Grundschulen kein Frankoprovenzalisch unterrichtet, womit ein potentieller Vermittler für den Gebrauch und Erhalt des Dialektes verlorengeht. Stattdessen lassen die städtischen Grundschulen ein verstärktes Bemühen, die französische Sprache in den Unterricht zu integrieren, erkennen, auch wenn man von einem sogenannten paritätischen Schulunterricht noch weit entfernt ist. Nur wenige Kinder der "scuola elementare" konnten versichern, daß Schulfächer wie Mathematik, Biologie etc. auch in französischer Sprache unterrichtet werden. Meist handelt es sich nur um das Fach Französisch selbst sowie um Heimatkunde und Geschichte der Region Aostatal, die in französischer Sprache erteilt werden. Alles andere würde in Italienisch unterrichtet. An den weiterführenden Schulen setzt sich diese Situation fort: Französisch wird als Einzelfach betrieben; alle anderen Fächer werden in italienischer Sprache unterrichtet. Somit erhält Französisch - ähnlich wie auch in anderen europäischen Ländern - den Status einer Fremdsprache, die sich im Aostatal nur durch die Besonderheit einer höheren Wochenstundenzahl von anderen Ländern abhebt. Französisch bleibt also auf den schulischen Bereich beschränkt und fließt nur in seltenen Fällen in private Unterhaltungen zuhause oder unter Freunden ein.

In den Ämtern der Stadt Aosta wird grundsätzlich Italienisch gesprochen. Auch das ist durch den hohen Anteil an zugewanderten Arbeitskräften aus anderen Teilen Italiens zu erklären. Nur selten wurde Frankoprovenzalisch als Verständigungssprache zwischen autochthonen Valdostanern angegeben. Abermals auf Grund der vielen dialektalen Varietäten wird dem Italienischen Vorzug gegeben, um sicher zu gehen, daß man von seinem Gegenüber im Amt verstanden wird. Auch hier funktioniert Italienisch also als "lingua franca". Darüber hinaus gaben einige der autochthonen Valdostaner mit einem gewissen unwilligen Unterton an, daß sie ja ohnehin Italienisch sprechen müßten, da man davon ausgehen könne, daß die im Amt Beschäftigten nicht aus dem Aostatal, sondern aus anderen Teilen Italiens stammen, in denen weder Frankoprovenzalisch noch Französisch gesprochen werde.

Das Französische findet in den Ämtern der Stadt Aosta vor allem in schriftlichen Angelegenheiten Verwendung: viele interne Schriftstücke sind zweisprachig redigiert; das gleiche gilt für alle öffentlichen Rundschreiben und Kundgebungen, in denen eine zweisprachige Abfassung sogar rechtsmäßig vorgeschrieben ist. Der mündliche Gebrauch des Französischen beschränkt sich hingegen meist auf Situationen, in denen politische Themen wie Autonomie, Sprachminderheitenschutz, Französischunterricht etc. zum Ausdruck gebracht werden sollen. Ansonsten überwiegt die italienische Sprache, auch wenn die bereits zitierten Wettbewerbe, welche ein Kandidat, der sich für den öffentlichen Dienst im Aostatal bewirbt, durchlaufen muß, einen Französischtest enthalten. Auf Grund dieses Tests (welcher als nicht gerade anspruchsvoll zu bezeichnen ist) darf man also bei jedem öffentlichen Angestellten der Region Aostatal zumindest Grundkenntnisse des Französischen voraussetzen.

Im städtischen Gasthaus gelten ähnliche Bedingungen wie im Amt: da grundsätzlich angenommen werden muß, daß es sich bei Wirt oder Wirtin um eine zugezogene Person handeln kann, wird das Gespräch in Italienisch begonnen. Nur etwa 31 Prozent der Befragten gaben an, auch Frankoprovenzalisch im Gasthaus zu verwenden, allerdings nur dann, wenn sie den Wirt kannten und genau wußten, daß er den Dialekt versteht und auch selbst spricht. In den Berggemeinden versicherten hingegen etwa 69 Prozent, Frankoprovenzalisch grundsätzlich im Wirtshaus zu verwenden. Darüber hinaus gebrauchen nur acht Personen der Altersgruppen 1 bis 3 (= ca. 13 Prozent), aber immerhin 35 Personen der Altergruppen 4 bis 7 (= ca. 44 Prozent) den Ortsdialekt im städtischen Gasthaus. Einige der autochthonen Valdostaner und potentiellen Sprecher des Frankoprovenzalischen gaben sogar ausschließlich Italienisch als Verständigungssprache an. Die meisten dieses Personenkreises behaupteten jedoch, Italienisch oder Frankoprovenzalisch je nach Umständen, das heißt, je nach Sprachkenntnis des Gegenübers im Gasthaus zu verwenden.

Französisch hingegen wird nur äußerst selten - z.B., wenn der Wirt oder Gesprächspartner nur Französisch spricht - (also eher im Ausland oder mit Fremden) gebraucht. Nur sechs der insgesamt 140 Befragten (= ca. 4 Prozent) würden Französisch neben Italienisch und Frankoprovenzalisch im Gasthaus verwenden.

Als ähnlich ungünstig für die französische Sprache erweist sich auch die Situation im Freundeskreis: nur 25 der 140 Befragten (= ca. 18 Prozent) verwenden Französisch in der Konversation mit Freunden. Dabei stammen allein elf der potentiellen Französischverwender aus der Altersgruppe der bis 13jährigen (= ca. 44 Prozent). Abermals ist hier der positive Einfluß, den der Französischunterricht an der "scuola elementare" auf die jüngeren Schüler hat, hervorzuheben. Es schien, als mache es den Kindern zumindest bis zu einem gewissen Alter viel Spaß, in Französisch zu kommunizieren. In den Altersgruppen 2 bis 6 befinden sich nämlich nur sieben Französischverwender; erst in Altersgruppe 7, also bei den über 60jährigen macht sich wieder eine zunehmende Tendenz für den Gebrauch des Französischen unter Freunden bemerkbar.

Im allgemeinen überwiegt die italienische Sprache auch im Freundeskreis. Zwar gaben 54 der insgesamt 140 Gewährspersonen (= ca. 39 Prozent) an, auch Frankoprovenzalisch mit ihren Freunden zu sprechen, das jedoch zwingenderweise nur, wenn es sich um valdostanische Freunde, also um potentielle Sprecher des Frankoprovenzalischen handle. Die meisten Befragten gaben an, Italienisch und Frankoprovenzalisch je nach Umständen zu benutzen (= ca. 32 Prozent). Das erklärt sich durch den Mischcharakter der städtischen Bevölkerung: abgesehen von der Präsenz vieler zugezogener Befragter, die untereinander natürlich kein Frankoprovenzalisch sprechen, haben die autochthonen Valdostaner selbstverständlich auch Freunde innerhalb dieser Personengruppe von Zugezogenen, mit welchen sie dann in Italienisch kommunizieren.

Auffällig ist, daß nur wenige der jüngeren Leute den Dialekt aktiv im Freundeskreis gebrauchen: in den Altersgruppen 1 bis 3 sind es lediglich neun Personen; bei den älteren Stadtbewohnern sind es in den Altersgruppen 4 bis 7 immerhin 45 Personen. Das liegt zum einen daran, daß viele Jüngere, auch wenn ihre Eltern gebürtige Valdostaner sind, den Ortsdialekt nicht mehr beherrschen, weil er ihnen von den Eltern nicht weitergegeben wurde, zum anderen aber auch an den bereits in jungen Jahren durch Kindergarten, Schule, Arbeitsplatz etablierten Kontakten zu italophonen

Mitbewohnern in der Stadt. In der Tat gaben von allen 140 Gewährspersonen der Stadt Aosta nur neun Personen (= ca. sechs Prozent) an, lediglich Frankoprovenzalisch, also keine weitere Sprache, im Freundeskreis zu sprechen. Dabei handelte es sich - bis auf zwei Personen - um ältere Befragte, das heißt, um Personen von über 40 Jahren.

Als relativ positiv für die Situation des Frankoprovenzalischen ist allerdings die Tatsache zu bewerten, daß immerhin 52 der insgesamt 87 Befragten, von denen zumindest ein Elternteil valdostanischer Herkunft ist, ihren Dialekt - wenn auch meist neben Italienisch - aktiv im Freundeskreis verwenden (= ca. 60 Prozent). Im Vergleich zu der hohen Anzahl an italophonen Immigranten, die heute mehr als zwei Drittel der Stadtbevölkerung von Aosta ausmachen und natürlich kein Frankoprovenzalisch sprechen, jedoch ein verschwindend geringer Anteil.[1]

In diesem Zusammenhang ist eine Beobachtung von dem valdostanischen Linguisten und Autonomieverfechter A. Bétemps sehr interessant: "... quand il y a un groupe d'enfants patoisants (et souvent d'adultes aussi) et un seul italophone, la langue employée, même entre patoisants est l'italien."[2] Es findet hier also, auch wenn autochthone Valdostaner die Mehrheit in einer sprachlich gemischten Gesprächsrunde darstellen, automatisch eine Anpassung an die italienische Sprache statt. Dieses eher seltene Phänomen der linguistischen Assimilation einer zahlenmäßig überlegenen Gruppe an eine kleinere wirkt sich ungünstig auf den Fortbestand des Dialektes aus. Das Verhalten dieser Sprecher läßt zum einen auf eine sehr niedrige Einschätzung ihres Heimatdialektes schließen, zum anderen zeigt es aber auch die Bereitschaft, durch das Sprechen des Italienischen, welches wiederum als "lingua franca" fungiert, Fremde in ihre Gemeinschaft zu integrieren. Normalerweise würde man eine sprachliche Anpassung der kleineren an die größere Gruppe erwarten (z.B. ausländische Gastarbeiter in Deutschland). Die bekannten Eigenschaften des Frankoprovenzalischen wie Uneinheitlichkeit, Antiquiertheit und fehlende Verschriftung (eine fast rein mündliche Sprachform) sowie auf der anderen Seite die Überlegenheit des Italienischen als Standard- und Hochsprache einer immer größer werdenden Personenzahl in Aosta verbieten jedoch eine derartige Entwicklung.

---

[1] vgl.: Janin, B. (1980): S. 512 f.

[2] vgl.: Bétemps, A. (1989): zitiert aus: "Lingua e comunicazione simbolica nella cultura Walser." (1989): S. 364 f.

Sowohl im privaten als auch im öffentlichen Sprachgebrauch kann man im Stadtgebiet Aosta bereits an dieser Stelle eine enorm starke Präferenz der italienischen Sprache feststellen. Bis auf einige wenige, meist ältere autochthone Valdostaner, die ihren Dialekt vor allem im privaten Bereich noch aktiv verwenden, läßt sich ein allgemeiner Rückgang des Frankoprovenzalischen, welcher mit einer gleichzeitigen Zunahme des Gebrauchs der italienischen Sprache verbunden ist, in allen Situationen und Altersgruppen beobachten.

Die französische Sprache erfährt im Gegensatz zur Situation in den Berggemeinden eine etwas stärkere Verwendung unter Kindern, wobei man nicht davon ausgehen kann, daß es sich dabei um komplizierte Gesprächsstrukturen handelt. Es bleibt noch abzuwarten, ob die intensive Konfrontation mit der französischen Sprache durch die Schule auch in der Zukunft eine derartige positive Wirkung im täglichen Sprachgebrauch der heranwachsenden Valdostaner haben wird.

Weiterhin wurde wiederum sehr deutlich, daß intellektuelle und öffentliche Berufe (wie auch in den Berggemeinden) häufig den Gebrauch der französischen Sprache erfordern. In allen anderen Bereichen jedoch begegnet man dem Französischen eher selten; im Gegenteil, als konstituierende Komponente eines französisch-italienischen Bilinguismus erweist es sich auch in der Stadt Aosta als extrem unterrepräsentiert.

Auch im Umfeld Kirche und Religion wird die französische Sprache eher vernachlässigt. Ähnlich wie in den Berggemeinden werden die Messen auch in Aosta im allgemeinen in italienischer Sprache gehalten. Lediglich sonntags gibt es regelmäßig eine Messe in französischer Sprache, die hauptsächlich von älteren Gemeindemitgliedern besucht wird. Ebenso werden viele Kirchenlieder in französischer Sprache gesungen. Das Frankoprovenzalische als nicht kodifizierte, dialektale Sprachform findet in der Kirche keine Verwendung.

Alle 140 Gewährspersonen gaben an, regelmäßig Zeitung zu lesen. Die meistgelesene Tageszeitung ist wie in den Berggemeinden "La Stampa" aus Turin, die täglich eine Sonderbeilage für die Region Aostatal enthält. 55 Prozent der Befragten lesen darüber hinaus - wenn auch nicht täglich -

französischsprachige Zeitungen beziehungsweise Zeitschriften (z.B. "Le Monde"). Ebenso erfreuen sich die regionalen Wochenzeitungen "Le Peuple Valdôtain" und "La Vallée", welche zum Teil in Französisch redigiert sind, auch in der Stadt Aosta regen Interesses. Auffällig ist, daß fast nur alteingesessene Valdostaner Interesse an französischsprachiger Lektüre bezeugen. Nur wenige Zugezogene und zwar meist Angehörige intellektueller Berufsgruppen (Journalisten, Lehrer sowie Studenten) gaben an, zusätzlich französischsprachige Zeitungen zu lesen. Diese Publikationen, die in der Stadt Aosta wesentlich leichter zu erhalten sind als in den Bergdörfern, stammen in der Regel aus der Schweiz oder aus Frankreich. In jedem Fall genießt die italienischsprachige "La Stampa" mit Abstand Vorrang vor allen anderen italienisch- und französischsprachigen Tageszeitungen. Aktualität und lokaler Bezug sind durch andere Publikationen nicht zu übertreffen, zumal die französische Tageszeitung "Le Monde" (im Gegensatz zur deutschen Frankfurter Allgemeinen Zeitung !) trotz geographischer Nähe erst einen Tag nach Erscheinungsdatum in Aosta eintrifft.

Alle befragten Personen im Stadtgebiet Aosta verfügen über Radio- und Fernsehgeräte. Ähnlich wie in den Berggemeinden verfolgen 110 von 140 Befragten (unabhängig von ihrer Herkunft) neben italienischen Fernsehprogrammen auch französische Sendungen (= ca. 79 Prozent). Nur 30 Personen bekundeten, bei ihren Fernsehgewohnheiten ein ausschließliches Interesse an italienischsprachigen Sendungen zu haben. Auch in der Stadt gelten der französische Sender "Antenne 2" sowie die Schweizer "Télévision Suisse Romande" als populärste französischsprachige Stationen. Wesentlich beliebter sind jedoch die italienischen Privatsender und die staatliche "RAI", wobei "RAI 3" als regionaler Sender besonders starken Zuspruch erfährt. Das ist sicherlich auf eine nicht zu übersehende Vernachlässigung der Region Aostatal bei anderen italienischen Sendern - ob privat oder staatlich - zurückzuführen. Somit bevorzugen die meisten Valdostaner bei der Nachrichtenvermittlung die aktuellen und lokalen Sendungen der "RAI 3". Darüber hinaus bietet "RAI 3" ein reichhaltiges Programm an kulturellen und politischen Sendungen zur Thematik Aostatal, die zum Teil sogar in Frankoprovenzalisch oder in Französisch gehalten sind. Der Bedarf an Unterhaltungsprogrammen im weitesten Sinne, das heißt Spielfilme, Shows, Quizsendungen, Sportveranstaltungen etc., wird zum einen durch die vielen privaten Sender gedeckt; zum anderen ist es genau dieser Bereich, welcher das Interesse an französischsprachigen Sendungen ausmacht. Vor allem Kinder und jüngere Personen gaben an, Zeichentrickfilme und Sport im französischen Fernsehen zu verfolgen; andere bekundeten auch Interesse an Spielfilmen, gaben jedoch oftmals Schwierigkeiten beim Verstehen der französischen Dialoge zu. Nur wenige erklärten, bewußt französische Programme auszuwählen, um ihre Kenntnisse in der Sprache zu verbessern.

Im Gegensatz zu dem relativ hohen Interesse an französischsprachigen Fernsehsendungen stehen die Radiogewohnheiten der Stadtbewohner. Von 134 Radiohörern verfolgen nur 54 italienisch- und französischsprachige Programme (= ca. 40 Prozent). Dabei spielt das Kriterium der Alteingesessenheit nur eine untergeordnete Rolle: vor allem unter den jüngeren Befragten zeigten sich auch Nichteingesessene an französischsprachigen Radiosendungen interessiert, während bei den Älteren der Anteil an Alteingesessenen überwiegt. Diese bevorzugen vor allem folkloristische und regionale Sendungen (z.B. "La Voix de la Vallée"); der Radiogeschmack der jüngeren Befragten scheint hingegen weniger klar definiert: (moderne) Musik und Informationen zum Zeitgeschehen stellen die eigentlichen Schwerpunkte dar, denen sowohl von französischen als auch italienischen Programmen Rechnung getragen wird. Dabei schien es, daß es den Hörern weniger auf die Sprache des Radiosprechers als vielmehr auf die entsprechende Musikauswahl ankam. Insofern erklärt sich das Hören der vielen italienischen (und einigen französischen) Privatsender unter jungen Leuten.

Wie in den Berggemeinden stellen also auch in der Stadt Aosta die Inhalte der Radio- und Fernsehsendungen den Impuls für die Auswahl einer bestimmten Sendung dar, und nicht etwa die italienische oder französische Sprache. Wir können daher mit Sicherheit behaupten, daß wenn zur selben Zeit der gleiche Spielfilm sowohl im französischen als auch im italienischen Fernsehprogramm zu empfangen wäre, die italienische Version vorgezogen würde.

Dennoch ist das Interesse an französischsprachigen Sendungen nicht unterzubewerten. Nicht nur Alteingesessene, sondern auch fast alle Zugezogenen verfolgen französischsprachige Programme, so daß gewisse - wenn auch passive - Sprachkenntnisse in jedem Fall vorausgesetzt werden können. Fest steht, daß die Medien auch im Stadtgebiet Aosta eine ideale Quelle zur Verbreitung und Vermittlung der französischen Sprache darstellen.

Etwa 59 Prozent der befragten Stadtbewohner besuchen regelmäßig Kinovorstellungen, wobei die Altersgruppen 1 bis 4 den Hauptanteil der Kinogänger darstellen. Fast alle Filme werden in italienischer Sprache präsentiert; lediglich in den sogenannten "Semaines culturelles" werden auch französischsprachige Vorstellungen gegeben. Dadurch erklärt sich unter anderem, daß nur wenige Befragte (ca. 11 Prozent) angaben, französische Kinofilme zu besuchen. Andererseits erschien das Interesse an derartigen Filmen auch nicht allzu groß.

Im Gegensatz zu den Berggemeinden, in denen der Anteil der Kino- und Theaterbesucher schon durch die Entfernung zur Stadt stark eingeschränkt wurde, zeigen die Stadtbewohner auch ein regeres Interesse an Theaterschauspielen. Immerhin 60 der 140 Befragten (= ca. 43 Prozent) gaben an, regelmäßig ins Theater zu gehen. Dabei besuchen 32 Prozent auch französischsprachige Stücke (während der "Semaines culturelles"); weitere 22 Prozent erfreuen sich an den Aufführungen des volkstümlichen Theaterensembles "Lo Charaban". Diese burlesken, zum Teil etwas derben Schauspiele werden natürlich auf Grund ihres frankoprovenzalischen Dialektes fast ausschließlich von autochthonen Valdostanern besucht und von Zugezogenen oft als primitiv und bäuerlich abgetan.

Als Fazit dieses ersten Teiles der Befragung in Aosta läßt sich zunächst festhalten, daß die Popularität des Frankoprovenzalischen in der Stadt wesentlich niedriger zu bewerten ist als etwa in den Berggemeinden. Die italienische Sprache dominiert in allen Bereichen und Situationen. Der Rückgang des Frankoprovenzalischen in der Stadt ist jedoch nicht nur auf den hohen Anteil an italophonen Immigranten zurückzuführen, sondern auch auf eine Vernachlässigung und Geringschätzung des Dialektes von Seiten der autochthonen Valdostaner selbst. Längst ist es nicht mehr üblich, den Dialekt auch an die Kinder weiterzugeben. Darüber hinaus hat in sogenannten Mischfamilien, in denen entweder Vater oder Mutter nicht aus dem Aostatal stammen, meist der Gebrauch der italienischen Sprache Vorrang. Zwar zeichnet sich seit einigen Jahren eine gewisse Rückbesinnung zu alten Traditionen und damit auch zur Dialektverwendung ab; diese alten Werte werden jedoch täglich von den Anforderungen des modernen Lebens, das heißt Hochsprache am Arbeitsplatz, in der Schule, in öffentlichen Veranstaltungen, Medien etc. sowie durch den Kontakt zu Nichtvaldostanern überlagert.

Die Heterogenität der städtischen Bevölkerung und Lebensformen stellt somit eine wesentliche Gefahr für den Fortbestand des Frankoprovenzalischen dar. Vor allem Kinder und Jugendliche, die als zukünftige Verwender des Dialektes in Frage kämen, weisen nur noch in den seltensten Fällen eher geringe Kenntnisse in der heimatlichen Mundart auf.

Als ähnlich ungünstig erweist sich auch die Situation der französischen Sprache. In der Familie findet sie kaum Berücksichtigung. Auch in den Situationen "Gasthaus" und "Freundeskreis" dominiert das Italienische. Auffällig ist lediglich eine verstärkte Hinwendung zum Französischen unter Kindern: vor allem im Freundeskreis wird neben Italienisch auch Französisch gesprochen. Auch wenn es sich dabei um kindliche Gespräche handelt, so ist hier dennoch ein gewisser Erfolg der Institution Schule zu erkennen, das Französische über den Unterricht hinaus in den privaten Bereich zu integrieren. Diese Tendenz läßt bei Jugendlichen und Erwachsenen wieder nach. Allerdings haben sie auch noch nicht von dem verstärkten Französischunterricht in der Schule profitiert. Bis auf einige Gewährspersonen der Altersgruppe 7 gaben alle Befragten an, Französisch ansonsten nur im Gespräch mit Franzosen (oder anderen "native speakers"), z.B. Touristen, zu verwenden, oder, falls es die Situation am Arbeitsplatz erfordere. In jedem Fall erschien die subjektive Bereitschaft, Französisch aktiv zu verwenden, relativ gering.

Somit ist das Französische wie auch in den Berggemeinden - bis auf einige Ausnahmen in Schule, Beruf und Amt - lediglich passive Rezeptionssprache, die ihre Empfänger im wesentlichen über das Medium Fernsehen erreicht, doch auch hier gilt die Präferenz im allgemeinen italienischsprachigen Sendungen, da sie zum einen leichter verständlich, zum anderen, vor allem im informativen Bereich, auch als aktueller und zutreffender für das Aostatal zu bewerten sind. Es wurde ja bereits darauf hingewiesen, daß die Region Aostatal keine eigenen französischsprachigen Fernsehsender besitzt.

In der Stadt Aosta kann man dennoch bei den meisten Bewohnern, zumindest, sofern sie aus dem Aostatal stammen, Grundkenntnisse in Französisch voraussetzen. Bewußtseinslage und die bekannten Einflüsse aus der Umgebung begünstigen allerdings die Dominanz der italienischen Sprache. Gerade in der Stadt machen sich die Italianisierungsmaßnahmen aus der Zeit des Faschismus durch den hohen Anteil an italophonen Immigranten natürlich viel deutlicher bemerkbar als in den Berggmeinden. Viele der einst zweisprachigen, französisch-frankoprovenzalischen Valdostaner haben ihre Muttersprache zugunsten des Italienischen aufgegeben.

Die bisherigen Untersuchungen haben Ergebnisse hinsichtlich der Verwendung der drei Sprachen Italienisch, Französisch und Frankoprovenzalisch in verschiedenen Situationen und Bereichen geliefert, und die Bedeutung, die den Angaben beigemessen wird, ist sicherlich auch von den Erwartungen und Bezugswerten der Leser abhängig. Dieses gilt auch für die folgenden Fragebögen, welche zeigen sollen, inwieweit sprachlich überhaupt noch Möglichkeiten für einen Fortbestand des Frankoprovenzalischen und Französischen im Stadtgebiet Aosta vorhanden sind.

Tab. 9 : Allgemeine Sprachverwendung: Aosta

Altersgruppe 1

Name, Geburts-datum, Beruf	Eltern	Sprache in: Familie	Arbeitspl.	Ämter	Gasthaus	Freunde	Kirche	Zeitung	Radio	TV	Kino	Theater
Alessi, Jessica 26.05.79 Schülerin	Va/Mz	I	I/F	I	I	I/F	I	I/F	I	I/F	I	I
Boccaleri, Gabriel 25.07.79 Schüler	Va/Mz	I	I/F	I	I	I/F	I	I/F	I	I/F	I	I
Bonardo, Michela 12.03.80 Schülerin	Vz/Mz	I/F	I/F	I/F	I	I	I	I/F	I/F	I/F	I	I/F
Chenal, Fabio 04.06.79 Schüler	Va/Ma	I/FP/F	I/F	I	I	I	I	I	I	I/F		
Chenal, Elisa 09.05.82 Schülerin	Va/Ma	I/F	I/F	I/F	I	I	I/F	I/F	I/F	I/F		
Forte, Marianna 11.03.80 Schülerin	Vz/Mz	I	I/F	I	I	I/F	I	I/F	I/F	I/F	I	I
Franco, Angelo 02.09.80 Schüler	Vz/Mz	I	I/F	I	I	I	I	I	I	I	I	I
Grimaschi, Christian 28.09.78 Schüler	Va/Ma	I	I/F	I	I	I	I	I/F	I/F	I/F	I	I
Mammolitti, David 04.08.77 Schüler	Vz/Mz	I	I/F	I	I	I/F	I	I/F	I	I/F	I	I
Mammolitti, Edy 16.10.81 Schüler	Vz/Mz	I/F	I/F	I	I	I/F	I	I/F	I	I/F	I	I
Minieri, Gianluca 10.04.77 Schüler	Vz/Mz	I	I/F	I	I	I/F	I	I/F	I	I/F	I	I/F
Modarelli, Gianluca 05.12.79 Schüler	Vz/Ma	I	I/F	I	I	I/F	I	I/F	I/F	I/F	I	I
Piccinno, Lorenzo 02.08.83 Schüler	Vz/Mz	I	I/F	I	I	I	I	I	I	I/F	I	I
Piccinno, Stefano 11.08.78 Schüler	Vz/Mz	I	I/F	I	I	I	I	I	I	I/F	I	
Raso, Salvatore 23.05.78 Schüler	Vz/Mz	I/F	I/F	I	I	I	I	I/F	I/F	I/F		I/F
Sacco, Demis 15.06.80 Schüler	Vz/Ma	I	I/F	I	I	I	I	I	I	I/F	I	
Sgro, Alessandro 25.04.78 Schüler	Vz/Ma	I	I/F	I	I	I/F	I	I/F	I/F	I/F	I	
Squillaci, Laura 06.11.81 Schülerin	Vz/Mz	I	I/F	I	I	I/F	I/F	I/F	I/F	I/F	I	I
Vielmi, Francesca 24.08.79 Schülerin	Vz/Ma	I/F	I/F	I	I	I/F	I/F	I/F	I/F	I/F	I	I/F
Vielmi, Federica 22.12.81 Schülerin	Vz/Ma	I	I/F	I	I	I/F	I/F	I/F	I/F	I/F	I/F	I/F

Altersgruppe 2

Name, Geburtsdatum, Beruf	Eltern	Familie	Arbeitspl.	Ämter	Gasthaus	Freunde	Kirche	Zeitung	Radio	TV	Kino	Theater
Addario, Giuliano 02.05.74 Schreiner	Vz/Mz	I	I	I	I	I	I	I	I/F	I	I	
Amoroso, Marcello 08.01.74 Schreiner	Vz/Mz	I	I	I	I	I	I	I	I	I/F	I	
Anile, Giuseppe 29.04.76 Mechaniker	Vz/Mz	I	I	I	I	I	I	I	I	I/F	I	
Arfuso, Cristina 27.11.72 Schülerin	Va/Ma	I	I/F	I	I	I	I	I/F	I	I/F	I	
Creazzo, Claudia 08.09.71 Schülerin	Va/Ma	I	I/F	I	I	I	I	I	I	I/F	I	
Crétier, Roberto 29.07.72 Student	Va/Ma	FP	I	I/FP	I/FP	I/FP	I	I/F	I	I	I	I/FP/F
Dufour, Sandra 03.10.70 Hausangestellte	Va/Mz	I	I	I	I	I	I	I/F	I/F	I/F	I	I/FP/F
Forte, Giuseppe 21.09.75 Schüler	Vz/Mz	I	I/F	I	I	I	I	I	I	I/F	I	
Fragonas, Oscar 19.08.75 Schüler	Vz/Mz	I	I/F	I/F	I	I	I	I/F	I/F	I/F	I	
Ghibaudo, Marco 05.11.70 Student	Vz/Mz	I	I	I	I	I	I	I/F	I	I/F	I	I
Mancini, Davide 09.09.71 Schüler	Va/Ma	I	I/F	I	I	I	I	I/F	I/F	I/F	I	I
Nardi, Luigi 03.10.76 Schüler	Vz/Ma	I	I/F	I	I	I	I	I/F	I/F	I/F	I	
Neri, Katia 15.02.72 Schülerin	Vz/Ma	I/FP	I/F	I	I	I/FP	I	I	I/F	I/F	I	
Pozza, Andrea 02.07.74 Schüler	Vz/Ma	I/F	I/F	I/F	I	I/F	I/F	I/F	I/F	I/F	I/F	
Russo, Gianni 25.02.70 Soldat	Vz/Mz	I	I	I	I	I	I	I/F	I	I	I	
Salvato, Bruno 16.11.70 Student	Vz/Ma	I	I/F	I	I	I	I	I	I	I/F	I	I
Sapia, Gianfranco 19.04.71 Student	Vz/Mz	I	I/F	I	I	I	I	I	I	I/F	I	
Scali, Mauro 21.01.71 Student	Vz/Mz	I	I/F	I	I	I	I	I	I	I/F	I	
Sisinni, Massimo 21.02.74 Elektriker	Vz/Mz	I	I	I	I	I	I	I	I/F	I/F	I	
Sorrenti, Davide 11.04.73 Verkäufer	Vz/Mz	I	I	I	I	I	I	I	I/F	I/F	I	

Altersgruppe 3

Name, Geburts-datum, Beruf	Eltern	Sprache in: Familie	Arbeitspl.	Ämter	Gasthaus	Freunde	Kirche	Zeitung	Radio	TV	Kino	Theater
Bionaz, Mauro 18.03.63 Busfahrer	Va/Ma	I/FP	I	FP	I/FP	I/FP	I	I	I	I	I	
Bragioni, Stefano 02.05.63 Busfahrer	Vz/Mz	I	I	I	I	I	I	I/F	I	I/F	I	
Brunier, Maurizio 20.04.61 Angestellter	Va/Ma	I/FP	I/FP	I/FP	I/FP	I	I	I	I	I/F	I	
Cavani, Patrizia 19.06.64 Studentin	Vz/Ma	I	I	I	I	I	I/F	I	I/F	I/F	I	
Chenal, Walter 01.10.61 Busfahrer	Va/Ma	FP	I/FP	FP	I/FP	FP	I	I	I	I/F		
Cilione, Ferruccio 01.01.65 Angestellter	Vz/Mz	I	I	I/F	I	I	I	I	I	I	I	I
Coquillard, Stefano 27.02.66 Angestellter	Va/Ma	I	I	I	I	I/FP	I	I/F	I	I/F		FP
Crestan, Cinzia 24.10.62 Touristikangestellte	Vz/Mz	I	I	I	I	I	I	I/F	I/F	I/F	I	
Cuaz, Albino 28.10.65 Arbeiter	Va/Ma	FP	I/FP	I/FP	I/FP	I/FP	I	I/F	I	I/F	I	
Gerbelle, Marisa 05.12.62 Angestellte	Va/Ma	I/FP	I/FP	I	I/FP	I/FP	I/F	I	I	I/F	I	FP
Isabella, Patrizia 10.07.66 Verkäuferin	Vz/Mz	I	I/F	I	I	I	I	I/F	I	I/F	I	I
Liparoti, Luciana 13.12.66 Hausfrau	Vz/Mz	I	I	I	I	I	I	I	I	I	I	
Muti, Stefania 21.09.65 Studentin	Va/Ma	I	I	I	I	I	I/F	I/F	I	I	I/F	I/F
Peaquin, Edy 22.02.68 Angestellter	Va/Ma	I	I	I	I	I	I	I	I	I/F	I	
Pellicanò, Pasquale 29.05.67 Bahnbeamter	Vz/Mz	I	I	I	I	I	I	I	I	I/F	I	I
Perratone, Carlo 09.11.64 Busfahrer	Va/Ma	I	I	I	FP	I/FP	I	I	I/F	I/F		I
Pession, Gigliola 04.07.66 Studentin	Va/Ma	I	I	I	I	I	I	I	I	I/F	I	
Piccioni, Alessandra 02.10.63 Angestellte	Vz/Mz	I	I	I	I	I	I	I	I/F	I/F	I	
Poletti, Giovanni 03.02.62 Student	Vz/Ma	I	I	I	I	I	I	I/F	I	I/F	I	I
Riviera, Else 28.04.64 Angestellte	Va/Ma	FP	I/F	I/FP/F	I/FP	I/FP	I	I/F	I	I/F	I	I/F

Altersgruppe 4

Name, Geburts- datum, Beruf	Eltern	Sprache in: Familie	Arbeitspl.	Ämter	Gasthaus	Freunde	Kirche	Zeitung	Radio	TV	Kino	Theater
Anselmo, Luigi 29.07.50 Angestellter	Vz/Mz	I	I	FP	I/FP	I/FP	I	I	I	I		
Binel, Corrado 01.07.54 Historiker	Va/Ma	I/FP	I/F	I	I	I/FP/F	I	I/F	I	I/F	I	
Carlin, Luigi 20.03.51 Angestellter	Va/Ma	I/FP	I/FP/F	I/FP	I/FP	I/FP	I	I/F	I	I/F	I/F	F
Cognin, Rudi 23.11.57 Kaufmann	Va/Ma	I	I	I	I/FP	I	I	I		I/F		I
Cornaz, Liliana 10.05.52 Buchhändlerin	Va/Mz	FP	I/FP/F	I	I/FP	I	I	I	I	F	I/F	I/F
Coutier, Alessio 08.06.50 Busfahrer	Va/Ma	FP	I/FP/F	FP	I/FP/F	I/FP	I	I/F	I/F	I/F		
De Maio, Lucio 14.01.50 Bahnbeamter	Vz/Mz	I	I	I	I	I	I	I	I	I	I	I
Fachin, Gabriella 03.11.52 Hausfrau	Va/Ma	I	I/F	I	I	I	I	I/F	I/F	I	I	
Ferrod, Alberto 17.07.59 Angestellter	Va/Ma	I	I/FP	I/F	I	I/FP	I	I/F	I	I/F	I	
Fiocca, Gioacchino 21.03.51 Autohändler	Vz/Mz	I	I	I	I	I	I	I	I	I	I	I
Giudice, Pietro 30.11.58 Polizist	Vz/Mz	I	I	I	I	I	I	I	I	I/F		
Joly, Tonino 10.12.54 Angestellter	Va/Ma	I	I/F	I	I	I	I/F	I/F	I/F	I/F	I	I/F
Pellicone, Carmelo 02.07.54 Priester	Vz/Mz	I	I	I	I	I	I	I	I	I		
Pramotton, Lorenzo 24.04.53 Angestellter	Va/Ma	I/FP	I/FP	I	I	I/FP	I	I/F	I	I/F	I	I
Proment, Paolo 08.03.58 Techniker	Va/Ma	I	I/FP	I/FP/F	I/FP/F	I/FP	I/F	I	I/F	I/F	I	I/F
Proment, Rita 07.03.55 Angestellte	Va/Ma	FP	I	I	I	I	I	I	I	I	I	
Raso, Enrica 04.02.50 Angestellte	Vz/Mz	I	I	I	I	I	I	I	I	I/F		
Vevey, Mario 11.04.57 Busfahrer	Va/Ma	FP	I/FP/F	FP	I/FP	I/FP	I	I/F	I	I/F		
Viaggio, Stefano 27.03.51 Regisseur	Vz/Mz	I	I	I	I	I	I	I/F	I/F	I/F	I	
Villaz, Richard 02.07.53 Angestellter	Va/Ma	FP	I/FP/F	FP	I/FP	FP	I/F	I/F		I/F	I/F	I/FP/F

Altersgruppe 5

Name, Geburtsdatum, Beruf	Eltern	Familie	Arbeitspl.	Ämter	Gasthaus	Freunde	Kirche	Zeitung	Radio	TV	Kino	Theater
Bin, Irene 04.08.46 Bibliothekarin	Vz/Ma	I	I/F	I	I	I	I	I/F	I/F	I/F	I/F	I/F
Cardellino, Anna 15.08.46 Lehrerin	Vz/Ma	I	I	I	I	I	I	I	I	I	I	I
Cavagnet, Osvaldo 11.05.45 Angestellter	Va/Ma	I	I/F	I/F	I	I/FP	I/F	I/F	I	I/F		
Cherbonnier, Paul 14.05.48 Lehrer	Va/Ma	FP	I/F	I/F	I/FP/F	FP	I/F	I/F	I/F	I/F		
Cremonese, Loredana 22.09.43 Angestellte	Vz/Mz	I	I	I	I	I	I	I	I	I/F		
Démé, Franco 23.02.40 Landwirt	Va/Ma	FP	I	FP	I/FP	I/FP/F	I	I/F	I	I/F		I/F
Duguet, Adriana 25.03.45 Lehrerin/Nonne	Va/Ma	FP	I/F	I	I	I	I	I/F	I/F	I/F	I/F	I/FP/F
Dujany, Pietro 13.11.41 Angestellter	Va/Ma	I	I	I	I	I	I	I	I	I/F	I	I
Gal, Marco 29.06.40 Angestellter	Va/Ma	I/FP	I/FP/F	I	I	I/FP	I	I/F	I/F	I/F	I	
Glarey, Erminio 27.08.40 Angestellter	Va/Ma	FP	I	FP	I/FP/F	FP	I/F	I/F	I/F	I/F		
Koch, Ilse 12.10.45 Angestellte	Vz/Ma	I	I	I	I	I	I	I/F	I/F	I/F	I	I
Mancini, Roberto 27.06.46 Journalist	Vz/Mz	I	I	I	I	I	I	I/F		I/F	I/F	
Molonato, Grazia 13.09.49 Angestellte	Vz/Mz	I	I/F	I	I	I	I/F	I/F	I	I/F	I	I
Nulidi, Ivana 15.11.42 Angestellte	Vz/Ma	I	I	I	I	I	I	I	I	I	I	I
Piccinelli, Giovanni 08.09.49 Polizist	Vz/Mz	I	I	I	I	I	I	I	I	I	I	
Pramotton, Carla 16.12.39 Lehrerin/Nonne	Va/Ma	I/FP	I/F	I	I/FP	I/FP/F	I/F	I/F	I/F	I/F		
Vallet, Carla 03.07.46 Angestellte	Va/Ma	I/FP	I/FP	I	I/FP	I/FP	I	I/F		I/F		FP
Veticoz, Emilio 09.01.41 Fahrer	Va/Ma	FP	I/FP/F	FP	I/FP	FP	I	I	I	I/F		
Vichi, Patrizio 11.01.49 Lehrer	Vz/Mz	I	I/F	I	I	I	I	I	I	I	I	I
Zanin, Carlo 04.09.46 Angestellter	Vz/Mz	I	I/F	I	I	I	I	I/F	I/F	I/F		

Altersgruppe 6

Name, Geburts-datum, Beruf	Eltern	Familie	Arbeitspl.	Ämter	Gasthaus	Freunde	Kirche	Zeitung	Radio	TV	Kino	Theater
Baron, Ferruccio 22.10.39 Finanzberater	Vz/Ma	I	I/FP/F	F	I/FP	I/FP	I	I/F	I/F	I/F		
Buschino, Elvira 28.10.33 Angestellte	Va/Ma	FP	I	I/FP	I/FP	I/FP	I/F	I	I	I/F	FP	
Capelli, Pierantonio 10.08.38 Angestellter	Vz/Mz	I	I	I	I	I	I	I	I	I		I
Cavani, Bruno 30.03.32 Postbeamter	Vz/Mz	I	I	I	I	I	I/F	I	I	I	I	
Ceriano, Emma 08.01.32 Lehrerin/Nonne	Va/Ma	FP	I/F	I	I	I/FP	I/F	I/F	I/F	I		
Charrier, Romilda 18.01.33 Lehrerin/Nonne	Va/Ma	FP	I/F	I/FP	I/FP	I/FP	I/F	I/F	I/F	I/F		
Coppes, Renzo 17.01.36 Elektriker	Vz/Mz	I	I	I	I	I	I	I	I	I/F		
Deffeyes, Lucia 03.09.32 Lehrerin	Va/Ma	I/FP	I	I	I	I/FP	I	I/F	I	I/F	I	
Divito, Ettore 18.01.32 Feldmesser	Vz/Mz	I	I	I/F	I	I	I	I	I	I/F		
Ferrarese, Nicola 29.12.34 Fahrer	Vz/Mz	I	I	I	I	I	I	I	I	I		
Ferrod, Renato 09.03.30 Metallfacharbeiter	Va/Mz	FP	I	I/FP	I/FP	I/FP	I/F	I	I	I/F	FP	
Ghiraldini, Franco 06.11.33 Angestellter	Vz/Mz	I	I	I	I	I	I	I	I	I/F	I	I
Micheletto, Pierina 06.03.30 Lehrerin	Vz/Mz	I	I	I	I	I	I	I	I	I		
Mongerod, Federico 23.03.33 Angestellter	Va/Ma	I/FP	I/FP	I/FP	I/FP	I/FP	I/F	I/F	I/F	I/F		
Noussant, Battistina 30.01.33 Lehrerin/Nonne	Va/Ma	I/FP	I/FP/F	I	I	I/FP/F	I/F	I/F	I/F	I/F	FP	
Pezzoli, Lucia 21.06.39 Hausfrau	Vz/Mz	I	I	I	I	I	I/F	I	I	I	I	
Verraz, Agnese 09.03.35 Krankenschwester	Va/Ma	FP	I	FP	I/FP	FP	I	I	I	I		
Verraz, Eugenia 31.01.38 Lehrerin/Nonne	Va/Ma	FP	I/F	I	I	I/FP/F	I/F	I/F	I/F	I/F		
Vighetti, Edilio 18.04.30 Angestellter	Vz/Mz	I	I	I	I	I	I	I	I	I/F		
Vuillermoz, Agostino 18.07.31 Bibl.-Direktor	Va/Ma	I/FP	I/FP/F	I/FP/F	I/FP	I/FP/F	I/F	I/F	I/F	I/F		I/FP/F

Altersgruppe 7

Name, Geburts-datum, Beruf	Eltern	Sprache in: Familie	Arbeitspl.	Ämter	Gasthaus	Freunde	Kirche	Zeitung	Radio	TV	Kino	Theater
Barallier, Rosalia 21.03.14 Landwirtin	Va/Ma	FP	I/FP	I/FP	I	I/FP/F	I/F	I/F	I/F	I/F		
Baudin, Rosemarie 10.03.08 Schneiderin	Va/Ma	FP/F	F	I/F	I/FP	I/FP/F	I/F	I/F		I/F		
Bétemps, Ricordo 21.08.13 Bauarbeiter	Va/Ma	FP	I/F	I/FP	I/FP	I/FP	I	I/F	I/F	I/F		
Bryer, Isalina 07.07.18 Arbeiterin	Va/Ma	I/FP	I	I	I/FP	I/FP	I	I/F	I/F	I/F	I	
Chanoux, Speranza 19.12.10 Lehrerin/Nonne	Va/Ma	FP	I/F	I/F	I	I/FP/F	I/F	I/F	I/F	I/F		
Chevrier, Irma 13.06.16 Kauffrau	Va/Ma	FP	I/FP/F	I/FP	I/FP	FP	I	I/F	I/F	I/F	FP	
Cuaz, Gianna 02.02.24 Lehrerin	Va/Ma	I	I	I/FP/F	I/FP/F	I/FP/F	I/F	I/F	I/F	I/F		
Deffeyes, Vittorio 17.10.96 Lehrer	Va/Ma	FP	I/F	I/FP	I/FP	I/FP	I/F	I/F	F	I/F		
Deffeyes, Antonietta 17.01.24 Lehrerin	Va/Ma	FP	I	I/FP	I/FP	I	I	I/F	I	F		
Deffeyes, Osvaldo 23.07.25 Techniker	Va/Ma	FP	I/FP	I/FP	I/FP	FP	I	I/F	I	I/F		
Domaine, Jean 21.08.22 Priester	Va/Ma	FP	I/FP/F	I/FP/F	I/FP/F	I/FP/F	I/F	I/F	I/F	I/F		
Fosson, Anna Maria 07.03.22 Angestellte	Va/Ma	I/FP/F	I/FP/F	I/F	I	I/FP/F	I/F	I/F	I/F	I/F		I/FP/F
Grangia, Giuliana 17.01.21 Hausfrau	Va/Ma	FP	FP	FP	I/FP	FP	I	I/F	I	I		
Lévêque, Rosetta 31.05.26 Nonne	Va/Ma	FP	I/FP/F	I	I/FP	I/FP	I/F	I		I		
Oroboni, Antonino 09.02.26 Polizist	Vz/Mz	I	I	I	I	I	I	I	I	I/F	I	
Pezzoli, Andrea 30.11.10 Stahlarbeiter	Vz/Mz	I	I/FP	I	I	I/FP	I	I	I	I		I
Porliod, Prosperina 10.03.17 Landwirtin	Va/Ma	FP	I/FP	FP	FP	I/FP	I/F	I	I/F	I/F		
Vial, Maria Sofia 24.03.20 Landwirtin	Va/Ma	FP	I/FP	FP	FP	I/FP/F	I/F	I	I/F	I/F		
Vuillermoz, Teresa 10.03.20 Nonne	Va/Ma	FP	FP	I/F	I/FP	I/FP	I/F	I/F	I	I		
Zambaiti, Alessandrina 02.08.18 Näherin	Vz/Mz	I	I	I	I	I	I	I	I	I		

Tab. 10 : Aktive Beherrschung des Frankoprovenzalischen
Aosta

Farben

	bis 13	14-21	22-30	31-40	41-50	51-60	über 60
ROUGE (rodzo)	-----	*****	*****	*****	*****	*****	*****
	-----	*****	*****	*****	*****	*****	*****
	-----	-----	*****	*****	*****	*****	*****
	-----	-----	-----	*----	-----	*----	****_
NOIR (ner)	*----	*****	*****	*****	*****	*****	*****
	-----	-----	*****	*****	*****	*****	*****
	-----	-----	***__	*----	***__	****_	*****
	-----	-----	-----	-----	-----	-----	****_
JAUNE (dzano)	-----	***__	*****	*****	*****	*****	*****
	-----	-----	*****	*****	*****	*****	*****
	-----	-----	-----	-----	**___	****_	*****
	-----	-----	-----	-----	-----	-----	***__
VERT (vert)	***__	*****	*****	*****	*****	*****	*****
	-----	-----	*****	*****	*****	*****	*****
	-----	-----	**___	**___	*****	*****	*****
	-----	-----	-----	-----	**___	***__	***__
BLEU (bleu)	*----	*****	*****	*****	*****	*****	*****
	-----	**___	*****	*****	*****	*****	*****
	-----	-----	**___	***__	*****	*****	*****
	-----	-----	-----	-----	-----	**___	****_
BLANC (blan)	****_	*****	*****	*****	*****	*****	*****
	-----	-----	*****	*****	*****	*****	*****
	-----	-----	*****	*****	*****	*****	*****
	-----	-----	-----	-----	**___	***__	****_
BLÊME (blayo)	-----	*----	*****	*****	*****	*****	*****
	-----	-----	*----	*----	****_	*****	*****
	-----	-----	-----	-----	-----	-----	**___
	-----	-----	-----	-----	-----	-----	-----
CLAIR (cller)	*----	*****	*****	*****	*****	*****	*****
	-----	-----	****_	*****	*****	*****	*****
	-----	-----	-----	*----	****_	****_	*****
	-----	-----	-----	-----	-----	-----	**___
SOMBRE (teup)	-----	**___	*****	*****	*****	*****	*****
	-----	-----	*----	****_	*****	*****	*****
	-----	-----	-----	-----	-----	*----	-----
	-----	-----	-----	-----	-----	-----	-----

Zahlen

	bis 13	14-21	22-30	31-40	41-50	51-60	über 60
UN (eun)	*____	*****	*****	*****	*****	*****	*****
	_____	**___	*****	*****	*****	*****	*****
	_____	_____	****_	***__	****_	****_	*****
	_____	_____	_____	_____	_____	_____	*****
DEUX (dou)	***__	*****	*****	*****	*****	*****	*****
	_____	*____	*****	*****	*****	*****	*****
	_____	_____	***__	***__	***__	****_	*****
	_____	_____	_____	_____	_____	_____	****_
TROIS (trëi)	*____	*****	*****	*****	*****	*****	*****
	_____	***__	*****	*****	*****	*****	*****
	_____	_____	*****	**___	****_	****_	*****
	_____	_____	_____	_____	_____	_____	*****
QUATRE (quatro)	*____	*****	*****	*****	*****	*****	*****
	_____	*****	*****	*****	*****	*****	*****
	_____	*____	*****	***__	***__	*****	*****
	_____	_____	_____	_____	_____	*____	*****
CINQ (ceunq)	*****	*****	*****	*****	*****	*****	*****
	_____	**___	*****	*****	*****	*****	*****
	_____	_____	****_	***__	**___	*****	*****
	_____	_____	_____	_____	_____	*____	***__
SIX (chouéi)	_____	***__	*****	*****	*****	*****	*****
	_____	_____	*****	*****	*****	*****	*****
	_____	_____	*____	*____	**___	****_	*****
	_____	_____	_____	_____	_____	_____	***__
SEPT (sat)	**___	*****	*****	*****	*****	*****	*****
	_____	*____	*****	*****	*****	*****	*****
	_____	_____	*____	*____	**___	*****	*****
	_____	_____	_____	_____	_____	_____	***__
HUIT (ouet)	*____	*****	*****	*****	*****	*****	*****
	_____	***__	*****	*****	*****	*****	*****
	_____	_____	****_	**___	**___	*****	*****
	_____	_____	_____	_____	_____	*____	***__
NEUF (nou)	*____	*****	*****	*****	*****	*****	*****
	_____	**___	*****	*****	*****	*****	*****
	_____	_____	*____	*____	**___	*****	*****
	_____	_____	_____	_____	_____	**___	***__
DIX (djëi)	_____	*****	*****	*****	*****	*****	*****
	_____	_____	*****	*****	*****	*****	*****
	_____	_____	***__	**___	**___	*****	*****
	_____	_____	_____	_____	_____	*____	****_
VINGT (veun)	*____	****_	*****	*****	*****	*****	*****
	_____	_____	*****	*****	*****	*****	*****
	_____	_____	**___	**___	***__	**___	*****
	_____	_____	_____	_____	_____	_____	****_
SOIXANTE-DIX (settanta)	_____	*____	*****	*****	*****	*****	*****
	_____	_____	*____	*****	*****	*****	*****
	_____	_____	_____	_____	**___	**___	****_
	_____	_____	_____	_____	_____	_____	_____
QUATRE-VINGT (ouitanta)	_____	*****	*****	*****	*****	*****	*****
	_____	_____	*****	*****	*****	*****	*****
	_____	_____	*____	****_	*****	*****	*****
	_____	_____	_____	_____	*____	*____	****_

Lebensmittel	bis 13	14-21	22-30	31-40	41-50	51-60	über 60
VIANDE (tseur)	-----	****_	*****	*****	*****	*****	*****
	-----	-----	*****	*****	*****	*****	*****
	-----	-----	*****	*____	*****	****_	*****
	-----	-----	***__	-----	-----	-----	***__
BEURRE (beuro)	**___	*****	*****	*****	*****	*****	*****
	-----	-----	*****	*****	*****	*****	*****
	-----	-----	*****	****_	*****	*****	*****
	-----	-----	-----	-----	-----	*____	****_
FROMAGE (fromadzo)	**___	*****	*****	*****	*****	*****	*****
	-----	*****	*****	*****	*****	*****	*****
	-----	*____	*****	*****	*****	*****	*****
	-----	-----	-----	-----	*____	*____	****_
PAIN (pan)	***__	*****	*****	*****	*****	*****	*****
	-----	*****	*****	*****	*****	*****	*****
	-----	-----	*****	*____	*****	**___	*****
	-----	-----	***__	-----	-----	-----	****_
LAIT (lacéi)	-----	***__	*****	*****	*****	*****	*****
	-----	-----	*****	*****	*****	*****	*****
	-----	-----	****_	****_	****_	*****	*****
	-----	-----	-----	-----	-----	***__	****_
SUCRE (seucro)	-----	***__	*****	*****	*****	*****	*****
	-----	-----	*****	*****	*****	*****	*****
	-----	-----	***__	****_	****_	*****	*****
	-----	-----	-----	-----	-----	*____	****_
TRANCHE (fetta)	-----	***__	*****	*****	*****	*****	*****
	-----	-----	***__	*****	*****	*****	*****
	-----	-----	-----	-----	*____	**___	*****
	-----	-----	-----	-----	-----	-----	***__
NOIX (gnoué)	-----	**___	*****	*****	*****	*****	*****
	-----	-----	*____	*****	*****	*****	*****
	-----	-----	-----	-----	-----	*____	*****
	-----	-----	-----	-----	-----	-----	**___
EAU (éigue)	-----	****_	*****	*****	*****	*****	*****
	-----	-----	*****	*****	*****	*****	*****
	-----	-----	**___	***__	**___	****_	*****
	-----	-----	-----	-----	-----	-----	***__
HUILE (oillio)	*____	***__	*****	*****	*****	*****	*****
	-----	-----	*****	***__	*****	*****	*****
	-----	-----	-----	-----	*____	**___	*****
	-----	-----	-----	-----	-----	-----	****_

Kirche

	bis 13	14-21	22-30	31-40	41-50	51-60	über 60
ÉGLISE (élliése)	-----	**---	*****	*****	*****	*****	*****
	-----	-----	**---	*****	*****	*****	*****
	-----	-----	-----	-----	-----	*----	*****
	-----	-----	-----	-----	-----	-----	*----
PRÊTRE (préye)	-----	*****	*****	*****	*****	*****	*****
	-----	-----	***--	*****	*****	*****	*****
	-----	-----	-----	***--	**---	*----	*****
	-----	-----	-----	-----	-----	-----	**---
NONNE (mouèyna)	-----	**---	*****	*****	*****	*****	*****
	-----	-----	*----	***--	****_	*****	*****
	-----	-----	-----	-----	-----	-----	****_
	-----	-----	-----	-----	-----	-----	-----
PÊLERINAGE (pélérinadzo)	-----	***--	*****	*****	*****	*****	*****
	-----	-----	***--	**---	**---	*****	*****
	-----	-----	-----	-----	-----	*----	****_
	-----	-----	-----	-----	-----	-----	-----
MOINE (capeutseun)	-----	*----	***--	*****	*****	*****	*****
	-----	-----	-----	-----	**---	-----	***--
	-----	-----	-----	-----	-----	-----	-----
	-----	-----	-----	-----	-----	-----	-----
CURÉ (eunqueurã)	*----	-----	*----	*****	*****	*****	*****
	-----	-----	-----	**---	**---	**---	*****
	-----	-----	-----	-----	-----	-----	**---
	-----	-----	-----	-----	-----	-----	-----
PRIÈRE (priéye)	**---	***--	*****	*****	*****	*****	*****
	-----	-----	**---	*****	*****	*****	*****
	-----	-----	-----	*----	***--	*----	*****
	-----	-----	-----	-----	-----	-----	***--
CLOCHER (cllotchéi)	-----	*----	*****	*****	*****	*****	*****
	-----	-----	*----	*****	*****	*****	*****
	-----	-----	-----	-----	-----	*----	*****
	-----	-----	-----	-----	-----	-----	**---
AUTEL (oter)	*----	-----	****_	*****	*****	*****	*****
	-----	-----	-----	*----	-----	***--	*****
	-----	-----	-----	-----	-----	-----	****_
	-----	-----	-----	-----	-----	-----	-----
CIMETIÈRE (semeuteurio)	-----	**---	*****	*****	*****	*****	*****
	-----	-----	****_	*****	*****	*****	*****
	-----	-----	-----	***--	*----	**---	*****
	-----	-----	-----	-----	-----	-----	-----
DIABLE (djablo)	***--	***--	*****	*****	*****	*****	*****
	-----	-----	*****	*****	*****	*****	*****
	-----	-----	****_	*****	*****	*****	*****
	-----	-----	-----	-----	-----	*----	****_
ANGE (andze)	*----	*----	*****	*****	*****	*****	*****
	-----	-----	*----	**---	*****	*****	*****
	-----	-----	-----	-----	*----	-----	*****
	-----	-----	-----	-----	-----	-----	**---

Wochentage/Zeitangaben

	bis 13	14-21	22-30	31-40	41-50	51-60	über 60
LUNDI (deleun)	-----	***__	*****	*****	*****	*****	*****
	-----	-----	*****	*****	*****	*****	*****
	-----	-----	-----	**___	**___	***__	*****
	-----	-----	-----	-----	-----	-----	****_
MARDI (demars)	-----	****_	*****	*****	*****	*****	*****
	-----	-----	*****	*****	*****	*****	*****
	-----	-----	*____	***__	**___	****_	*****
	-----	-----	-----	-----	-----	-----	****_
MERCREDI (demécro)	-----	****_	*****	*****	*****	*****	*****
	-----	-----	*****	*****	*****	*****	*****
	-----	-----	*____	*____	**___	****_	*****
	-----	-----	-----	-----	-----	-----	****_
JEUDI (dedzou)	-----	***__	*****	*****	*****	*****	*****
	-----	-----	*****	*****	*****	*****	*****
	-----	-----	-----	*____	*____	***__	*****
	-----	-----	-----	-----	-----	-----	***__
VENDREDI (devēndro)	*____	***__	*****	*****	*****	*****	*****
	-----	-----	*****	*****	*****	*****	*****
	-----	-----	***__	****_	***__	*****	*****
	-----	-----	-----	-----	-----	*____	****_
SAMEDI (desando)	*____	***__	*****	*****	*****	*****	*****
	-----	-----	*****	*****	*****	*****	*****
	-----	-----	-----	**___	**___	*****	*****
	-----	-----	-----	-----	-----	-----	***__
DIMANCHE (demèndze)	-----	****_	*****	*****	*****	*****	*****
	-----	-----	*****	*****	*****	*****	*****
	-----	-----	*****	***__	***__	*****	*****
	-----	-----	-----	-----	-----	*____	***__
MOIS (mèis)	-----	***__	*****	*****	*****	*****	*****
	-----	-----	*****	*****	*****	*****	*****
	-----	-----	-----	-----	-----	**___	*****
	-----	-----	-----	-----	-----	-----	**___
SEMAINE (senar)	-----	***__	*****	*****	*****	*****	*****
	-----	-----	*****	*****	*****	*****	*****
	-----	-----	-----	**___	***__	**___	*****
	-----	-----	-----	-----	-----	-----	****_
JOUR (dzor)	**___	*****	*****	*****	*****	*****	*****
	-----	****_	*****	*****	*****	*****	*****
	-----	-----	*****	*****	****_	*****	*****
	-----	-----	-----	-----	-----	-----	***__
NUIT (néite)	-----	***__	*****	*****	*****	*****	*****
	-----	-----	*****	*****	*****	*****	*****
	-----	-----	**___	**___	**___	****_	*****
	-----	-----	-----	-----	-----	-----	****_
HEURE (ōoua)	*____	*****	*****	*****	*****	*****	*****
	-----	-----	*****	*****	*****	*****	*****
	-----	-----	**___	***__	**___	*****	*****
	-----	-----	-----	-----	-----	*____	***__

- 222 -

Körperteile	bis 13	14-21	22-30	31-40	41-50	51-60	über 60
TÊTE (téta)	**---	*****	*****	*****	*****	*****	*****
	-----	*----	*****	*****	*****	*****	*****
	-----	-----	****_	*****	*****	*****	*****
	-----	-----	-----	-----	*----	-----	****_
MAIN (man)	-----	*****	*****	*****	*****	*****	*****
	-----	*----	*****	*****	*****	*****	*****
	-----	-----	***--	*----	****_	**---	*****
	-----	-----	-----	-----	-----	-----	****_
PIED (pié)	-----	****_	*****	*****	*****	*****	*****
	-----	-----	***--	*****	*****	*****	*****
	-----	-----	-----	*----	***--	***--	*****
	-----	-----	-----	-----	-----	-----	***--
LÊVRE (pot)	-----	*----	*****	*****	*****	*****	*****
	-----	-----	-----	**---	**---	*****	*****
	-----	-----	-----	-----	-----	*----	*****
	-----	-----	-----	-----	-----	-----	-----
BOUCHE (botse)	*----	****_	*****	*****	*****	*****	*****
	-----	-----	****_	*****	*****	*****	*****
	-----	-----	-----	**---	*----	**---	*****
	-----	-----	-----	-----	-----	-----	***--
DOIGT (dèi)	-----	***--	*****	*****	*****	*****	*****
	-----	-----	****_	*****	*****	*****	*****
	-----	-----	-----	-----	*----	-----	****_
	-----	-----	-----	-----	-----	-----	****_
VENTRE (vèntro)	*----	**---	*****	*****	*****	*****	*****
	-----	-----	*****	*****	*****	*****	*****
	-----	-----	-----	-----	*----	***--	*****
	-----	-----	-----	-----	-----	-----	****_
OREILLE (bouéigno)	-----	***--	*****	*****	*****	*****	*****
	-----	-----	***--	*****	*****	*****	*****
	-----	-----	-----	*----	*----	**---	*****
	-----	-----	-----	-----	-----	-----	****_
NEZ (na)	-----	*****	*****	*****	*****	*****	*****
	-----	-----	*****	*****	*****	*****	*****
	-----	-----	**---	-----	*----	**---	*****
	-----	-----	-----	-----	-----	-----	***--
DOS (étseunna)	-----	***--	*****	*****	*****	*****	*****
	-----	-----	****_	****_	*****	*****	*****
	-----	-----	-----	-----	-----	**---	*****
	-----	-----	-----	-----	-----	-----	**---
JAMBE (tsamba)	-----	*****	*****	*****	*****	*****	*****
	-----	*----	*****	*****	*****	*****	*****
	-----	-----	*----	***--	****_	****_	*****
	-----	-----	-----	-----	-----	-----	****_

Abb. 14: Aktive Beherrschung des Frankoprovenzalischen Aosta

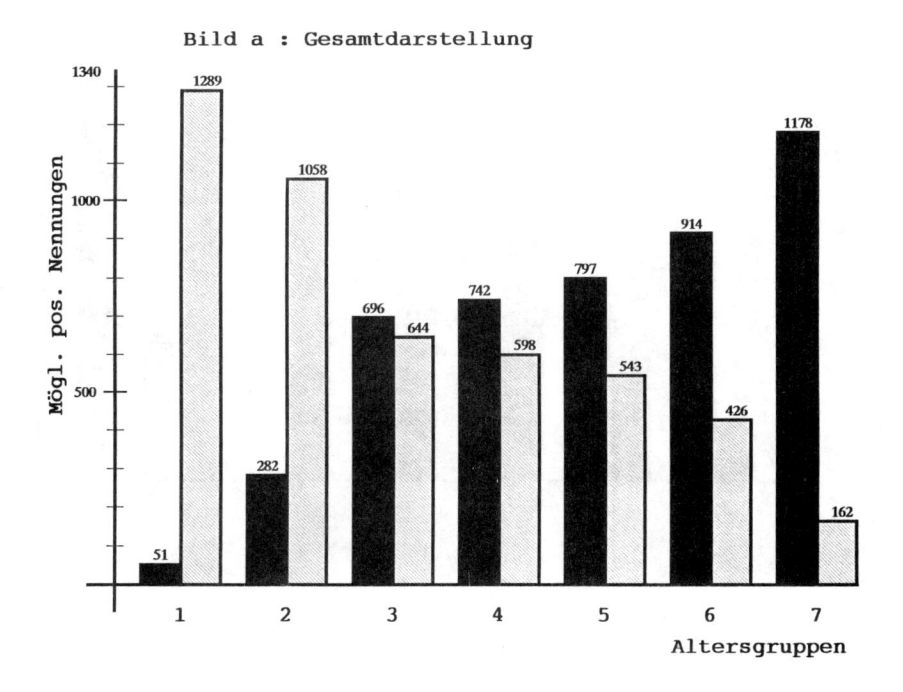

Bild a : Gesamtdarstellung

Mögl. pos. Nennungen

Altersgruppe	in Frankoprovenzalisch bekannt	nicht bekannt
1	51	1289
2	282	1058
3	696	644
4	742	598
5	797	543
6	914	426
7	1178	162

Legende:

■ in Frankoprovenzalisch bekannt
□ nicht bekannt

Bild b : Farben

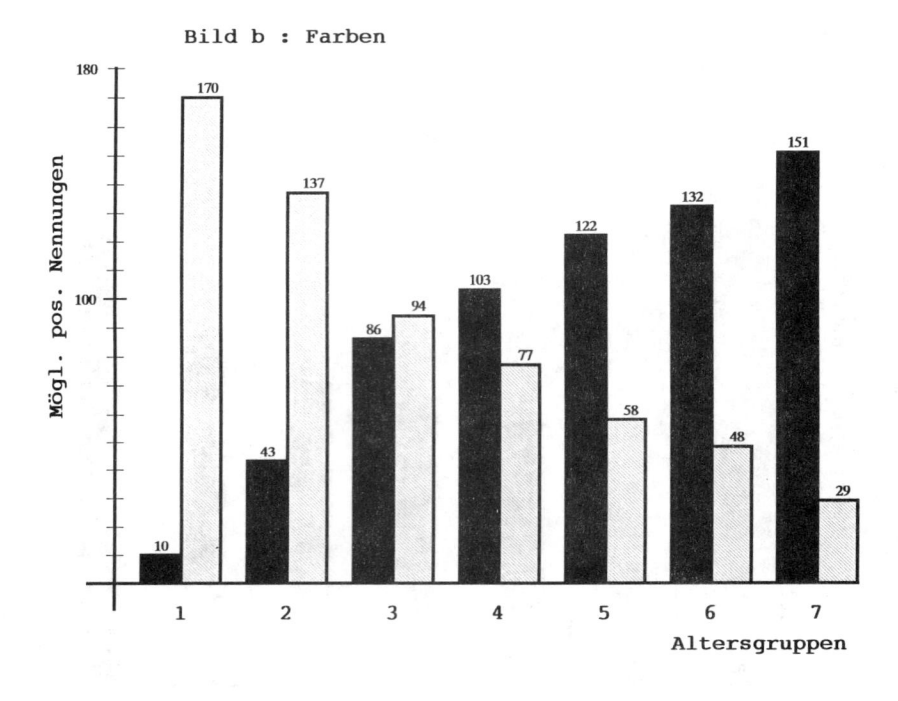

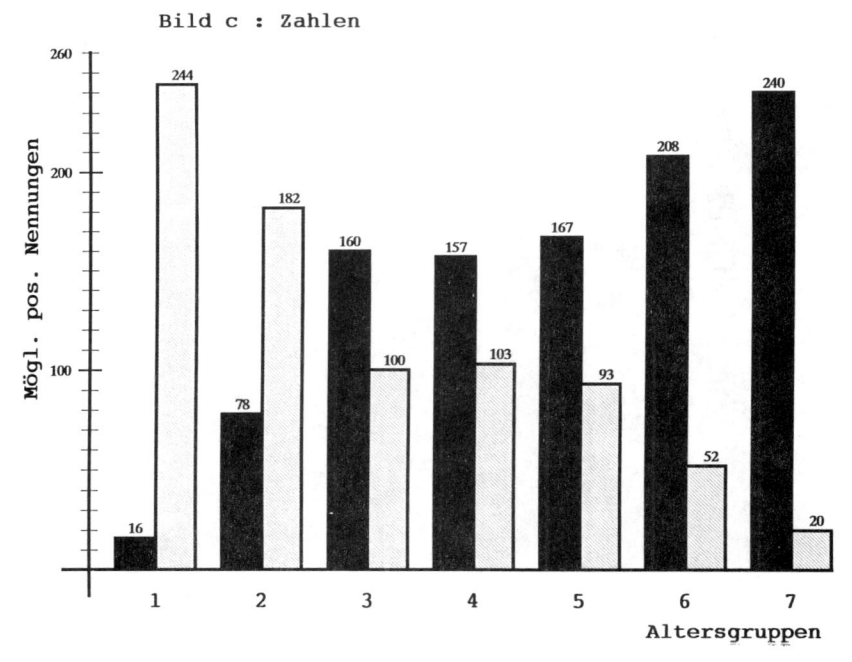

Bild c : Zahlen

- 225 -

Bild d : Lebensmittel

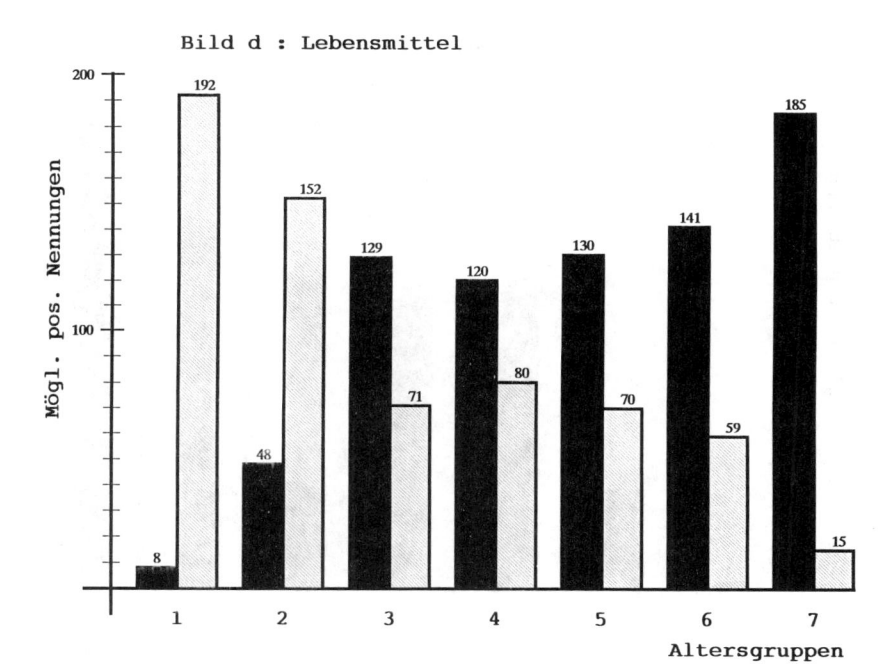

Altersgruppe	1	2	3	4	5	6	7
schwarz	8	48	129	120	130	141	185
hell	192	152	71	80	70	59	15

Mögl. pos. Nennungen / Altersgruppen

Bild e : Kirche

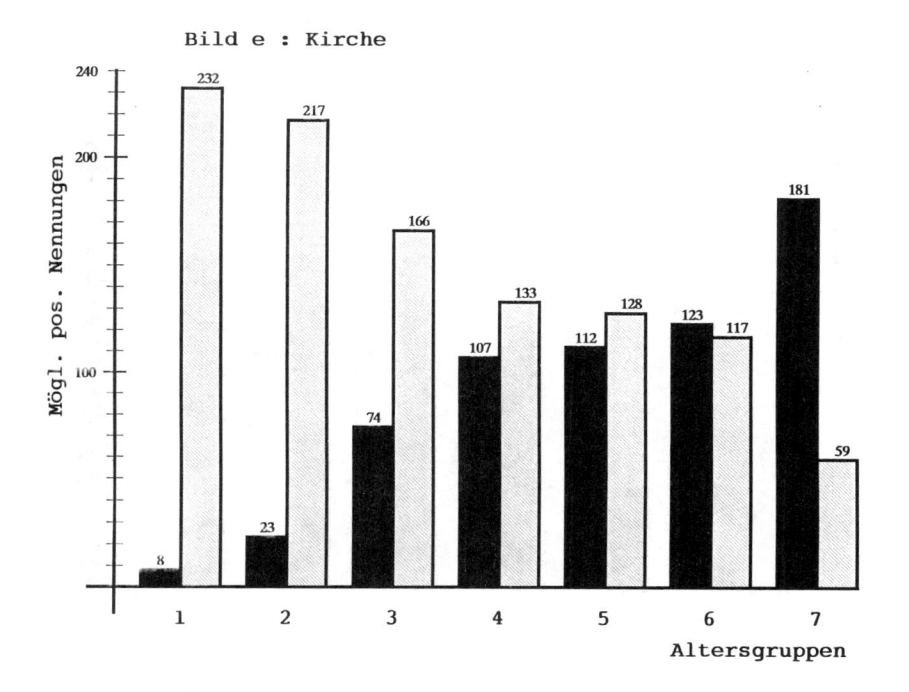

Altersgruppe	1	2	3	4	5	6	7
schwarz	8	23	74	107	112	123	181
hell	232	217	166	133	128	117	59

Mögl. pos. Nennungen / Altersgruppen

Bild f : Wochentage/Zeitangaben

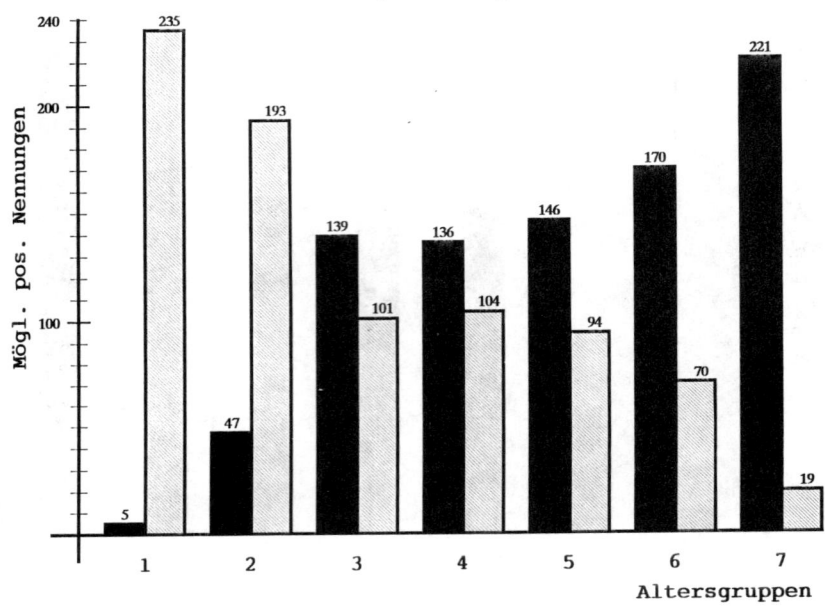

Altersgruppen

Bild g : Körper

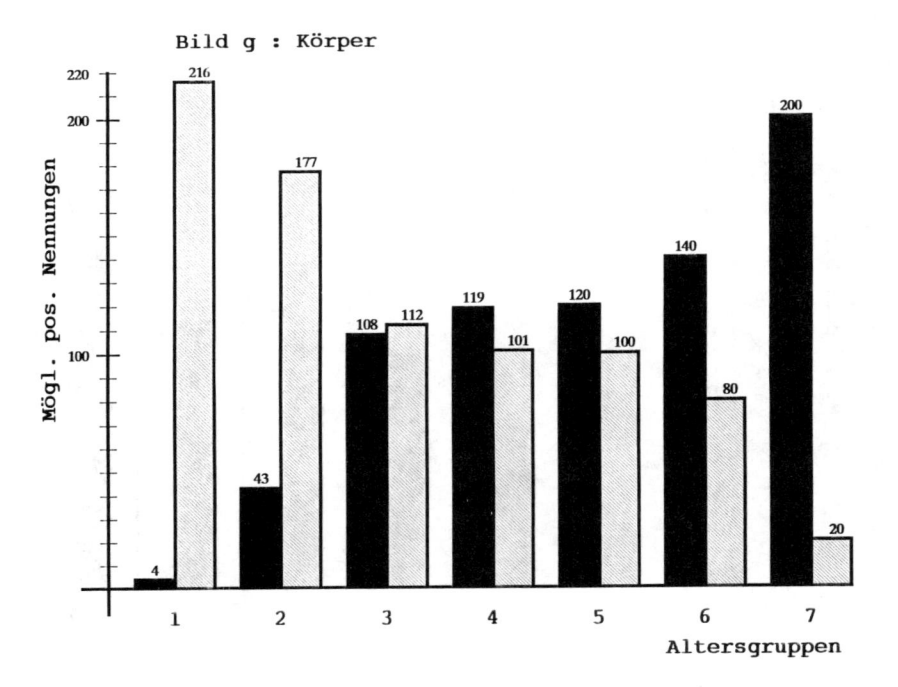

Altersgruppen

6.2 Analyse zur aktiven Beherrschung des Frankoprovenzalischen

Die vorhergehenden Tabellen und Graphiken präsentieren die aktiven Kenntnisse des Frankoprovenzalischen der 140 Gewährspersonen im Stadtgebiet Aosta. Legende und Vorgehensweise entsprechen der bereits für die Berggemeinden Etroubles, Saint-Oyen und Saint-Rhémy geschilderten.

Bereits an dieser Stelle sei gesagt, daß die Ausgangssprache Französisch erhebliche Schwierigkeiten bei der Befragung verursachte. Lediglich Kinder und Jugendliche sowie alteingesessene Valdostaner der Altersgruppe 7 zeigten weniger Probleme beim Verstehen der französischen Sprache. Dieses Phänomen erforderte mitunter die Nennung des Ausgangswortes in Italienisch, was aber auf die Prüfung der aktiven Kenntnisse des Frankoprovenzalischen nur wenig beziehungsweise keinen Einfluß genommen hat.

Der Fragebogen zeigt zunächst, daß die Wörter des Grundwortschatzes nur etwa der Hälfte aller 140 Gewährspersonen bekannt sind. Für die einzelnen Wortfelder ergaben sich für alle Altersgruppen zusammen folgende positive Nennungen: (in Prozent)

Farben:	51 %	Kirche:	37 %
Zahlen:	56 %	Wochentage/Zeitang.:	51 %
Lebensmittel:	54 %	Körperteile:	48 %

Diese Werte sind - vor allem im Vergleich zu den hohen Ergebnissen in den Berggemeinden - äußerst niedrig. Sie repräsentieren jedoch die aktiven Kenntnisse des Frankoprovenzalischen aller Befragten, das heißt auch die der Zugezogenen, die das Frankoprovenzalische niemals erlernt haben und somit in der Regel nicht über aktive Kenntnisse verfügen können. Die Gruppe der Zugezogenen stellt mit 53 Personen ca. 38 % dar; und zwar gegenüber 87 Personen (ca. 62 %) von alteingesessenen Valdostanern zusammen mit denjenigen Personen, von denen zumindest ein Elternteil valdostanischer Herkunft ist, also potentiellen Verwendern des Frankoprovenzalischen. Beschränkte man nun diese Ergebnisse lediglich auf diese 87 Personen und ginge davon aus, daß die positiven Nennungen der Untersuchung ausschließlich auf die Gruppe der eingesessenen Valdostaner zurückzuführen sind, ergäbe sich zwangsläufig ein weitaus höherer Prozentsatz für die aktiven Kenntnisse des Frankoprovenzalischen. Für die einzelnen Wortfelder erhielte man demnach für alle Altersgruppen zusammen folgende positive Nennungen: (in Prozent)

Farben:	83 %	Kirche:	60 %
Zahlen:	91 %	Wochentage/Zeitang.:	83 %
Lebensmittel:	87 %	Körperteile:	77 %

Diese Werte liegen - vor allem in den Wortfeldern Farben, Zahlen und Lebensmittel - nur knapp unter den in den Berggemeinden gemessenen, dürfen allerdings nicht als repräsentativ für die gesamte Stadtbevölkerung angesehen werden. Sie bescheinigen lediglich, daß die eingesessenen Städter - und hier im besonderen die älteren Bewohner Aostas - noch über komplexe Kenntnisse des Frankoprovenzalischen verfügen.

Während man in den Berggemeinden ab dem 30. Lebensjahr durchweg gute Kenntnisse des Frankoprovenzalischen feststellen konnte, muß man in der Stadt Aosta eine detailliertere Abgrenzung der einzelnen Altersgruppen vornehmen. Im Prinzip lassen sich drei Gruppen deutlich voneinander unterscheiden: in den Altersgruppen 1 und 2, also bei Kindern und Jugendlichen ergab die Befragung nur äußerst geringe bis überhaupt keine Kenntnisse des Frankoprovenzalischen; in den Altersgruppen 3 bis 5, also von 22 bis 50 Jahren kristallierten sich mittlere Kentisse des Dialektes je nach Herkunft der Befragten heraus; bei den Altersgruppen 6 und 7 hingegen ließen sich gute bis sehr gute Grundkenntisse der Mundart feststellen, was nicht zuletzt dadurch begründet ist, daß eben diese Altersgruppen den höchsten Anteil an alteingesessenen Valdostanern darstellen (in Altersgruppe 7: 17 von 20 Personen, das heißt 85 %).

Man kann davon ausgehen, daß auch in der Stadt Aosta noch ein hoher Anteil an autochthonen Valdostanern lebt (leider existieren keine Statistiken über Herkunft der Bewohner). Dies betrifft vor allem die älteren Bewohner. Deren Kinder, das heißt die Nachfolgegenerationen und somit in dieser Befragung Gewährspersonen der Altersgruppen 4 und 5, haben jedoch bereits durch Heirat und Kontakte mit italophonen Nicht-Valdostanern erhebliche Lücken in der Kenntnis ihres Heimatdialektes. Eben durch diesen Aspekt der Assimilation reduzieren sich die Kenntisse des Frankoprovenzalischen noch einmal mehr bei den nachfolgenden Generationen, also bei Altersgruppe 1 bis 3 dieser Befragung. Kinder und Jugendliche entfallen nach dieser Betrachtungsweise somit als potentielle Weiterträger des Frankoprovenzalischen. Ein allmähliches Verschwinden des Dialektes aus der Stadt wäre demnach denkbar.

Eine Betrachtung der Ergebnisse in den einzelnen Wortfeldern scheint diese Hypothese zu bestätigen. In Altersgruppe 1 und 2 sind praktisch keine aktiven Kenntnisse des Frankoprovenzalischen vorhanden. So ergab sich im Wortfeld Farben für ner in den Altersgruppen 1 und 2 lediglich eine Quote von 15 % ($\hat{=}$ 6 richtigen Nennungen); ähnliches gilt für blan (9 richtige Nennungen). Bei schwierigeren Wörtern wie teup, blayo oder dzano zeigten sich fehlende Kenntnisse in allen Altersgruppen. Während dzano etwa 92 % der Befragten in den Berggemeinden durchaus geläufig war, ergaben sich in Aosta nur 48 % an positiven Nennungen.

Gewisse Defizite bei schwierigeren, seltener gebrauchten Wörtern konnte man bei Kindern und Jugendlichen auch in den Berggemeinden beobachten, wobei ältere Gewährspersonen spontan die richtigen Entsprechungen im Dialekt nannten. In Aosta hingegen zeigten sich fehlende aktive Kenntnisse des Frankoprovenzalischen bei allen Altersgruppen, was auf eine wesentlich labilere Verankerung des Dialektes im Lebensraum Stadt schließen läßt.

Im Wortfeld Zahlen stieß man in den Berggemeinden nur bei stanta und ouitanta auf Schwierigkeiten; in Aosta jedoch kannte nur etwa die Hälfte aller 140 Gewährspersonen sämtliche abgefragte Wörter dieses Wortfeldes. In den Altersgruppen 1 und 2 ergaben sich wiederum nur 101 von insgesamt 520 möglichen positiven Nennungen, was einer Quote von 19 % entspricht; die Altersgruppen 6 und 7 bewiesen mit 432 von 520 möglichen richtigen Nennungen ($\hat{=}$ 83 %) eine stabile Kenntnislage des Frankoprovenzalischen. Die italophonen Immigranten kannten die Zahlwörter überhaupt nicht, aber auch Kinder und Jugendliche mit valdostanischen Eltern ließen erhebliche Defizite erkennen und bekundeten, grundsätzlich italienische Zahlwörter zu benutzen. In der Tat bescheinigten die meisten, sowohl Kopfrechnen als auch Zählen stets in italienischer Sprache durchzuführen. Das heißt, auch wenn gewisse eher passive Kenntnisse des Frankoprovenzalischen vorhanden sind, erfolgt bei den meisten Kindern und Jugendlichen kein aktiver Gebrauch des Dialektes. In den Altersgruppen 3 bis 5 ergaben sich bei der Befragung der Zahlwörter relativ gute Kenntnisse. Zumindest die autochthonen Valdostaner kannten im allgemeinen die richtigen Entsprechungen und antworteten spontan korrekt.

Bei der frankoprovenzalischen Entsprechung für frz.: soixante-dix ergaben sich auch in Aosta Schwierigkeiten, was bereits durch das Nichtwissen der französischen Ausgangsform begründet war. Kinder und Jugendliche kannten zwar meist das französische Wort, wollten dann aber spontan die italienische Übersetzung liefern, die in diesem Fall als geschriebenes Wort völlig mit dem Frankoprovenzalischen übereinstimmt, phonetisch jedoch vom Italienischen abweicht: ital.: [set'tanta] im Gegensatz zu frankoprov.: [s'tanta]. Das heißt, während im Italienischen eine deutliche Aussprache des e und der beiden t erfolgt, wird die frankoprovenzalische Entsprechung schneller gesprochen und das e gewissermaßen verschluckt.

Das Phänomen, daß Kinder und Jugendliche spontan die italienische Übersetzung des abgefragten französischen Wortes lieferten beziehungsweise liefern wollten, ließ sich in vielen Fällen beobachten. Die Nennung der italienischen Entsprechung erfolgte oft mit einem gewissen Stolz, beide Sprachen zu "beherrschen". Möglicherweise läßt sich hier ein positiver Effekt, den der verstärkte Französischunterricht in den Schulen auf die Schüler auswirkt, ausmachen. Das Gelernte wird zumindest bei besonderen Gelegenheiten - wie zum Beispiel bei einer derartigen Enquête - gerne angewandt. In der Tat empfanden Kinder die Befragung oft als ein Ratespiel und konnten sich kaum bremsen, die richtige Antwort zu finden. Diese Tatsache ist sicherlich ein Zeichen für die hohe Lernbereitschaft und spricht somit um so mehr für eine frühe Förderung einer Zweisprachigkeit.

Wie bereits in den anderen Wortfeldern verhält sich auch die Situation im Wortfeld Lebensmittel. Relativ gute Kenntnisse des Frankoprovenzalischen ließen sich lediglich bei fromadzo in allen Altersgruppen ausmachen. Abgesehen von einer Fast-Analogie in allen drei Idiomen ist diese Tatsache vor allem auf den hohen Bekanntheitsgrad dieses Wortes über die Gruppe der autochthonen Sprecher des Frankoprovenzalischen hinaus,

zurückzuführen. Fromadzo ist ein typisches, landwirtschaftliches Produkt
des Aostatales und gewissermaßen zum Kulturgut im kulinarischen Sinne
avanciert. Immerhin kannten daher 67 % aller 140 Gewährspersonen die
richtige Entsprechung.

Schwierigere, seltener gebrauchte Wörter wie gnoué oder oillio erhielten
im Stadtgebiet Aosta noch weniger positive Nennungen als in den Berggemeinden Etroubles, Saint-Oyen und Saint-Rhémy.

Das Nicht-Wissen von komplizierteren Wörtern manifestierte sich einmal
mehr im Wortfeld Kirche. Wie schon in den Berggemeinden zeigten sich hier
extrem niedrige Werte: während in Etroubles, Saint-Oyen und Saint-Rhémy
jedoch ein durchschnittlicher Bekanntheitsgrad von 72 % für alle Wörter
und Altersgruppen erzielt wurde, ergaben sich im Stadtgebiet Aosta gerade einmal 37 %. Deutlich wurde vor allem, daß in diesem Bereich eigentlich nur noch die älteren Gewährspersonen, das heißt Altersgruppe
7 und mit gewissen Einschränkungen auch Altersgruppe 6 noch aktive Kenntnisse im Frankoprovenzalischen besitzen. Bis einschließlich Altersgruppe
3 konnten wir im Wortfeld Kirche praktisch keine Kenntnisse des Dialektes
ausmachen.

Eine Ausnahme stellt auch hier das Wort djablo dar. Wie bei fromadzo handelt es sich abermals um ein volkstümliches Wort. Gewisse Bräuche der
einheimischen Valdostaner, aber auch das Vorkommen von djablo in vielen
Schimpfausdrücken und Flüchen, haben bewirkt, daß dieses Wort sogar zugezogenen Stadtbewohnern bekannt ist. 85 der 140 Gewährspersonen nannten in der Tat spontan die richtige frankoprovenzalische Entsprechung,
was einer Quote von ca. 61 % entspricht.

Der ansonsten extrem niedrige Bekanntheitsgrad von Wörtern aus dem klerikalen Bereich, zum Beispiel bei capeutseun, eunquerà oder oter, ist
nicht zuletzt auch durch ein immer stärkeres Verschwinden der Kirche
aus dem täglichen Leben zu begründen. Dieses Phänomen, das in der
Stadt noch wesentlich ausgeprägter als etwa bei der Landbevölkerung
vorliegt, aber auch die Tatsache, daß viele einst im Dialekt verwendete
Wörter durch modernere und zwar den Standardsprachen Italienisch oder
Französisch entliehene Wörter ersetzt worden sind, erklären auch das

Nicht-Wissen vieler frankoprovenzalischer Entsprechungen bei autochthonen Valdostanern.

Im Wortfeld Wochentage/Zeitangaben war sofort eindeutig zu erkennen, wer die abgefragten Wörter im täglichen Sprachgebrauch aktiv und kontinuierlich verwendete. Kannte zum Beispiel eine Gewährsperson die Bezeichnung für Montag, so waren ihr grundsätzlich auch alle anderen Wochentage bekannt. Das gleiche war auch umgekehrt der Fall: traten schon bei der Nennung des ersten Wochentages Schwierigkeiten auf, so waren in den seltensten Fällen die weiteren Tage in Frankoprovenzalisch bekannt. Bei zufälligen richtigen Beantwortungen konnte man in der Tat eher davon ausgehen, daß die Bezeichnung erraten wurde, niemals aber Teil des aktiven mundartlichen Wortschatzes darstellte.

Ansonsten präsentiert sich der Bereich Wochentage/Zeitangaben ähnlich wie das Wortfeld Zahlen: entweder benutzte eine Person aktiv frankoprovenzalische Zahlwörter, wobei nur dann von einem tatsächlichen Mundartsprecher ausgegangen werden durfte (in diesen Fällen erfolgte spontan die richtige Nennung aller abgefragten Wörter), oder das Gegenteil war der Fall, das heißt einige Begriffe wurden zu erraten versucht. Auch bei einigen durchaus richtigen Antworten darf man keinen aktiven Frankoprovenzalisch-Sprecher dahinter vermuten.

Ausnahmen bildeten in diesem Bereich die Wörter dzor und òoua: beide frankoprovenzalischen Bezeichnungen waren vielen Städtern eher passiv bekannt. Da es sich um zwei Begriffe handelt, die im täglichen Sprachgebrauch relativ häufig verwendet werden, nämlich beim Grüßen und beim Erkundigen nach der Uhrzeit, haben auch viele allochthone Valdostaner diese Wörter zumindest in ihrem passiven Wortschatz verankert, was aber keinesfalls bedeutet, daß sie die frankoprovenzalischen Entsprechungen aktiv verwenden würden. Einige Kinder und Jugendliche berichteten zum Beispiel, daß die Großeltern sich bei ihnen in frankoprovenzalisch nach der Uhrzeit erkundigen würden, sie ihnen aber in italienisch antworten würden. So war zumindest einigen Befragten der Altersgruppen 1 und 2 das Wort òoua passiv bekannt und konnte nach einiger Überlegung bei der Befragung genannt werden.

Wie bereits im Wortfeld Kirche ist auch die Anzahl der positiven Nennungen im Bereich der Körperteile äußerst gering. Lediglich in den Altersgruppen 6 und 7 ließen sich relativ gute Kenntnisse des Frankoprovenzalischen feststellen, ansonsten verhält sich die Situation ähnlich wie bereits für die anderen Wortfelder beschrieben.

Für das Frankoprovenzalische ist also festzuhalten, daß in der Stadt Aosta bereits erhebliche Rückgänge hinsichtlich der aktiven Sprachkompetenz zu verzeichnen sind. Lediglich bei den älteren Stadtbewohnern valdostanischer Herkunft läßt sich noch ein aktiver Gebrauch der Mundart feststellen. Bei den jüngeren Altersgruppen und hier insbesondere bei den Altersgruppen 1 und 2, findet man nur noch wenige aktive Sprecher des Frankoprovenzalischen, und das selbst dann, wenn beide Elternteile aus dem Aostatal stammen. Man muß also davon ausgehen, daß nicht nur Zugezogene nicht als aktive Dialektverwender in Frage kommen, sondern, daß auch viele der alteingesessenen Valdostaner in der Stadt bereits weite Teile ihres Heimatdialektes verloren beziehungsweise bewußt zugunsten des Italienischen aufgegeben haben.

Für die einzelnen Altersgruppen ergeben sich die folgenden Prozentsätze an gewußten Wörtern für alle Wortfelder zusammen:

Altersgruppe 1 :   ca. 4 %   ($\hat{=}$ 51 von 1340 mögl. positiven Nennungen)
Altersgruppe 2 :   ca. 21 %   ($\hat{=}$ 282 "   "   "   "   "   )
Altersgruppe 3 :   ca. 52 %   ($\hat{=}$ 696 "   "   "   "   "   )
Altersgruppe 4 :   ca. 55 %   ($\hat{=}$ 742 "   "   "   "   "   )
Altersgruppe 5 :   ca. 59 %   ($\hat{=}$ 797 "   "   "   "   "   )
Altersgruppe 6 :   ca. 68 %   ($\hat{=}$ 914 "   "   "   "   "   )
Altersgruppe 7 :   ca. 88 %   ($\hat{=}$ 1178 "   "   "   "   "   )

Die Quote von 88 % an gewußten Wörtern in Altersgruppe 7 entspricht genau der durchschnittlichen Quote, die in den Berggemeinden für alle Altersgruppen erreicht wurde. Diese Bilanz entspricht in der Stadt Aosta etwa 50 % und kann - was die aktiven Kenntnisse des Frankoprovenzalischen betrifft - bereits nicht mehr als eine solide Grundlage für den Fortbestand der Mundart im Stadtgebiet Aosta bewertet werden. Vielmehr zeigen die extrem niedrigen Quoten in den Altersgruppen 1 und 2, daß erhebliche Lücken bereits heute vorhanden sind und unter den geschilderten Umständen auch nicht wieder aufgeholt werden. Kinder und Jugendliche scheiden somit als potentielle Vermittler des Frankoprovenzalischen in Aosta aus.

– 234 –

Tab. 11 : Passive Beherrschung des Frankoprovenzalischen unter gleichzeitiger
Berücksichtigung der französischen Sprachkompetenz
Aosta

Alte Berufe

	bis 13	14-21	22-30	31-40	41-50	51-60	über 60
TAILLEUR (tailleur, sarto)	IIII- ----- ----- -----	***II ----- ----- -----	***II I---- ----- -----	***** ****I I---- -----	***** ***** IIII- -----	***** ****I III-- -----	***** ***** ***II II---
FAVRO (forgeron, fabbro)	IIIII IIIII IIIII III--	IIIII IIIII IIIII IIII-	*IIII IIIII IIIII IIIII	****I IIIII IIIII IIIII	****I IIIII IIIII IIIII	****I IIIII IIIII IIIII	***** IIIII IIIII IIIII
CORDOGNÉ (cordonnier, calzolaio)	----- ----- ----- -----	*I--- ----- ----- -----	**III ----- ----- -----	***** *III- ----- -----	***** ***** II--- -----	***** ***II III-- -----	***** ***** ***II I----
MEUNEUJÉ (menuisier, falegname)	----- ----- ----- -----	*I--- ----- ----- -----	***II II--- ----- -----	***** **II- ----- -----	***** ****I ----- -----	***** ***** ***I- -----	***** ***** *IIII -----
SÊILÉ (tonnelier bottaio)	----- ----- ----- -----	----- ----- ----- -----	I---- ----- ----- -----	II--- ----- ----- -----	III-- ----- ----- -----	IIIII ----- ----- -----	III-- ----- ----- -----
RAMONEUR (ramoneur, spazzacamino)	----- ----- ----- -----	**--- ----- ----- -----	***** ****I ----- -----	***** ***** ***** I----	***** ***** ***** **---	***** ***** ***** I----	***** ***** ***** *I---
MASÔN (maçon, muratore)	*---- ----- ----- -----	***** *IIII III-- -----	***** ***** ***** II---	***** ***** **III -----	***** ***** ***** *----	***** ***** ****I II---	***** ***** ***** *I---
FRÔOUTÉ (fromagier, casaro)	----- ----- ----- -----	I---- ----- ----- -----	*IIII I---- ----- -----	*IIII IIIII II--- -----	IIIII IIII- ----- -----	**III IIIII IIIII -----	***II IIIII IIIII I----
SÊITÔOU (faucheur, falciatore)	----- ----- ----- -----	I---- ----- ----- -----	I---- ----- ----- -----	**II- ----- ----- -----	*IIII ----- ----- -----	***II I---- ----- -----	***II III-- ----- -----
CAMPAGNAR (paysan, contadino)	***** ***II IIIII IIII-	***** **III IIIII I----	***** ***** ***** IIII-	***** ***** ***II III--	***** ***** ***** *II--	***** ***** ***** **II-	***** ***** ****I III--

Landwirtschaftliche Geräte

	bis 13	14-21	22-30	31-40	41-50	51-60	über 60
FÂ (faucille, falce)	***II IIIII IIIII III--	**III IIIII IIIII II---	***** ***II IIIII II---	***** ****I IIIII IIII-	***** ***** *IIII IIIII	***** ***** ***II IIIII	***** ****I IIIII IIII-
PALA (pelle, badile)	*IIII IIIiI IIIII IIIII	***II IIIII IIIII IIIII	*IIII IIIII IIIII IIIII	***** **III IIIII II---	***II IIIII IIIII IIIII	***** **III IIIII III--	***** **III IIIII II---
FOCHÒOU (pioche, zappa)	----- ----- ----- -----	I---- ----- ----- -----	*IIII I---- ----- -----	**III I---- ----- -----	IIIII III-- ----- -----	*IIII IIII- ----- -----	***II IIIII ----- -----
ÊNRÈI (charrue, aratro)	II--- ----- ----- -----	IIIII I---- ----- -----	IIII- ----- ----- -----	*IIII IIII- ----- -----	IIIII I---- ----- -----	*IIII II--- ----- -----	**III I---- ----- -----
RATÉ (râteau, rastrello)	***** IIIII IIIII III--	****I IIIII ----- -----	****I IIIII IIII- -----	***** **III IIII- -----	***** *IIII IIIII I----	***** ***** IIIII II---	***** ***** **III IIII-
PEUQUE (pic, picco)	IIIII ----- ----- -----	**III IIIII III-- -----	***** IIIII IIIII -----	***** *IIII IIII- -----	***** **III IIIII II---	***** ***II IIIII IIII-	***** **III IIIII IIII-
FÒOUTSET (serpe, roncola)	II--- ----- ----- -----	III-- ----- ----- -----	IIIII IIIII IIIII I----	*IIII IIIII IIII- -----	IIIII IIIII IIIII -----	IIIII IIIII IIIII III--	IIIII IIIII IIIII III--
RESSETTA (scie, sega)	II--- ----- ----- -----	*III- ----- ----- -----	IIIII IIIII ----- -----	***** IIIII ----- -----	***II IIIII III-- -----	***** *IIII IIIII -----	****I IIIII IIIII III--
MARTELET (marteau, martello)	***** ***** ***** ***II	***** ***** ****I IIIII	***** ***** ****I IIII-	***** ***** ***II IIII-	***** ***** ***** **III	***** ***** ****I IIIII	***** ***** ***II IIIII
SÉTON (hotte, gerla)	----- ----- ----- -----	II--- ----- ----- -----	IIIII ----- ----- -----	***II I---- ----- -----	*IIII IIIII II--- -----	***II IIIII II--- -----	***II IIIII I---- -----
TSAVÊN (panier, cesto)	***** ***** ****I I----	***** ****I III-- -----	***** ****I IIIII II---	***** ***** ****I IIII-	***** ***** ***II III--	***** ***** ***** *III-	***** ***** ****I IIIII

- 236 -

Gebirgstiere

	bis 13	14-21	22-30	31-40	41-50	51-60	über 60
MARMOTTA (marmotte, marmotta)	***** ***** ***** ****I	***** ***** IIIII IIIII	***** ***** ***** **III	***** ***** ***** *IIII	***** ***** ***** **III	***** ***** ***** **III	***** ***** ****I IIIII
RÉINAR (renard, volpe)	**I-- ----- ----- -----	**II- ----- ----- -----	***** ***** ****I -----	***** ***** ***-- -----	***** ***** ***** ****-	***** ***** ****I I----	***** ***** ***** **---
TSAMOS (chamois, camoscio)	----- ----- ----- -----	***** **III IIII- -----	***** ***** ****I I----	***** ***** ****I -----	***** ***** ***** ***I-	***** ***** ***** IIII-	***** ***** ****I III--
MARTEURA (martre, martora)	I---- ----- ----- -----	IIII- ----- ----- -----	IIIII IIIII ----- -----	*IIII IIIII ----- -----	IIIII IIIII I---- II---	**III IIIII ----- -----	IIIII IIIII II--- -----
AILLE (aigle, aquila)	***** *III- ----- -----	***** *II-- ----- -----	***** ***II ----- -----	***** ***II ----- -----	***** ***** ****I -----	***** ***** III-- -----	***** ***** IIIII II---
VERDZAS (écureuil, scoiattolo)	----- ----- ----- -----	----- ----- ----- -----	***II I---- ----- -----	****I I---- ----- -----	****I I---- ----- -----	****I ----- ----- -----	****I IIIII I---- -----
TÊISSON (blaireau, tasso)	I---- ----- ----- -----	IIIII III-- ----- -----	*IIII III-- ----- -----	**III III-- ----- -----	*IIII III-- ----- -----	**III IIII- ----- -----	*IIII IIII- ----- -----
BEUYE (serpent, serpente)	----- ----- ----- -----	***-- ----- ----- -----	***** **I-- ----- -----	***** **III ----- -----	***** ***** I---- -----	***** ****I II--- -----	***** ***** **III III--
MOTSET (faucon, falco)	----- ----- ----- -----	I---- ----- ----- -----	*IIII ----- ----- -----	**III I---- ----- -----	*IIII III-- ----- -----	***II II--- ----- -----	***II IIIII I---- -----
SERF (cerf, cervo)	**--- ----- ----- -----	***** **II- ----- -----	***** ***** *II-- -----	***** ***** **--- -----	***** ***** ***** II---	***** ***** ****I IIIII	***** ***** *IIII -----

Gebirgspflanzen

	bis 13	14-21	22-30	31-40	41-50	51-60	über 60
REUCEULEUN (rhododendron, rododendro)	*I--- ----- ----- -----	*---- ----- ----- -----	**--- ----- ----- -----	**II- ----- ----- -----	*I--- ----- ----- -----	*I--- ----- ----- -----	***** I---- ----- -----
PAVÔ (pavot, papavero)	----- ----- ----- -----	*---- ----- ----- -----	*III- ----- ----- -----	*III- ----- ----- -----	***II III-- ----- -----	***** *I--- ----- -----	***** *IIII II--- -----
BIOULA (bouleau, betulla)	IIIII I---- ----- -----	IIII- ----- ----- -----	***II II--- ----- -----	****I IIII- ----- -----	****I IIIII II--- -----	****I IIIII IIIII I----	***** *IIII III-- -----
TRIOLÉ (trèfle, trifoglio)	IIIII I---- ----- -----	IIIII IIIII I---- -----	*IIII II--- ----- -----	***II III-- ----- -----	*IIII IIIII I---- -----	***** *IIII II--- -----	***** ***II IIIII -----
GÉRAGNÔN (géranium, geranio)	*IIII IIIII III-- -----	***** **III IIIII II---	***** ***** IIIII I----	***** ***** ***II I----	***** ***** ***** ***--	***** ***** **III IIII-	***** ***** ***** *III-
DZÈNSANA (gentiane, genziana)	*IIII II--- ----- -----	***II IIIII II--- -----	***** **III IIII- II---	***** **III *IIII -----	***** ***** ***** II---	***** **III *IIII IIII-	***** ***** **III I----
CERIEUSÉYE (cerisier, ciliegio)	**I-- ----- ----- -----	***II ----- ----- -----	***** ***II ----- -----	***** *I--- ----- -----	***** ****_ ----- -----	***** ***** *I--- -----	***** ***** ****I II---
VERNA (aune, ontano)	----- ----- ----- -----	----- ----- ----- -----	I---- ----- ----- -----	I---- ----- ----- -----	II--- ----- ----- -----	*III- ----- ----- -----	IIII- ----- ----- -----
SÂDZO (saule, salice)	**III III-- ----- -----	*III- ----- ----- -----	*III- ----- ----- -----	*IIII ----- ----- -----	***** *IIII II--- -----	***II IIIII II--- -----	***** *IIII I---- -----
PESSE (sapin, abete)	I---- ----- ----- -----	I---- ----- ----- -----	***** **II- ----- -----	***II II--- ----- -----	***** *III- ----- -----	***** *IIII ----- -----	***** *IIII I---- -----
BRÊNVA (mélèze, larice)	----- ----- ----- -----	*I--- ----- ----- -----	IIII- ----- ----- -----	****I III-- ----- -----	IIIII III-- ----- -----	***II IIIII I---- -----	****I IIIII ----- -----

Gemüsesorten

	bis 13	14-21	22-30	31-40	41-50	51-60	über 60
TSOU (chou, cavolo)	*I---	-----	*****	*****	*****	*****	*****
	-----	II---	*****	*****	*****	*****	*****
	-----	-----	****I	**III	****_	****I	*****
	-----	-----	I----	-----	-----	II---	III--
PERSÏ (persil, prezzemolo)	-----	II---	*****	*****	*****	*****	*****
	-----	-----	**III	*****	*****	*****	*****
	-----	-----	I----	IIIII	IIIII	IIII-	*****
	-----	-----	-----	-----	I----	-----	IIII-
GNEUFFE (carotte, carota)	*----	**---	*****	*****	*****	*****	*****
	-----	-----	II---	**---	*III-	**III	*****
	-----	-----	-----	-----	-----	I----	**III
	-----	-----	-----	-----	-----	-----	I----
POS (poireau, porro)	-----	I----	IIIII	***II	*****	*****	*****
	-----	-----	-----	IIIII	IIIII	***II	*****
	-----	-----	-----	-----	-----	III--	*IIII
	-----	-----	-----	-----	-----	-----	II---
TRIFOLLA (pomme de terre, patata)	*----	***__	*****	*****	*****	*****	*****
	-----	-----	*****	*****	*****	*****	*****
	-----	-----	****_	**II-	*****	*****	*****
	-----	-----	-----	-----	**I--	*III-	***I-
RAVANEUN (radis, ravanello)	IIIII	IIIII	*IIII	**III	*IIII	**III	*IIII
	IIIII	IIIII	IIIII	IIIII	IIIII	IIIII	IIIII
	IIIII	IIIII	IIIII	IIIII	IIIII	IIIII	IIIII
	I----	II---	IIII-	IIIII	IIIII	IIIII	II---
PESET (petit pois, pisello)	IIII-	**III	*****	*****	*****	*****	*****
	-----	I----	III--	****I	*****	*****	*****
	-----	-----	-----	-----	**II-	IIII-	**III
	-----	-----	-----	-----	-----	-----	IIII-
GROUILLE (haricot vert, fagiolino)	-----	I----	*II--	**III	****I	***II	*****
	-----	-----	-----	I----	IIII-	IIII-	*IIII
	-----	-----	-----	-----	-----	-----	II---
	-----	-----	-----	-----	-----	-----	-----
FÈISOÙ (haricot, fagiolo)	II---	*IIII	****I	*****	*****	*****	*****
	-----	IIIII	IIIII	IIIII	***II	*****	*****
	-----	-----	IIIII	IIII-	IIIII	IIIII	****I
	-----	-----	I----	-----	-----	IIII-	IIII-
COUTA (blette, bietola)	-----	IIIII	*IIII	*IIII	**III	*IIII	****I
	-----	-----	IIIII	IIIII	IIIII	IIIII	IIIII
	-----	-----	-----	I----	IIII-	IIIII	IIIII
	-----	-----	-----	-----	-----	-----	-----

- 239 -

Kleidung

	bis 13	14-21	22-30	31-40	41-50	51-60	über 60
BASQUINA (chemisette, camicetta)	----- ----- ----- -----	*---- ----- ----- -----	***-- ----- ----- -----	***** *I--- ----- -----	****I I---- ----- -----	***** **--- ----- -----	***** ***** ***II II---
JUPA (jupe, gonna)	***** ***** ***** III--	***** III-- ----- -----	***** ***** *I--- -----	***** ***** **--- -----	***** ***** *I--- -----	***** ***** *---- -----	***** ***** **I-- -----
FÔOUDÉ (tablier, grembiule)	----- ----- ----- -----	III-- ----- ----- -----	IIIII IIII- ----- -----	**III IIIII I---- -----	***II IIIII II--- -----	***** *IIII IIIII -----	***** ****I IIIII III--
COTEUILLON (robe, vestito)	*---- ----- ----- -----	II--- ----- ----- -----	*IIII ----- ----- -----	****I II--- ----- -----	***** IIIII I---- -----	***** **III I---- -----	***** ****I IIIII -----
GAMBEUILLON (combinaison, sottoveste)	----- ----- ----- -----	I---- ----- ----- -----	IIII- ----- ----- -----	III-- ----- ----- -----	IIII- ----- ----- -----	***II III-- ----- -----	*IIII IIIII III-- -----
SARDZE (jupon, sottoveste con drap)	----- ----- ----- -----	----- ----- ----- -----	I---- ----- ----- -----	----- ----- ----- -----	I---- ----- ----- -----	**III ----- ----- -----	*II-- ----- ----- -----
TSÔOUSSÓN (bas, calze)	***II IIIII III-- -----	****I I---- ----- -----	***** ****I III-- -----	***** ***II IIII- -----	***** ***** **III -----	***** ***** **III II---	***** ***** ***** *III-
METANE (moufles, muffole)	----- ----- ----- -----	*I--- ----- ----- -----	*IIII ----- ----- -----	***** ----- ----- -----	***** **--- ----- -----	***** ***II ----- -----	***** *IIII IIII- -----
CACHENÈ (écharpe, sciarpa)	**II- ----- ----- -----	*---- ----- ----- -----	III-- ----- ----- -----	***II I---- ----- -----	****I ----- ----- -----	***II ----- ----- -----	***** IIIII ----- -----

– 240 –

Möbel

```
                            bis 13   14-21   22-30   31-40   41-50   51-60   über 60

TABLA (table,               *****    *****   *****   *****   *****   *****   *****
      tavolo)               *****    *****   *****   *****   *****   *****   *****
                            *****    *****   *****   *****   *****   *****   *****
                            *****    IIIII   ****I   *****   *****   *****   ***II

CARÈYA (chaise,             *****    *****   *****   *****   *****   *****   *****
       sedia)               *****    *****   *****   *****   *****   *****   *****
                            *****    *****   *****   *****   *****   ****I   ***II
                            *****    ****_   ***I-   IIII-   *II--   III--   IIIII

ARTSÔN (coffre,             -----    III--   IIIII   *IIII   *IIII   **III   *IIII
       cassapanca)          -----    -----   -----   III--   IIIII   IIII-   IIIII
                            -----    -----   -----   -----   I----   -----   IIII-
                            -----    -----   -----   -----   -----   -----   -----

CREDÈNSE (armoire,          IIIII    ****I   *****   *****   *****   *****   *****
         armadio)           IIIII    IIIII   **III   IIIII   *****   ****I   *****
                            IIIII    IIIII   IIIII   IIIII   *IIII   IIIII   **III
                            IIIII    IIII-   IIIII   IIII-   IIIII   IIIII   IIII-

BANTSE (banc,               *II--    IIIII   **III   *****   ***II   ***II   *****
       panca)               -----    IIIII   IIIII   IIIII   IIIII   IIIII   **III
                            -----    -----   -----   II---   IIII-   IIIII   IIIII
                            -----    -----   -----   -----   -----   II---   IIIII

COUTSE (lit,                *I---    *****   *****   *****   *****   *****   *****
       letto)               -----    -----   *****   *****   *****   *****   *****
                            -----    -----   **I--   **_---  **_---  *****   *****
                            -----    -----   -----   -----   -----   ***I-   **II-

BRÉILA (tabouret,           -----    II---   III--   *III-   ***II   **III   *IIII
       sgabello)            -----    -----   -----   -----   IIII-   II---   IIII-
                            -----    -----   -----   -----   -----   -----   -----
                            -----    -----   -----   -----   -----   -----   -----

BRÉ (berceau,               -----    I----   *IIII   **III   *****   ***II   *****
    culla)                  -----    -----   -----   I----   II---   IIIII   **III
                            -----    -----   -----   -----   -----   -----   IIIII
                            -----    -----   -----   -----   -----   -----   I----

ESTEDJEYE (étagère,         -----    I----   *II--   ****I   *****   *****   *****
          buffe)            -----    -----   -----   IIII-   IIIII   *****   *IIII
                            -----    -----   -----   -----   III--   IIII-   II---
                            -----    -----   -----   -----   -----   -----   -----

PRIE-DJEU (agenouilloir,    -----    **III   **III   *****   *****   *****   *****
          inginocchiatoio)  -----    I----   II---   **III   ****I   ***II   *****
                            -----    -----   -----   III--   IIIII   IIII-   **II-
                            -----    -----   -----   -----   -----   -----   -----
```

Abb. 15: Passive Beherrschung des Frankoprovenzalischen
unter gleichzeitiger Berücksichtigung der
französischen Sprachkompetenz
Aosta
Bild a : Gesamtdarstellung

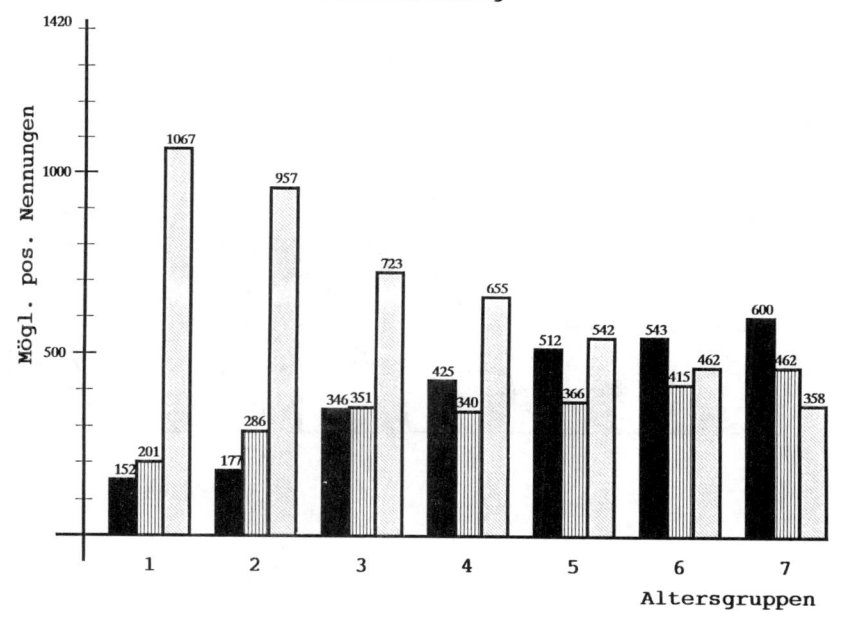

Mögl. pos. Nennungen

Altersgruppe	in Französisch und Italienisch bekannt	nur in Italienisch bekannt	nicht bekannt
1	152	201	1067
2	177	286	957
3	346	351	723
4	425	340	655
5	512	366	542
6	543	415	462
7	600	462	358

Legende:

■ in Französisch und Italienisch bekannt

▥ nur in Italienisch bekannt

□ nicht bekannt

- 242 -

Bild b : Alte Berufe

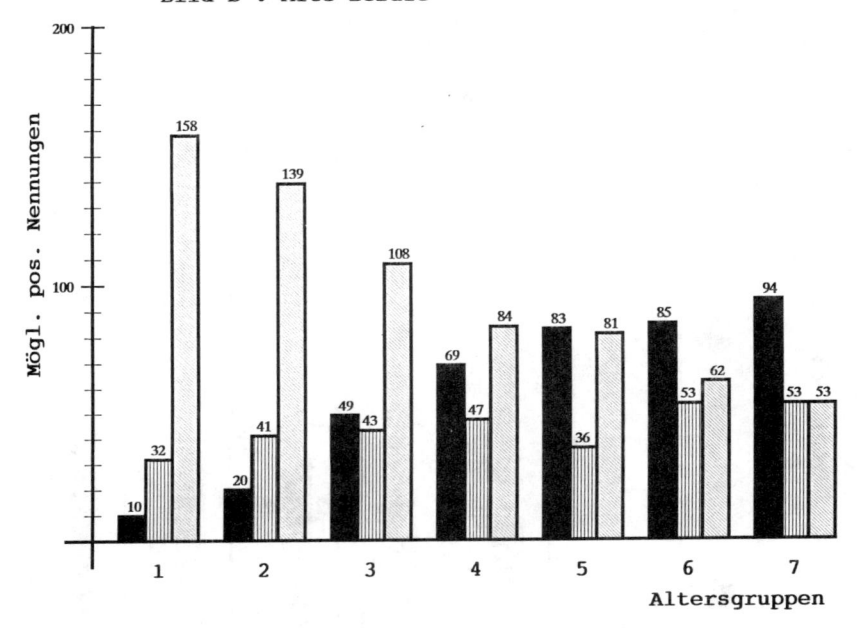

Altersgruppen

Bild c : Landwirtschaftliche Geräte

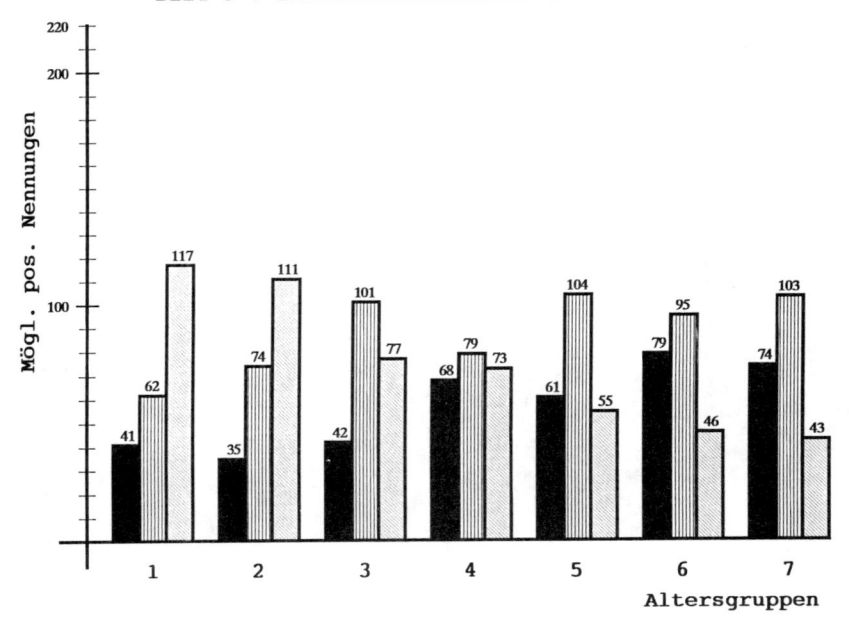

Altersgruppen

- 243 -

Bild d : Gebirgstiere

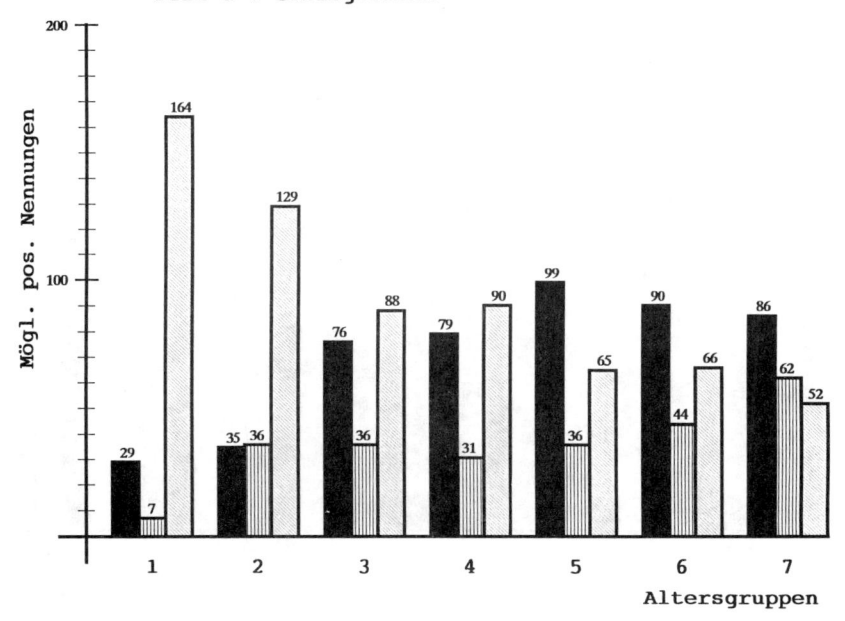

Bild e : Gebirgspflanzen

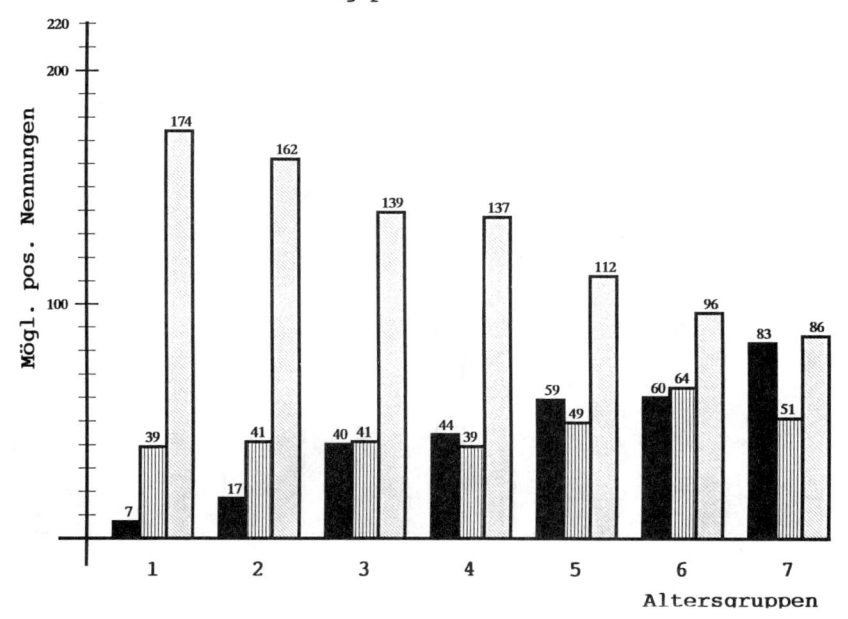

- 244 -

Bild f : Gemüsesorten

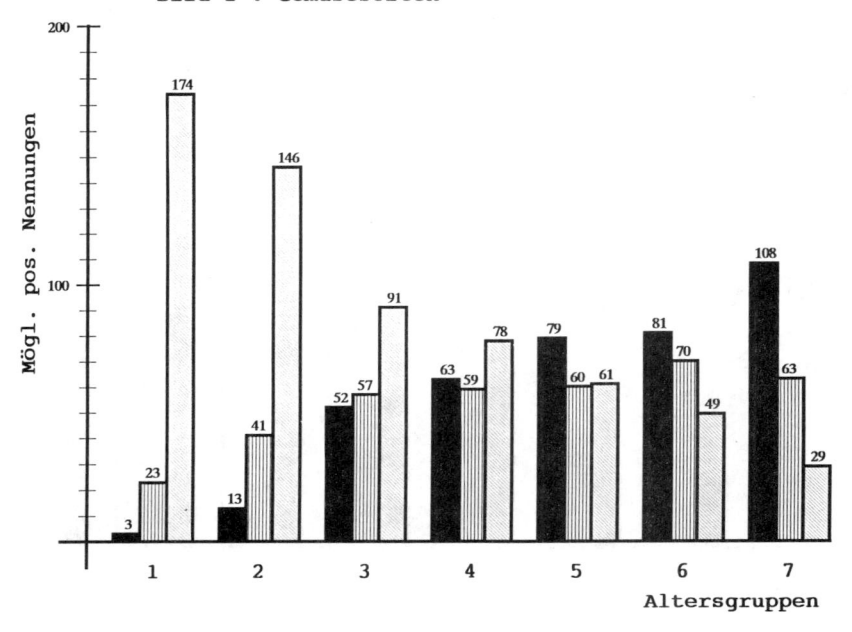

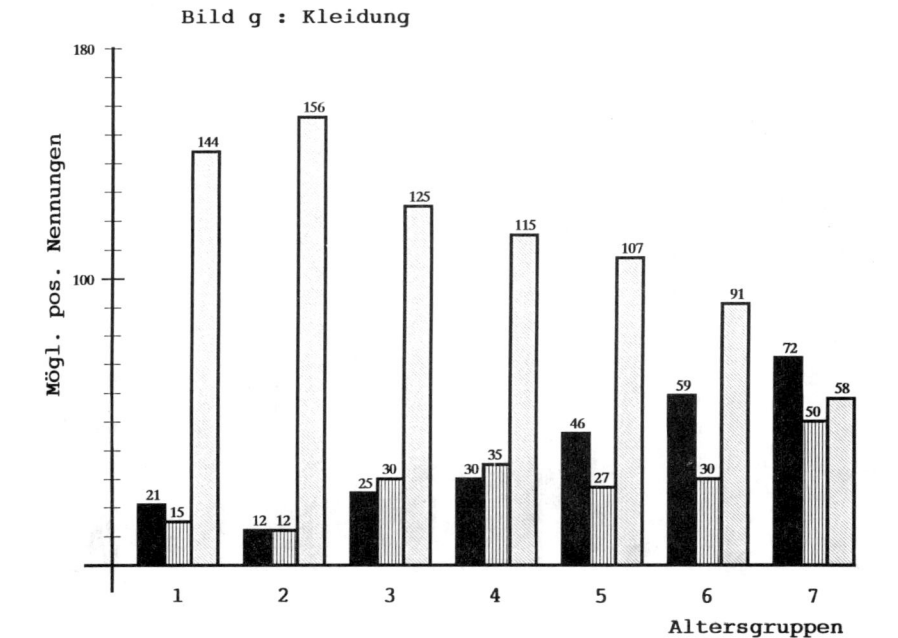

Mögl. pos. Nennungen / Altersgruppen

Bild g : Kleidung

Mögl. pos. Nennungen / Altersgruppen

Bild h : Möbel

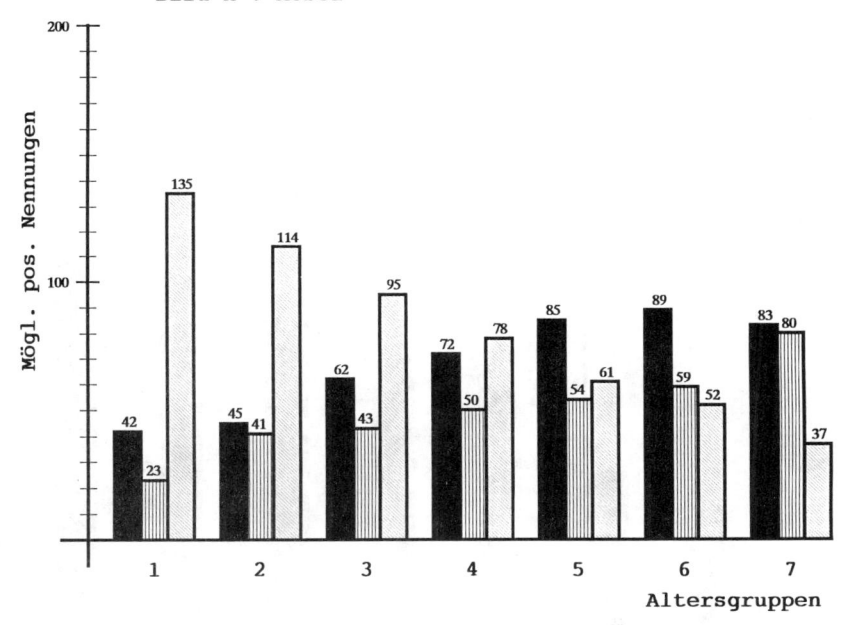

Abb. 16: Passive Beherrschung des Frankoprovenzalischen
ohne Berücksichtigung der französischen
Sprachkompetenz
Aosta
Bild a : Gesamtdarstellung

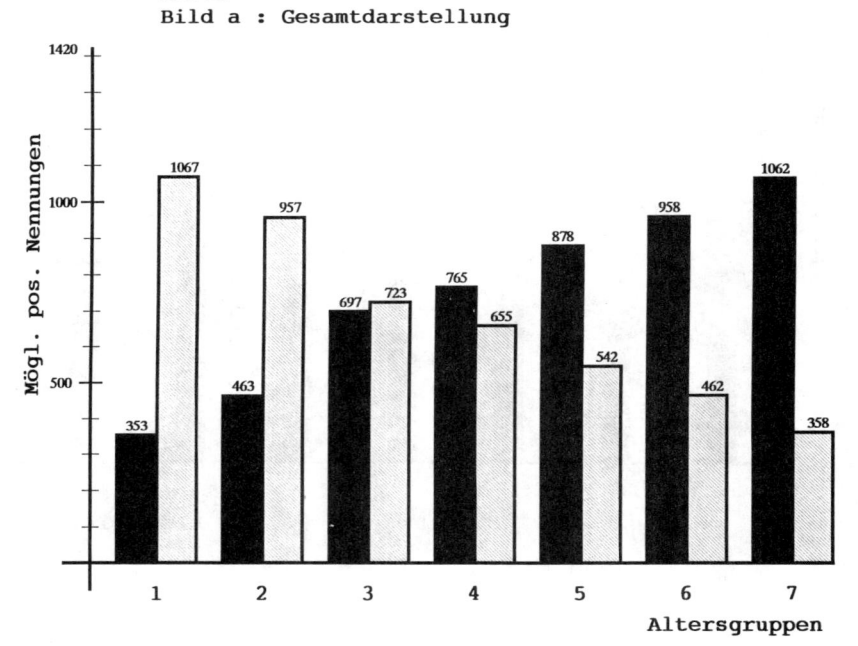

Mögl. pos. Nennungen vs *Altersgruppen*

Altersgruppe	in Italienisch bekannt	nicht bekannt
1	353	1067
2	463	957
3	697	723
4	765	655
5	878	542
6	958	462
7	1062	358

Legende:

■ in Italienisch bekannt
□ nicht bekannt

Bild b : Alte Berufe

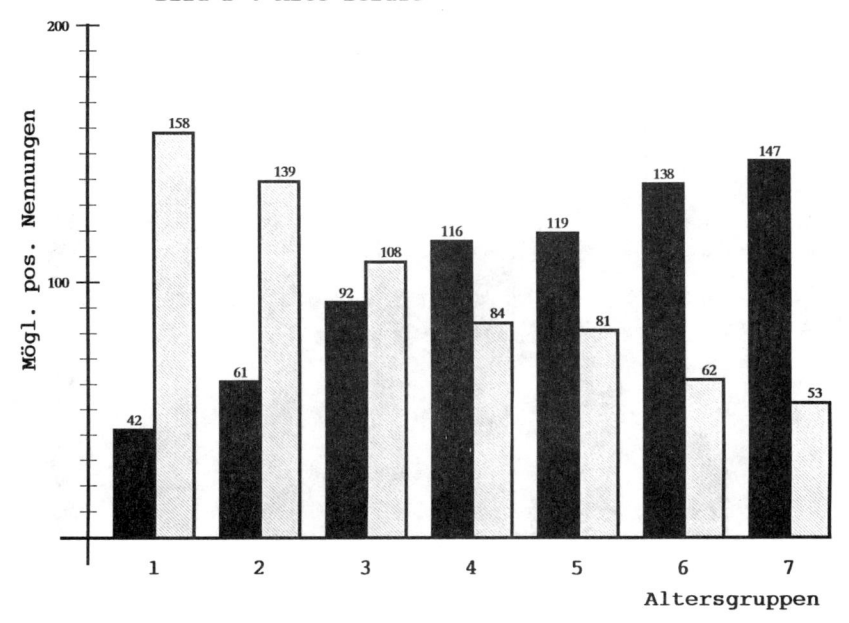

Altersgruppen

Bild c : Landwirtschaftliche Geräte

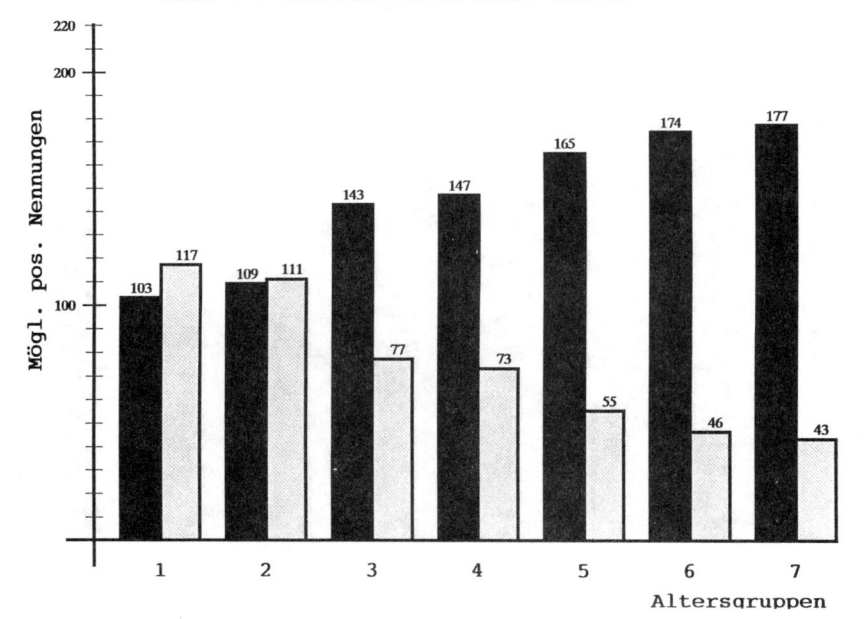

Altersgruppen

Bild d : Gebirgstiere

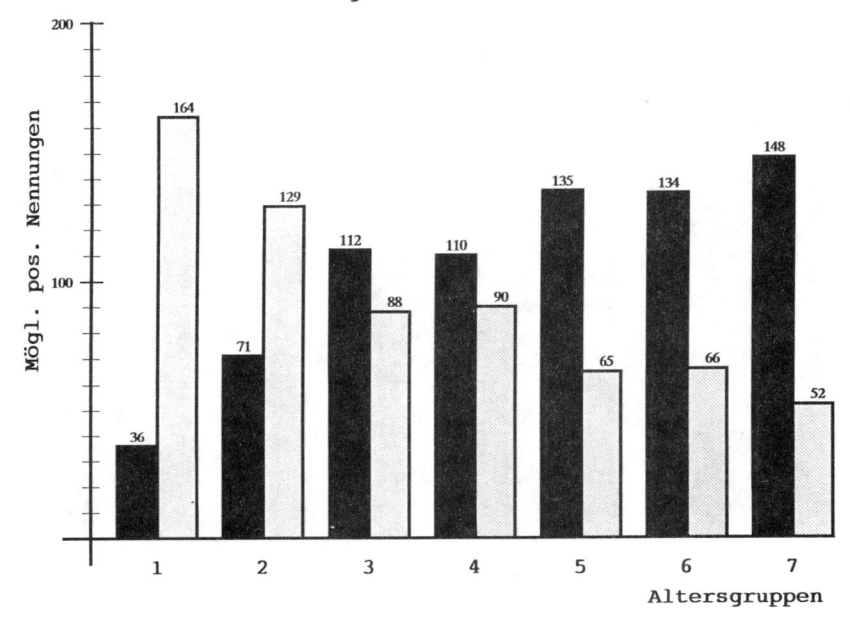

Mögl. pos. Nennungen

Altersgruppe	schwarz	weiß
1	36	164
2	71	129
3	112	88
4	110	90
5	135	65
6	134	66
7	148	52

Altersgruppen

Bild e : Gebirgspflanzen

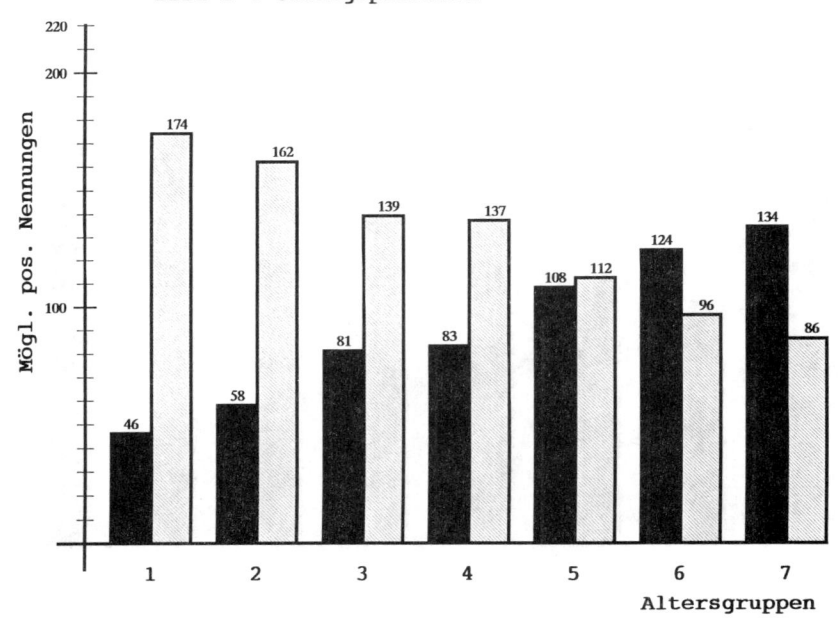

Mögl. pos. Nennungen

Altersgruppe	schwarz	weiß
1	46	174
2	58	162
3	81	139
4	83	137
5	108	112
6	124	96
7	134	86

Altersgruppen

Bild f : Gemüsesorten

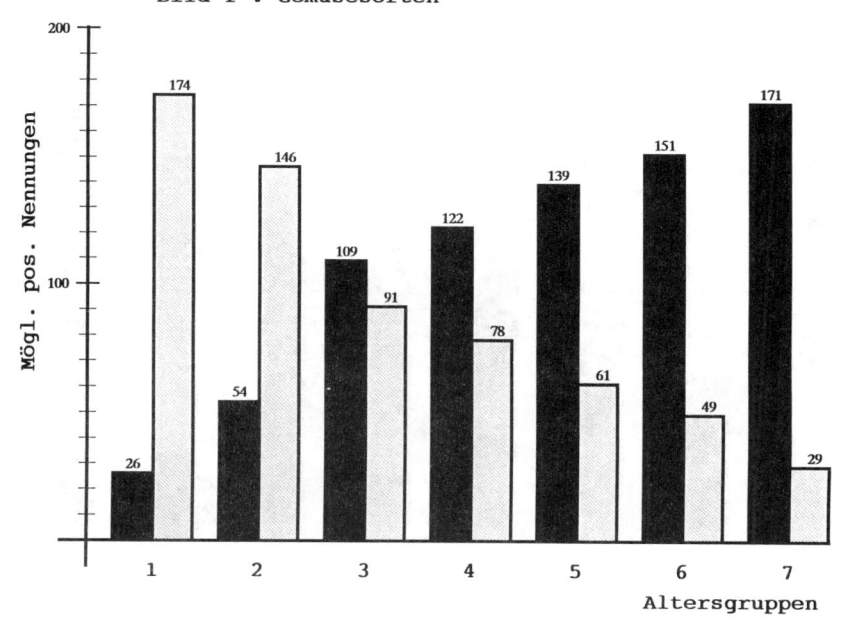

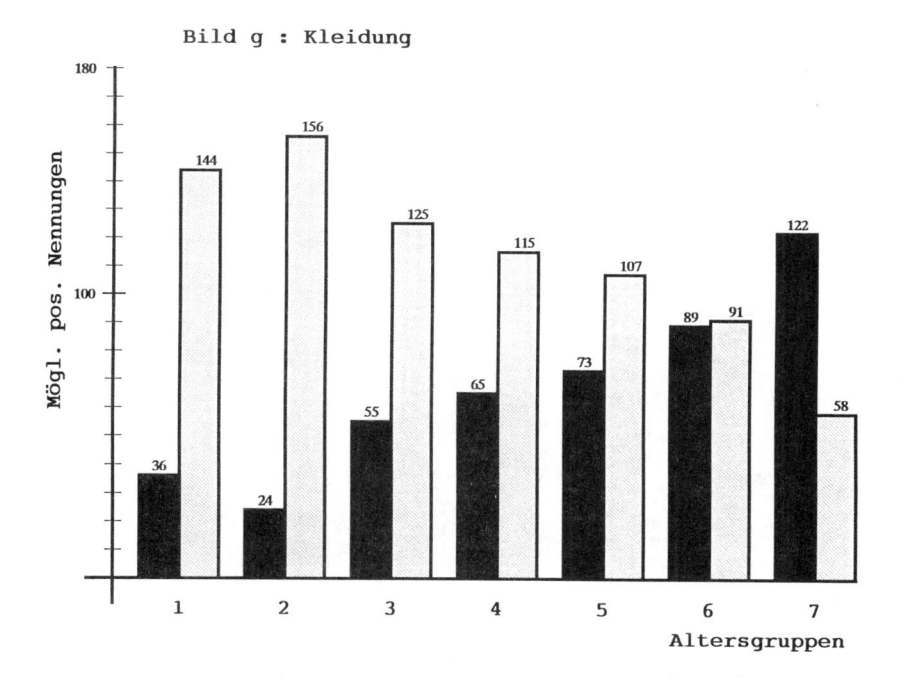

Mögl. pos. Nennungen

Altersgruppe	1	2	3	4	5	6	7
schwarz	26	54	109	122	139	151	171
hell	174	146	91	78	61	49	29

Altersgruppen

Bild g : Kleidung

Mögl. pos. Nennungen

Altersgruppe	1	2	3	4	5	6	7
schwarz	36	24	55	65	73	89	122
hell	144	156	125	115	107	91	58

Altersgruppen

Bild h : Möbel

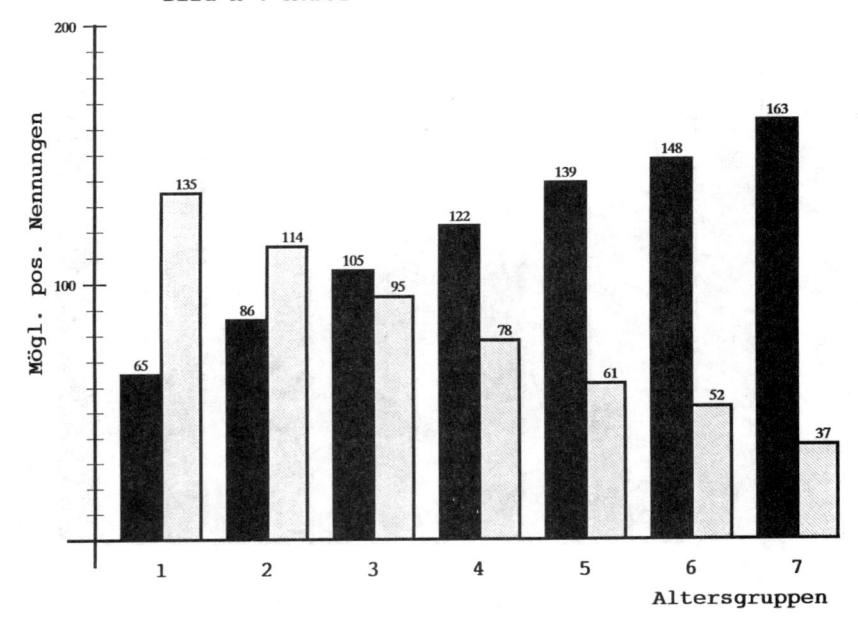

Mögl. pos. Nennungen

Altersgruppe	1	2	3	4	5	6	7
schwarz	65	86	105	122	139	148	163
hell	135	114	95	78	61	52	37

6.3 Analyse zur passiven Beherrschung des Frankoprovenzalischen unter gleichzeitiger Berücksichtigung der französischen Sprachkompetenz

Die vorhergehenden Tabellen und Graphiken präsentieren die passiven Kenntnisse des Frankoprovenzalischen verbunden mit einer gleichzeitigen Untersuchung der französischen Sprachkompetenz der 140 Gewährspersonen der Stadt Aosta. Legende und Vorgehensweise entsprechen der bereits für die Berggemeinden Etroubles, Saint-Oyen und Saint-Rhémy geschilderten. Ebenso gilt auch für die Stadt Aosta, daß alle Gewährspersonen ein in französisch gewußtes Wort auch in italienischer Sprache kannten, was umgekehrt jedoch nicht ein einziges Mal der Fall war. Die Möglichkeit, für das in frankoprovenzalisch genannte Wort lediglich eine französische Entsprechung anzugeben, gilt also auch für unsere Untersuchung in der Stadt Aosta als nicht relevant.

In der Tat erwiesen sich die eher minimalen Kenntnisse des Französischen wie bereits in den Berggemeinden als Komplikation bei der Befragung, da wiederum bei den meisten der 140 Befragten die Neigung bestand, zunächst die italienische und dann erst - falls überhaupt bekannt - die französische Entsprechung für das frankoprovenzalische Wort zu nennen. Grundsätzlich gilt, daß die italophonen Immigranten praktisch keine oder nur äußerst geringe Kenntnisse des Französischen aufweisen; lediglich alteingesessene Valdostaner oder Gewährspersonen mit Berufen intellektueller Art oder mit Beamtenstatus lassen zumindest Grundkenntisse in Französisch erkennen. Die Gruppe der Kinder läßt in diesem Zusammenhang eine interessante Beobachtung zu: während das frankoprovenzalische Wort in den meisten Fällen unbekannt war, erfolgte jedoch bei Angabe der korrekten französischen Entsprechung durch den Befragenden spontan die zumeist richtige Übersetzung in die italienische Form. Dieses Phänomen beweist wiederum, daß der Einfluß der Schule auf eine verstärkte Zweisprachigkeit "Italienisch-Französisch" nicht unterzubewerten ist, sondern im Gegenteil bereits Früchte zu tragen scheint. Zumindest bei dieser Befragung konnte der Eindruck gewonnen werden, daß die Kinder (Altersgruppe 1) mit Freude ihre durch den Schulunterricht gewonnenen Französischkenntnisse beweisen wollten.

Ansonsten sprechen auch die Ergebnisse der Befragung im Stadtgebiet Aosta für eine eindeutige Dominanz der italienischen Sprache: für alle

Altersgruppen und Wortfelder zusammen ergaben sich nur ca. 28 % an richtigen französischen Entsprechungen (in den Berggemeinden immerhin durchschnittlich 40 %). In italienischer Sprache, das heißt, in den Tabellen die in französisch und italienisch gewußten zusammen mit den nur in italienisch gewußten Wörtern, ergaben sich ca. 52 % an korrekten Nennungen für alle Altersgruppen und Wortfelder zusammen, was in etwa der Quote für die aktiven Frankoprovenzalischkenntnisse (50 %) in der Stadt Aosta entspricht. Bereits an dieser Stelle scheint sich also zu bestätigen: wer schon bei der Befragung der aktiven Kenntnisse Defizite aufwies, bescheinigte seine Unkenntnis und Distanz zum frankoprovenzalischen Dialekt auch bei der Überprüfung des passiven Wortschatzes. Der geringfügig höhere durchschnittliche Wert bei der passiven Befragung ist auf die höheren Prozentsätze bei Kindern und Jugendlichen zurückzuführen. Während sich bei der Befragung zur aktiven Kenntnis des Frankoprovenzalischen in Altersgruppe 1 ca. 4 % und in Altersgruppe 2 ca. 21 % an richtigen Nennungen abzeichneten, ergaben sich im passiven Bereich in Altersgruppe 1 ca. 25 % und in Altersgruppe 2 sogar 33 % für alle Wortfelder zusammen. Diese relativ hohen Werte weisen jedoch keinesfalls auf einen latent vorhandenen frankoprovenzalischen Wortschatz hin, sondern sind vielmehr Resultat von erratenen Wörtern und Analogiebildungen.

Ansonsten verhält sich die aktive und passive Kenntnis des Frankoprovenzalischen in allen Altersgruppen etwa gleich. Nur in Altersgruppe 7 zeigt sich eine deutlich höhere Quote im aktiven Bereich (88 % aktiv zu 75 % passiv). Dieses Phänomen ist wie in den Berggemeinden sicherlich auf die Ausgefallenheit einiger der erfragten Wörter zurückzuführen. In den Altersgruppen 3 bis 6 ergaben sich Werte zwischen 49 % und 68 %, also fast kongruente Ergebnisse zu den im aktiven Bereich gemessenen.

Wie auch in den Berggemeinden zeichneten sich erhebliche Defizite in den Wortfeldern Bergpflanzen und Kleidung ab, was sich - wie bereits erläutert - zum einen durch eine fehlende Bindung zur Natur, zum anderen durch eine gewisse Antiquiertheit der abgefragten Begriffe (vor allem im Wortfeld Kleidung) erklären läßt. In der Stadt wurde vor allem deutlich, daß abgesehen von einer geringen Kenntnis des Ortsdialektes erhebliche Defizite in der Sachkenntnis der abgefragten Begriffe vorhanden sind. Dies betrifft grundsätzlich alle hier untersuchten Wortfelder, ließ sich aber im besonderen vor allem bei einigen landwirtschaftlichen Geräten oder Gebirgspflanzen feststellen. Durch die sich ständig erweiternde Distanz zu ländlichen Arbeits- und Lebensformen waren viele der befragten Städter in der Tat nicht in der Lage, die Sache mit den entsprechenden italienischen oder französischen Begriff in Verbindung zu bringen. Während man diese Beobachtung in den Berggemeinden nur bei den jüngeren Befragten machen konnte , gilt sie für die Stadt Aosta für alle Altersgruppen.

Geringe Sach- und Dialektkenntnis sind also maßgebliche Gründe für die folgenden, relativ niedrigen Quoten an passiven Kenntnissen des Frankoprovenzalischen und zwar für alle Altersgruppen zusammen ohne Berücksichtigung der französischen Sprachkompetenz:

Alte Berufe:	51 %	Gemüsesorten:	55 %
Landwirtschaftl. Geräte:	66 %	Kleidung:	37 %
Gebirgstiere:	53 %	Möbel:	59 %
Gebirgspflanzen:	41 %		

Wie bei der Überprüfung der aktiven Kenntnisse des Frankoprovenzalischen konnte man feststellen, daß den älteren Leuten grundsätzlich mehr dialektale Ausdrücke bekannt sind als den jüngeren. Wie bereits geschildert ist das vor allem auf das Verschwinden vieler Gegenstände aus dem modernen Leben zu erklären. Aber auch bei älteren Stadtbewohnern zeigte sich mitunter, daß gewisse Dinge, die nicht mehr zum täglichen Leben gehören, nicht mehr erinnert wurden. Besonders deutlich wurde dieses Phänomen abermals bei <u>sèilé</u>, das auch in Altersgruppe 6 und 7 nur von insgesamt acht Personen genannt wurde. Bei <u>sèitòou</u>, das in den Berggemeinden in Altersgruppe 1 bis 3 zwar niemanden bekannt war, in Altersgruppe 4 bis 7 jedoch immerhin 40 Personen geläufig war, ergaben sich in der Stadt Aosta in allen Altersgruppen zusammen nur 25 positive Nennungen, davon allerdings je eine in Altersgruppe 2 und 3. Die weitaus größere Unkenntnis in der Stadt ist sicherlich auch darauf zurückzuführen, daß der Beruf des Mähers für die städtische Lebensform von jeher völlig fremd ist, während er in den Berggemeinden noch vor gar nicht allzu langer Zeit zu einem festen Bestandteil des täglichen Lebens gehörte. Ähnliche Beobachtungen gelten für landwirtschaftliche Geräte wie <u>ènrèi</u>, <u>fochòou</u> oder <u>séton</u>, die in der Stadt natürlich selten oder gar nicht zum Einsatz kommen.

Insgesamt jedoch zeigten sich für das Wortfeld "Landwirtschaftliche Geräte" erstaunlich hohe Werte (66 %). Sofern es sich nicht um sogenannte "rein" landwirtschaftliche Geräte handelte, war es durchaus möglich, daß sogar italophone Immigranten einige Werkzeuge in frankoprovenzalischer Sprache kannten. Viele dieser Gewährspersonen sind nämlich in mittelständischen Handwerksbetrieben beschäftigt, in denen Inhaber oder Meister oft valdostanischer Herkunft sind und deshalb dialektale Begriffe zur Bezeichnung der täglichen Werkzeuge gebrauchen. In der Tat ließ sich in diesem Wortfeld eine wesentlich höhere Trefferquote bei männlichen Befragten als etwa bei weiblichen Gewährspersonen ausmachen.

Im Wortfeld Gebirgstiere zeigten sich in den Altersgruppen 1 und 2 erwartungsgemäß niedrige Werte an positiven Nennungen. Selbst bei (Fast-)Analogien erfolgten in diesen Altersgruppen nur in den seltensten Fällen richtige Nennungen. Besonders bei den stark vom Französischen oder Italienischen abweichenden Tierbezeichnungen wie zum Beispiel bei verdzas, tèisson, beuye oder motset ergaben sich im Gegensatz zu den Berggemeinden extrem niedrige Werte. Während in Etroubles, Saint-Oyen und Saint-Rhémy 92 % aller 140 Befragten wußten, daß es sich bei beuye um eine Schlange handelt, bescheinigten dies in Aosta nur etwa 44 %. Auch die frankoprovenzalische Bezeichnung für das Eichhörnchen kannten in Aosta nur 26 % der 140 Gewährspersonen - in den Berggemeinden konnte man hingegen zumindest ab Altersgruppe 4 durchweg richtige Antworten feststellen. Hohe Quoten an positiven Nennungen ließen sich in der Stadt Aosta bei allen (Fast-)Analogien ausmachen. In diesen Fällen handelt es sich natürlich kaum um Beweise für ausgeprägte passive Kenntnisse des Frankoprovenzalischen. Umgekehrt hätte wohl kaum eine der Gewährspersonen (sofern sie nicht alteingesessen war) die entsprechende frankoprovenzalische Tierbezeichnung liefern können.

Wie schon in den Berggemeinden sind die Kenntnisse im Bereich der heimischen Pflanzen eher als dürftig zu beurteilen. Konnte man bereits in Etroubles, Saint-Oyen und Saint-Rhémy fehlende Bindung zur Natur als mögliche Ursache für das Nichtkennen vieler Gebirgspflanzen feststellen (und nicht fehlende Kompetenz im Frankoprovenzalischen!), so muß man für die Stadt Aosta beide Faktoren als ausschlaggebend für die extrem niedrige Quote an positiven Nennungen (ca. 41 %) betrachten. Bis auf die beiden (Fast-)Analogien von géragnôn und dzènsana überschritt die Quote an richtigen Nennungen in allen Altersgruppen (bis auf Altersgruppe 7) selten die 50 %-Marke. Im Gegenteil, bei schwierigen Wörtern wie verna, reuceuleun oder brenva ergaben sich in allen Altersgruppen extrem niedrige Werte. Gerade in diesem Wortfeld wird der Gegensatz von Stadt- und Landbevölkerung und seine Bedeutung für die Linguistik besonders deutlich: während man in den Berggemeinden relativ gute Frankoprovenzalischkenntnisse und eine (noch) verhältnismäßig starke Bindung zur Natur feststellen konnte, beobachtet man in der Stadt Aosta eine sich ständig erweiternde Distanz zur natürlichen Umgebung und somit die Unkenntnis von Elementen und Bezeichnungen für diese Elemente. Selbst in italienischer Sprache waren einer Reihe der Befragten gewisse Pflanzen völlig unbekannt. Hinzu kommt die fehlende Kenntnis des Dialektes bei vielen, vor allem den italophonen Immigranten, so daß die niedrige Quote an positiven Nennungen in diesem Bereich als eine logische Konsequenz betrachtet werden muß.

Deutlich höhere Resultate wurden im Wortfeld "Gemüsesorten" erzielt. Von den durchschnittlich ca. 55 % an richtigen Nennungen entfällt ein großer Anteil auf die weiblichen Gewährspersonen dieser Befragung. Durch Einkäufe auf dem Wochenmarkt in Aosta entstehen Kontakte zwischen alteingesessenen Valdostanern und Zugezogenen, wobei ähnlich wie zuvor für einige Werkzeuge beschrieben, zumindest passiv eine Aufnahme von einzelnen frankoprovenzalischen Bezeichnungen für gewisse Gemüsesorten erfolgen kann. In der Tat kannten auch einige der italophonen Immigrantinnen bestimmte Gemüsesorten im Ortsdialekt. Das heißt, es hat eine gewisse Verankerung von dialektalen Ausdrücken im ansonsten italienischen Wortschatz stattgefunden, welche aktiv zwar aller Wahrscheinlichkeit nach keine Anwendung finden werden, passiv aber durchaus abrufbar sind. Besonders hohe Werte wurden für die frankoprovenzalische Bezeichnung der Kartoffel erzielt. Als typisches, in vielen volkstümlichen Gerichten vorkommendes Gemüse hat die valdostanische Bezeichnung über seine aktiven Verwender hinaus auch eine Verankerung im Wortschatz der Zugezogenen erfahren.

Im Wortfeld "Kleidung", das im Bereich der Überprüfung der passiven Kenntnisse des Frankoprovenzalischen die geringste durchschnittliche Quote an positiven Nennungen erreicht hat, bestätigt sich neben der allgemeinen Unkenntnis des Ortsdialektes die These, daß gewisse Kleidungsstücke, die seit Jahrzehnten nicht mehr getragen werden und aus dem natürlichen Lebensraum der Valdostaner verschwunden sind, zum Beispiel sardze nicht mehr bekannt sind. Darüber hinaus wird gerade im Bereich der Kleidung deutlich, daß viele jüngere - auch, wenn sie aus dem Aostatal stammen - moderne, das heißt in diesem Fall italienische Wörter zur Bezeichnung der einzelnen Kleidungsstücke verwenden. So konnten in der Stadt Aosta nur wenige der älteren Befragten die richtige Entsprechung für coteuillon oder gambeuillon nennen, da diese durch italienische Bezeichnungen wie vestito oder sottoveste ersetzt worden sind. Eine Tendenz, die man in den Berggemeinden bereits bei den jüngeren Gewährspersonen ausmachen konnte, wobei sich in vielen Fällen zumindest noch eine Verankerung dieser frankoprovenzalischen Bezeichnungen im passiven Wortschatz erkennen ließ.

Im Wortfeld Möbel ergaben sich insgesamt relativ hohe Ergebnisse an richtigen Nennungen. Auch, wenn das zum Teil auf Analogiebildungen zurückzuführen ist, so waren dennoch vielen der Befragten (59 %) die frankoprovenzalischen Bezeichnungen für bestimmte Möbelstücke durchaus geläufig. Neben den erwartungsgemäßen Defiziten bei Altersgruppe 1 und 2, bekundeten die meisten - auch die nicht valdostanischen Befragten - die abgefragten Wörter schon mal gehört zu haben, und in vielen Fällen kannten sie auch die richtige italienische Entsprechung. Im Gegensatz zu schwierigeren Wörtern aus den Wortfeldern "Alte Berufe" oder "Gebirgspflanzen" stellen Möbel Gebrauchsgegenstände des täglichen Lebens dar. Eine korrekte Beantwortung von seiten der alteingesessenen Valdostaner ist daher - auch, wenn es sich nicht um aktive Verwender des Frankoprovenzalischen handelt - recht wahrscheinlich. Allerdings ließen sich, was sich in den Berggemeinden bereits andeutete, bei selteneren Wörtern wie bré oder bréila erheblich weniger positive Nennungen verzeichnen. Auch hier dürfte es sich um das bereits mehrfach beschriebene Phänomen des Verschwindens bestimmter Gegenstände aus dem täglichen, modernen Leben handeln, welches automatisch ein Verdrängen der entsprechenden Bezeichnungen aus dem Wortschatz der Sprecher mit sich bringt.

Insgesamt ergab die Untersuchung der passiven Kenntnisse des Frankoprovenzalischen eine etwas höhere durchschnittliche Quote (52 %) an gewußten Wörtern als die Untersuchung der aktiven Kenntnisse. Bis auf die relativ fundierten Kenntnisse in Altersgruppe 6 und 7 stellen die Ergebnisse auch was den passiven Wortschatz des Frankoprovenzalischen betrifft, eine ungün-

stige Basis für den Fortbestand dieser Mundart in der Stadt Aosta dar.
Insgesamt ergaben sich für alle Wortfelder - jedoch ohne Berücksichtigung der französischen Sprachkompetenz - die folgenden Werte:

Altersgruppe 1: ca. 25 % (≙ 353 von 1420 mögl. positiven Nennungen)
Altersgruppe 2: ca. 33 % (≙ 463 "   "   "   "   "   )
Altersgruppe 3: ca. 49 % (≙ 697 "   "   "   "   "   )
Altersgruppe 4: ca. 54 % (≙ 765 "   "   "   "   "   )
Altersgruppe 5: ca. 62 % (≙ 878 "   "   "   "   "   )
Altersgruppe 6: ca. 67 % (≙ 958 "   "   "   "   "   )
Altersgruppe 7: ca. 75 % (≙1062 "   "   "   "   "   )

Während in den Berggemeinden bei den Befragten bis 30 Jahre eine Quote von ca. 54 % gemessen wurde, erreicht diese in der Stadt Aosta gerade einmal 36 % und muß als zu niedrig für einen Fortbestand des Frankoprovenzalischen angesehen werden. Auch die vergleichsweise hohe Quote von fast 65 % bei Gewährspersonen über 30 Jahren (in den Berggemeinden 78 %) darf nicht über den Umstand hinwegtäuschen, daß das Frankoprovenzalische durch Immigration, Veränderung des Lebensraumes und durch eine Vermischung mit verschiedenen anderen Sprachen bereits erheblich an Substanz im Stadtgebiet Aosta verloren hat.

7. Gesamtergebnis der Enquête

Vor der Formulierung eines Gesamtergebnisses aus den Befragungen zur Vitalität des Frankoprovenzalischen, Französischen und Italienischen soll noch einmal betont werden, daß die Ergebnisse natürlich keinen Anspruch auf Allgemeingültigkeit erheben können. Zum einen gelten sie nur für einige, bestimmte Gebiete, nämlich die Berggemeinden Etroubles, Saint-Oyen und Saint-Rhémy sowie das Stadtgebiet von Aosta; zum anderen betreffen die Untersuchungen nur Teilaspekte einer Vitalität von Sprache. Auch war die Anzahl der Befragten nicht groß genug und möglicherweise zu selektiv, um die Untersuchungen als repräsentativ bezeichnen zu wollen.

Trotz dieser Unvollständigkeit lassen die Ergebnisse zur allgemeinen Sprachverwendung und zum Wortschatz eine Reihe von Aussagen über die Vitalität der einzelnen Sprachen und den Grad der Zwei- beziehungsweise Mehrsprachigkeit der befragten Valdostaner zu.

Festzuhalten sei zunächst, daß das Frankoprovenzalische bei der autochthonen valdostanischen Bevölkerung generell eine hohe soziale Einschätzung erfährt. Bis auf wenige Ausnahmen empfinden sie ihren Dialekt keineswegs als nachteilig, sondern streben seine Bewahrung an. Die alteingesessenen Valdostaner sind sich ihrer sprachlichen und ethnischen Eigenständigkeit bewußt und betonen das oftmals mit einem gewissen Stolz. Das äußert sich in den ländlichen Gebieten nicht nur durch die Weitergabe des Frankoprovenzalischen an ihre Kinder, sondern auch durch eine zunehmende Integration des Dialektes in der Schule. Unter den alteingesessenen befragten Valdostanern in den Berggemeinden wird daher grundsätzlich Frankoprovenzalisch gesprochen. Lediglich mit italophonen Immigranten sowie in Mischehen zwischen Valdostanern und Zugezogenen findet das Italienische Verwendung. Die Untersuchungen zum aktiven und passiven Wortschatz des Frankoprovenzalischen haben jedoch ergeben, daß bei jüngeren Personen - selbst in den Berggemeinden - ein gewisser Rückgang zu verzeichnen ist. Das betrifft vor allem Wörter, die in enger Verbindung zur Natur stehen sowie Wörter für außer Gebrauch gekommene Gegenstände und Tätigkeiten. Während für Begriffe aus diesen Wortfeldern in den Berggemeinden zumindest noch von einigen der jüngeren Befragten korrekte frankoprovenzalische Entsprechungen genannt werden konnten, fielen die Ergebnisse bei den jungen Stadtbewohnern - obschon alteingesessen - grundsätzlich negativ aus.

Darüber hinaus konnte bereits in den Berggemeinden - und noch extremer in der Stadt - eine starke Beeinflussung des Frankoprovenzalischen durch die italienische Sprache festgestellt werden. Einige Wörter sind durch italienische ersetzt, andere völlig neu in den Dialekt integriert worden. Diese zunehmende Italianisierung gilt auch für die syntaktischen Strukturen des Frankoprovenzalischen. Wenn das Frankoprovenzalische in den ländlichen Gebieten auch heute noch relativ lebendig erscheint, resultiert aus eben diesen Modifikationen eine der beiden Gefahren für seinen Fortbestand, die als qualitativ bezeichnet wird. In quantitativer Hinsicht spricht die für die Bevölkerung der mittleren Gebirgsregionen charakteristische Abwanderung in städtische Zonen für die allmähliche Aufgabe der valdostanischen Mundart zugunsten des Italienischen. Eine Tendenz, die durch die Untersuchungen in der Stadt Aosta eindeutig bestätigt wird: verstärkte, permanente Konfrontation mit der italienischen Sprache in allen Bereichen, enge Kontakte zu italophonen Zuwanderern bis hin zu Mischehen sind die ausschlaggebenden Faktoren für einen stetigen, unaufhaltsamen Rückgang des Frankoprovenzalischen in der Stadt Aosta.

Im Gegensatz zum Frankoprovenzalischen hat das Französische schon heute erheblich an Vitalität verloren. Im privaten Bereich wird es von sämtlichen befragten Valdostanern fast nie verwendet, und in allen öffentlichen Angelegenheiten ist es zumindest im mündlichen Sprachgebrauch stark unterrepräsentiert. Lediglich bei kulturellen Veranstaltungen oder politischen Kundgebungen begegnet man der französischen Sprache noch relativ häufig. Sowohl in den Ämtern als auch in der Schule liegt ein deutliches Übergewicht der italienischen Sprache vor, so daß die sicherlich zu befürwortenden Bemühungen, das Französische zum Beispiel in der Schule gewissermaßen als "Mutter- und Kultursprache" der Valdostaner neu zu etablieren, etwas gekünstelt erscheinen. Das Französische hat heute im Aostatal nicht zuletzt durch die fehlende Bindung zu Frankreich eher den Status einer neu zu erlernenden Fremdsprache erworben, welche aktiv nur selten (von einigen Berufsgruppen, wie zum Beispiel Lehrer, Beamte, Angestellte im Fremdenverkehr) verwendet wird. Lediglich einige ältere Personen, bei denen sich ein gewisser Oppositionsgeist gegen den italienischen Faschismus noch heute erhalten hat, sprechen gelegentlich neben Frankoprovenzalisch auch Französisch. Das gleiche gilt für eine Minderheit, die sich eben durch den Gebrauch des Französischen von den vor allem in der Stadt ansässigen italophonen Immigranten distanzieren will. Nicht zu vernachlässigen ist in diesem Zusammenhang eine Beobachtung, die bei der Befragung der valdostanischen Kinder getroffen werden konnte. Durch eine verstärkte Förderung der französischen Sprache im (Vor-)Schulunterricht stellte man oftmals einen fast spielerischen Umgang mit dem Französischen fest. In der Tat erfahren Kinder eine multilinguelle Gesellschaft als etwas durchaus Natürliches und passen sich einer anderssprachigen Umwelt viel schneller und natürlicher als Erwachsene an.[1] Konsequenter, paritätischer Schulunterricht wie in den ladinischen Dolomitentälern erfolgreich praktiziert, könnte bei den valdostanischen Kindern theoretisch eine feste Verankerung des Französischen auch außerhalb der Schule bewirken. Wie bereits in Kapitel G; Punkt 2. beschrieben, scheint das Aostatal von diesem Ziel noch weit entfernt zu sein.

Auch die Ergebnisse der Befragungen zum Wortschatz weisen auf Defizite in der französischen Sprachkompetenz hin, die sich durch eine fast ausschließlich passive Konfrontation mit dieser Sprache, zum Beispiel durch das Fernsehen, erklären lassen. Es scheint also, daß das Französische heute oft nur noch Mythos und Fassade im Sinne einer Erhaltung der valdostanischen Autonomie darstellt. Im täglichen Leben jedoch hat es bereits den größten Teil seiner einstigen Vitalität eingebüßt.

Stattdessen hat sich das Italienische als in allen öffentlichen Angelegenheiten meist verwendete Sprache etablieren können. Italienisch bestimmt heute trotz der Gleichstellung der französischen Sprache das tägliche Leben der Valdostaner in vielfacher Hinsicht: Wirtschaft, Politik, Schule, Kirche, Medien, Militär, um nur einige Bereiche zu nen-

---

[1] vgl.: Born, J. (1992): S. 181 f.

nen, sie alle tragen eine intensive italienische Färbung. Doch auch
im privaten Bereich zeigt sich vor allem bei den Jüngeren eine zunehmende Verwendung der italienischen Sprache. Das ist zum einen
durch den Kontakt zu italophonen Immigranten begründet, zum anderen
aber auch durch eine Präferenz der italienischen Sprache gegenüber
dem Französischen, das von vielen Valdostanern als in seinen Strukturen komplizierter als das Italienische angesehen wird. Die im Gegensatz zum Französischen positiven Ergebnisse, die sich bei der Befragung zur passiven Beherrschung des Frankoprovenzalischen für den
italienischen Wortschatz herausstellten, bestätigen die Annahme einer
allgemein vorliegenden höheren Sprachkompetenz im Italienischen. Was
die französische Sprachkompetenz der zugezogenen Valdostaner betrifft,
mußte man - wenn überhaupt - von einem niedrigen Niveau ausgehen, da
sie in der Regel das Französische niemals erlernt hatten. Die Befragungen in der Stadt Aosta bestätigen diese Annahme. Bis auf wenige
Ausnahmen - wobei es sich in jenen Fällen grundsätzlich um ein mehr
als dürftiges Schulfranzösisch handelte - konnten bei den italophonen
Immigranten keine Französischkenntnisse ausgemacht werden.

Schließlich ist ein wichtiger Aspekt nicht zu vergessen. Vor allem
junge Valdostaner fühlen sich heute durch und durch als italienische
Staatsbürger und sprechen daher auch die italienische Sprache. Die
subjektive Bewußtseinslage dieser Generationen spricht also ganz
eindeutig gegen das Französische.

Wie stellt sich nun die Zwei- beziehungsweise Mehrsprachigkeit der
Valdostaner dar ?

Die Untersuchungen haben gezeigt, daß diese Frage differenziert beantwortet werden muß. Betrachte man zunächst die linguistische Situation in den Berggemeinden: unter der Voraussetzung, daß das Italienische dort heute in etwa so häufig verwendet wird wie das Frankoprovenzalische, kann man behaupten, daß ein italienisch-frankoprovenzalischer Bilinguismus an die Stelle eines französisch-frankoprovenzalischen oder gar französisch-italienischen Bilinguismus getreten
ist. Er stellt sich also in der Weise dar, wie J. POHL ihn in seiner
Definition von "diagonal bilingualism" beschreibt. Das Italienische
existiert in einer Person neben dem Frankoprovenzalischen als "non-

standard language" oder Dialekt.[1] Das Französische hingegen müßte in der Hierarchie der Sprachverwendung und Kompetenz der in den Berggemeinden befragten Valdostaner an dritter Stelle angesiedelt werden. Es wird im Gegensatz zu den aktiv verwendeten Sprachen Italienisch und Frankoprovenzalisch fast ausschließlich passiv erlebt und immer mehr durch das Italienische verdrängt.

In der Stadt Aosta zeigt sich zumindest für die alteingesessenen Valdostaner ein ähnliches Bild, auch wenn sich der oben beschriebene Bilinguismus bei den jüngeren Befragten in äußerst reduzierter Form darstellt. Es ist anzunehmen, daß bereits in naher Zukunft das Frankoprovenzalische mehr und mehr aus dem Stadtbild Aostas verschwinden wird, da die Zahl der aktiven Sprecher immer weiter abnimmt, während die der Italienischverwender stetig steigt. Sehr deutlich wurde auch, daß das Frankoprovenzalische von den Nicht-Valdostanern nicht angenommen wird. Im Gegenteil: selbst in einer Gesprächsrunde mit einer Überzahl an Frankoprovenzalischsprechern, erfolgt in der Regel ein "code-switching" zugunsten des Italienischen. Nachteilig für einen Fortbestand des Frankoprovenzalischen wirkt sich in diesem Zusammenhang auch die fast völlig fehlende Verschriftung des Dialektes aus sowie die Uneinheitlichkeit des Frankoprovenzalischen, welches mitunter Varietäten innerhalb einer einzigen Gemeinde aufweist.

Was die französische Sprache betrifft, so begegnet man ihr als passive Rezeptionssprache in der Stadt in jedem Fall häufiger als in den Berggemeinden. Weit entfernt scheint man jedoch von einem sogenannten "horizontal bilingualism" zu sein, der nach der Definition von J. POHL besagt, daß zwei unterschiedliche Sprachen einen gleichwertigen Status in allen offiziellen, kulturellen und familiären Situationen innehaben.[2] Vielmehr konnte bewiesen werden, daß die italienische Sprache heute in allen Bereichen ein deutliches Übergewicht verkörpert.

---

[1] vgl.: Pohl, J. (1965): zitiert aus: Baetens Beardsmore, H. (1982): S. 5 f.

[2] vgl.: Pohl, J. (1965): zitiert aus: ibid.

Die hier getroffenen Schlußfolgerungen beziehen sich auf die aus den Befragungen erhaltenen durchschnittlichen Ergebnisse für 280 Gewährspersonen sowie auf subjektive Eindrücke, die durch verschiedene Aufenthalte in der Region und durch intensive, persönliche Kontakte zu ihren Bewohnern gewonnen werden konnten. Es versteht sich von selbst, daß die Zwei- beziehungsweise Mehrsprachigkeit einzelner Personen von diesen Werten und Einschätzungen abweichen kann. So werden einige das Gewicht der französischen Sprache sicherlich höher bewerten als es hier zum Ausdruck kommt.

L. SCHLUSSBETRACHTUNG

Auf den vorangegangenen Seiten sind einige Aspekte zum italienischfranzösischen Bilinguismus im Aostatal betrachtet und dabei die örtliche Mundart, das Frankoprovenzalische, in die Beobachtungen mit einbezogen worden. Ich bin nunmehr zu der Auffassung gelangt, daß es sich im Aostatal um einen Plurilinguismus mit Schwerpunkt Italienisch handelt, wenn allen drei Sprachen eine gewisse Vitalität beigemessen wird.

Die Beleuchtung der historischen Hintergründe hat gezeigt, daß das Aostatal jahrhundertelang auf Grund seiner Zugehörigkeit zu Savoyen französischsprachig war. Erst mit dem Anschluß an Italien erfolgte eine zunehmende, zwanghafte Italianisierung des Tales, die im Faschismus mit dem völligen Verbot der französischen Sprache ihren Höhepunkt erreichte. Heute, fast 50 Jahre nach der Wiedererlangung der Autonomie und der damit verbundenen Gleichstellung der französischen und italienischen Sprache, stellt die Region Aostatal eine sprachliche Minderheit in Italien dar. Doch die nur einige Jahrzehnte zurückliegenden geschichtlichen Ereignisse sind nicht ungeschehen zu machen. Die Untersuchungen haben bewiesen, daß das Französische trotz Gleichstellung nicht ausreichend berücksichtigt wird. Die italienische Sprache bestimmt das öffentliche Leben im Aostatal, während im privaten Bereich das Frankoprovenzalische zumindest in den ländlichen Gebieten noch immer eine hohe Vitalität aufweist.

Dabei wurde jedoch deutlich, daß auch der örtliche Dialekt zum einen eine enorme Beeinflussung durch die italienische Sprache erfährt, zum anderen eine Gefahr für seinen Fortbestand in der kontinuierlichen Abwanderung der Bergbewohner in städtische Regionen zu sehen ist. Während früher die weitestgehend lokale Abgeschlossenheit der Berggemeinden den Erhalt der örtlichen Mundarten sicherte, bewirken die heutigen überregionalen bis weltweiten Beziehungen zur Umwelt das Gegenteil. Die Anziehungskraft der Wirtschaftsgebiete und industriellen Ballungszentren, das Entstehen von Fremdenverkehrszentren und nicht zuletzt die Massenmedien verbreiten die Hochsprache heute bis in den letzten Winkel und führen zu einer allmählichen Verdrängung der örtlichen Dialekte.

Vor allem die jüngeren Generationen zeichnen sich heute durch eine größere Mobilität aus. Durch Ausbildung in den Städten, durch Kontakte zu anderssprachigen Kollegen und Freunden (den italophonen Immigranten in Aosta) erfolgt eine immer stärker werdende Nivellierung der älteren Mundarten an die Hochsprache, die im Aostatal durch das Italienische repräsentiert wird. Die so beschriebenen Entwicklungstendenzen der Dialekte gelten nicht nur für die hier untersuchten Gebiete, sondern sind als charakteristisch für viele europäische Länder anzusehen: der sich ständig vergrößernde Einfluß der Hochsprache führt in einem späteren Stadium schließlich zum Aussterben der alten Dialekte.[1]

Während der allmähliche Rückgang des Frankoprovenzalischen also kaum aufzuhalten sein wird, kann und sollte dem Verfall des Französischen im Aostatal Einhalt geboten werden. Bei den Untersuchungen wurden erhebliche Defizite in der französischen Sprachkompetenz sichtbar, die zum größten Teil auf das fast ausschließlich passive Erleben der Sprache zurückzuführen sind. Spätestens seit der Gleichstellung der französischen und italienischen Sprache jedoch ist es Aufgabe der bildungspolitischen Institutionen des Aostatales, die französische Sprache wieder neu zu etablieren, was natürlich nur in Verbindung mit einem entsprechenden Minderheitenschutz von Seiten Roms geschehen kann. Doch erst die in den letzten Jahren erfolgten Reformen hinsichtlich einer verstärkten Integration der französischen Sprache in den Schulen im Sinne eines paritätischen Unterrichtes, stellen einen derartigen Ansatz zur tatsächlichen Realisierung von Zweisprachigkeit dar. Bilinguismus sollte sich nämlich nicht nur in der Form von zweisprachigen Schildern, sondern vor allem durch den aktiven Gebrauch beider Sprachen im täglichen Leben äußern.

Es ist heute auf Grund der fortgeschrittenen Italianisierung notwendig geworden, das Interesse der Valdostaner an der französischen Sprache wieder zu erwecken. Dies sollte jedoch nicht im Sinne einer Bewahrung archaischer Traditionen, zum Beispiel Französisch als "Sprache der Väter", sondern vielmehr im Hinblick aus ein sich ständig mehr öffnendes Europa geschehen. Durch seine günstige Lage

---

[1] vgl.: Moser, H. (1954): S. 96 f.

im Herzen Europas und seine unmittelbare Nähe zu frankophonen Gebieten scheint das Aostatal doch geradezu für die Rolle des sprachlichen Mittlers prädestiniert zu sein. Es sollte daher seine Rolle als "carrefour d'Europe" auch im sprachlichen Sinne verstehen.

Doch nicht nur wirtschaftliche Aspekte kennzeichnen die Vorteile von Mehrsprachigkeit. Für jeden einzelnen bedeutet Mehrsprachigkeit nicht nur ein sich Öffnen gegenüber fremden Menschen und Kulturen, sondern durch einen Kulturaustausch vor allem auch eine Erweiterung der eigenen Kultur und geistigen Freiheit.

Quellenverzeichnis

Adattamenti dei programmi didattici per la scuola primaria alle esigenze socio-culturali e linguistiche della Valle d'Aosta, hrsg. v. Regione Autonoma Valle d'Aosta: Assessorato pubblica istruzione, Aosta, 1989.

Calcolo della popolazione residente - Movimento naturale e migratorio, anno 1988, hrsg. v. Regione Autonoma della Valle d'Aosta: Servizio Elettorale e die Vigilanza Anagrafica, Aosta, 1989.

12. Censimento generale della popolazione 25. ottobre 1981, dati sulle caratteristiche strutturali della popolazione e delle abitazioni, 7 - Valle d'Aosta, hrsg. v. Istat - Istituto Centrale di Statistica, Roma, 1983.

Emile Chanoux - De la "Déclaration de Chivasso" à "Federalismo ed Autonomie", hrsg. v. l'Administration Régionale de la Vallée d'Aoste, Aosta, 1973.

Actes du Colloque International Emile Chanoux et les nationalités opprimées - Aoste, 18 - 20 mai 1984, hrsg. v. Regione Autonoma Valle d'Aosta: Assessorato pubblica istruzione, Aosta, (o.J.).

Concours Cerlogne: le mariage, hrsg. v. Centre d'Etudes Francoprovençales René Willien, Saint-Nicolas, 1987.

L'Education bilingue dans l'école valdôtaine: conditions problèmes et perspectives, hrsg. v. l'Administration Régionale de la Vallée d'Aoste, Aosta, 1982.

La Laine, hrsg. v. Amis du Musée d'Etroubles, Aosta, 1989.

Le Messager Valdôtain - Almanach illustré 1988, hrsg. v. Imprimerie Valdôtaine, Aosta, 1989.

Monografia economica della Valle d'Aosta - 1986, hrsg. v. Regione
Autonoma Valle d'Aosta: Assessorato dell'industria del commercio
dell'artigianato e dei trasporti, Aosta, 1987.

Noutro Dzen Patoué, hrsg. v. René Willien, Aosta, 1964.

Nouvelles du Centre d'Etudes Francoprovençales, n. 17 und n. 18,
hrsg. v. René Willien, Saint-Nicolas, 1988.

Le Peuple Valdôtain vom 20.04.1989, hrsg. v. l'Union Valdôtaine,
Aosta, 1989.

Sondaggio d'opinione: I problemi ed i partiti in Valle d'Aosta,
hrsg. v. Abacus, Ricerche di mercato e sondaggi d'opinione, Milano,
1988.

Statuto speciale della Valle d'Aosta - legge costituzionale
26 febbraio 1948 n. 4, hrsg. v. Regione Autonoma Valle d'Aosta,
Aosta, 1988.

La Valle d'Aosta - Relazioni e comunicazioni presentate al XXXI
Congresso Storico Subalpino di Aosta 9-10-11 settembre 1956,
Volume 1, hrsg. v. Amministrazione Autonoma della Valle d'Aosta,
(o.J.).

La Vallée notizie vom 10.06.1994. Settimanale indipendente di
informazione della Regione Autonoma Valle d'Aosta. Hrsg. v.
Walter Barbero.

Tabellen:

Tab. 1: S. 117, Bevölkerungsentwicklung am Beispiel von vier Gemeinden sowie für das gesamte Aostatal, gemäß: Jacquemod, Arthur/Osvald Ruffier, Florentin Bérard: La Communauté du Val d'Aoste, Aosta, 1985.

Tab. 2: S. 118, Statistik zu Geburten, Todesfällen, Zuzügen, Abgängen für: ETROUBLES, gemäß: Angaben des Servizio elettorale e di vigilanza anagrafica, Aosta.

Tab. 3: S. 119, Statistik zu Geburten, Todesfällen, Zuzügen, Abgängen für: SAINT-OYEN, gemäß:Angaben des Servizio elettorale e di vigilanza anagrafica, Aosta.

Tab. 4: S. 120, Statistik zu Geburten, Todesfällen, Zuzügen, Abgängen für: SAINT-RHÉMY, gemäß: Angaben des Servizio elettorale e di vigilanza anagrafica, Aosta.

Tab. 5: S. 121, Statistik zu Geburten, Todesfällen, Zuzügen, Abgängen für: AOSTA, gemäß: Angaben des Servizio elettorale e di vigilanza anagrafica, Aosta.

Tab. 6: S. 150 - 156, Allgemeine Sprachverwendung, Altersgruppe 1 - 7; Tabellen zu den Ergebnissen der Enquête in den Gemeinden Etroubles, Saint-Oyen und Saint-Rhémy.

Tab. 7: S. 157 - 162, Aktive Beherrschung des Frankoprovenzalischen, Tabellen zu den Wortfeldern Farben, Zahlen, Lebensmittel, Kirche, Wochentage/Zeitangaben, Körperteile; Tabellen zu den Ergebnissen der Enquête in den Gemeinden Etroubles, Saint-Oyen und Saint-Rhémy.

Tab. 8: S. 170 - 176, Passive Beherrschung des Frankoprovenzalischen unter gleichzeitiger Berücksichtigung der französischen Sprachkompetenz, Tabellen zu den Wortfeldern Alte Berufe, Landwirtschaftliche Geräte, Gebirgstiere, Gebirgspflanzen, Gemüsesorten, Kleidung, Möbel; Tabellen zu den Ergebnissen der Enquête in den Gemeinden Etroubles, Saint-Oyen und Saint-Rhémy.

Tab. 9: S. 210 - 216, Allgemeine Sprachverwendung, Altersgruppe 1 - 7; Tabellen zu den Ergebnissen der Enquête in der Stadt Aosta.

Tab. 10: S. 217 - 222, Aktive Beherrschung des Frankoprovenzalischen, Tabellen zu den Wortfeldern Farben, Zahlen, Lebensmittel, Kirche, Wochentage/Zeitangaben, Körperteile; Tabellen zu den Ergebnissen der Enquête in der Stadt Aosta.

Tab. 11: S. 234 - 240, Passive Beherrschung des Frankoprovenzalischen unter gleichzeitiger Berücksichtigung der französischen Sprachkompetenz, Tabellen zu den Wortfeldern Alte Berufe, Landwirtschaftliche Geräte, Gebirgstiere, Gebirgspflanzen, Gemüsesorten, Kleidung, Möbel; Tabellen zu den Ergebnissen der Enquête in der Stadt Aosta.

Abbildungen:

Abb. 1: S. 9, Übersichtskarte zum Aostatal, aus: Ghignone, Giampiero: Civilisation Valdôtaine. Aosta, 1982, S. 168.

Abb. 2: S. 17, Täler im Aostatal, aus: Lengereau, Marc: La Vallée d'Aoste - minorité linguistique et Région autonome de la République italienne. Grenoble, 1968, S. 210.

Abb. 3: S. 19, Traditionelle Sprachgrenzen im Aostatal, aus: Janin, Bernard: Le Val d'Aoste - Tradition et Renouveau. Aosta, 1980, S. 141.

Abb. 4: S. 68, Emigration und Immigration im Aostatal, aus: Janin, Bernard: Le Val d'Aoste - Tradition et Renouveau. Aosta, 1980, S. 303.

Abb. 5: S. 69, Beschäftigungsfelder der italienischen Immigranten, aus: Janin, Bernard: Le Val d'Aoste - Tradition et Renouveau. Aosta, 1980, S. 317.

Abb. 6: S. 91, Beispiel für zweisprachige Beschriftung, Fotografie, aufgenommen im September 1989 in Aosta.

Abb. 7: S. 127, Etroubles, aufgenommen im Juli 1989.

Abb. 8: S. 129, Saint-Oyen, aufgenommen im Juli 1989.

Abb. 9: S. 130, Saint-Rhémy, aufgenommen im Juli 1989.

Abb. 10: S. 133, Aosta (Piazza E. Chanoux), aufgenommen im Juli 1990.

Abb. 11: S. 163 - 166, Aktive Beherrschung des Frankoprovenzalischen, Bild a - g, Computergraphiken zu den Ergebnissen der Enquête in Etroubles, Saint-Oyen und Saint-Rhémy.

Abb. 12: S. 177 - 181, Passive Beherrschung des Frankoprovenzalischen unter gleichzeitiger Berücksichtigung der französischen Sprachkompetenz, Bild a - h, Computergraphiken zu den Ergebnissen der Enquête in Etroubles, Saint-Oyen und Saint-Rhémy.

Abb. 13: S. 182 - 186, Passive Beherrschung des Frankoprovenzalischen ohne Berücksichtigung der französischen Sprachkompetenz, Bild a - h, Computergraphiken zu den Ergebnissen der Enquête in Etroubles, Saint-Oyen und Saint-Rhémy.

Abb. 14:   S. 223 - 226, Aktive Beherrschung des Frankoprovenzalischen, Bild a - g, Computergraphiken zu den Ergebnissen der Enquête in Aosta.

Abb. 15:   S. 241 - 245, Passive Beherrschung des Frankoprovenzalischen unter gleichzeitiger Berücksichtigung der französischen Sprachkompetenz, Bild a - h, Computergraphiken zu den Ergebnissen der Enquête in Aosta.

Abb. 16:   S. 246 - 250, Passive Beherrschung des Frankoprovenzalischen ohne Berücksichtigung der französischen Sprachkompetenz, Bild a - h, Computergraphiken zu den Ergebnissen der Enquête in Aosta.

Literaturverzeichnis

Adler, Winfried: Die Minderheitenpolitik des italienischen Faschismus in Südtirol und im Aostatal 1922 - 1929. Trier, 1979.

Aebischer, Paul: Chrestomathie franco-provençale. Recueil de textes franco-provençaux antérieurs à 1630. Bern, 1950.

Ascoli, Graziadio Isaia: Schizzi franco-provenzali, AGl 3. o.O., 1878.

Baetens Beardsmore, Hugo: Bilingualism: Basic Principles. Bristol, 1982.

Balmer, Emil: Die Walser im Piemont. Bern, 1949.

Barbagallo, Renato: Eléments fondamentaux de l'organisation régionale valdôtaine. 2. Auflage, Aosta, 1977.

Barbagallo, Renato: La Regione Valle d'Aosta. Milano. 1978.

Bertelsmann-Lexikon: Das moderne Lexikon in 20 Bänden. Band 16. Gütersloh/Berlin/München/Wien, 1972.

Berton, Robert: Toponymie et anthroponymie valdôtaine. Aosta, 1983.

Bétemps, Alexis: Les valdôtains et leur langue. Aosta, 1972.

Blessent, Enzo: Grand Combin. Aosta, 1981.

Born, Joachim: Untersuchungen zur Mehrsprachigkeit in den ladinischen Dolomitentälern. Wilhelmsfeld, 1992.

Böttcher, Oskar: Die autonome Region Aostatal - Ein Beispiel für die Regionalordnung Italiens. Klardorf, 1969.

Brocherel, Jules: Le patois et la langue française en Vallée d'Aoste. Neuchatel, 1952.

Camproux, Charles: Les langues romanes. Paris, 1974.

Cerlogne, Jean-Baptiste: Dictionnaire du patois valdôtain précédé de la petite grammaire. Aosta, 1907.

Chanoux, Emile: Federalismo e Autonomie. Aosta, 1960.

Charrère, Fidèle: Notre pays d'Aoste. Paris, 1946.

Chenal, Aimé: "Les motifs du particularisme valdôtain", in: Bulletin de la Société Académique, 37. Aosta, 1960.

Chenal, Aimé: Nouveau dictionnaire de Patois Valdôtain de Aimé Chenal et Raymond Vautherin. 12 Bände. Aosta, 1982.

Chenal, Aimé: Nouveau dictionnaire de Patois Valdôtain. Dictionnaire français-patois. Aosta, 1984.

Chenal, Aimé: Le franco-provençal valdôtain. Morphologie et syntaxe. Aosta, 1986.

Colliard, Lin: La culture valdôtaine au cours des siècles. Aosta, 1976.

Diémoz, Georges: Etroubles. Nature et culture d'un pays sur la route du Grand-Saint-Bernard. Aosta, 1986.

Fishman, Joshua A.: Advances in the Study of Societal Multilingualism. The Hague, Mouton, 1978.

Fossati, A.: Lavoro e Produzione in Italia dalla metà del secolo XVIII alla Seconda Guerra Mondiale. Torino, 1951.

Frutaz, François-Gabriel: Les origines de la langue française dans la Vallée d'Aoste. Aosta, 1913.

Führer, Johannes: Führer durch das Aostatal. München, 1980.

Fugier, Michel: Le bilinguisme en Vallée d'Aoste. Nice, 1972.

Garino, Mirella: Appunti sul condizionamento del patois per l'acquisizione scolastica della lingua francese in Valle d'Aosta. Indagine svolta a Morgex. Torino, 1972.

Ghignone, Giampiero: Civilisation valdôtaine. Aosta, 1982.

Gilliéron, Jules: Atlas linguistique de la France (ALF). Paris, 1902-1910.

Grassi, Corrado: Analisi delle caratteristiche lessicali della Val d'Aosta in base ai materiali forniti dai tre Atlanti linguistici nazionali. o.O., 1957.

Guide de Agostini: Valle d'Aosta. Hrsg. v. Enzo Bernardini (u.a.), Novara, 1988.

Hassler, Otto: "Communication sur le dialect allemand d'Issime", in: Bulletin de l'Académie Saint-Anselme, 28. Aosta, 1950.

Holtus, Günter / Johannes Kramer: Romania et Slavia Adriatica. Festschrift für Žarko Muljačić. Hamburg, 1987.

Hornby, Peter A.: Bilingualism. Psychological, social and educational implications. New York, 1977.

Iordan, Iordu: Einführung in die Geschichte und Methode der romanischen Sprachwissenschaft. Berlin, 1962.

Jaberg, Karl: Sprachgeographie. Beitrag zum Verständnis des Atlas Linguistique de la France. Aarau, 1908.

Jaberg, Karl / Jakob Jud: Sprach- und Sachatlas Italiens und der Südschweiz (AIS). Zofingen, 1928-1940.

Jacquemod, Arthur: La Comunauté du Val d'Aoste. Aosta, 1985.

Janin, Bernard: Le Val d'Aoste - Tradition et Renouveau. 3. Auflage, Aosta, 1980.

Jud, Jakob: Romanische Sprachgeschichte und Sprachgeographie. Zürich, 1973.

Kattenbusch, Dieter: Das Frankoprovenzalische in Süditalien. Tübingen, 1982.

Keller, Hans-Erich: Etudes linguistiques sur les parlers valdôtains. Bern, 1958.

Keller, Oscar: La flexion du verbe dans le patois genevois. Genf, 1928.

Kramer, Johannes: Studien zum Ampezzanischen. Innsbruck, 1978.

Kramer, Johannes: Deutsch und Italienisch in Südtirol. Heidelberg, 1981.

Kreis, Hans: Die Walser, ein Stück Siedlungsgeschichte der Zentralalpen. 2. Auflage, Bern, 1966.

Kristol, Andres Max: Sprachkontakt und Mehrsprachigkeit in Bivio (Graubünden). Bern, 1984.

Lengereau, Marc: La Vallée d'Aoste - minorité linguistique et Région autonome de la République italienne. Grenoble, 1968.

Lüdi, Georges / Bernard Py: Etre bilingue. Bern 1986.

Lüdi, Georges / Bernard Py: Zweisprachig durch Migration. Tübingen, 1984.

Mackey, William Francis: Bilinguisme et contact des langues. Paris, 1976.

Martin, Jean-Pierre: Aperçu historique de la langue française en Vallée d'Aoste. Mons, 1982.

Mauro, Tullio de / Mario Lodi: Lingua e dialetti. Roma, 1979.

Mellano, Andrea: Das Aostatal. Como, 1975.

Meyer-Lübke, W.: Einführung in das Studium der romanischen Sprachwissenschaft. 2. Auflage, Heidelberg, 1909.

Moser, Hugo: "Sprachgrenzen und ihre Ursachen", in: Zeitschrift für Mundartforschung. Hrsg. v. Walter Mitzka, Wiesbaden, 1954.

Omezzoli, Tullio: Problemi di sociolinguistica regionale. Aosta, o.J.

Perotti, Ornella: Comportamenti linguistici in Valle d'Aosta. Il problema del bilinguismo. Torino, 1971.

Pezzoli, Giovanni: Droit linguistique et éducation bilingue au Val d'Aoste. Aosta, 1983.

Roddi, Giuseppe: Il "Coutumier" della Valle d'Aosta (1588). Aosta, 1988.

Rohlfs, Gerhard: Romanische Sprachgeographie. München, 1971.

Rosselini, Aldo:"La francisation de la Vallée d'Aoste", in: Aevum V-VI. Milano, 1962.

Salvi, Sergio: Le lingue tagliate. Milano, 1974.

Stimm, Helmut: "Studien zur Entwicklungsgeschichte des Frankoprovenzalischen", in: Akademie der Wissenschaften und der Literatur, 6. Mainz, 1952.

Tagliavini, Carlo: Einführung in die romanische Philologie (Le origine delle lingue neolatine. Introduzione alla filologia romanza, deutsch). Übers. Reinhard Meisterfeld und Uwe Petersen. München, 1973.

Tillier, Jean-Baptiste de: Le franchigie della città di Aosta (1727). Hrsg. v. Ezio Garrone. Aosta, 1985.

Tillier, Jean-Baptiste de: Historique de la Vallée d'Aoste. 4. Auflage, Aosta, 1966.

Valdman, Albert: Le français hors de France. Paris, 1979.

Vincenz, André de: Disparition et Survivances du Franco-Provençal. Tübingen, 1974.

Vuillermoz, Louis: Le Cercle de Culture Valdôtaine (1947-1955). Aosta, 1975.

Wandruszka, Mario: Die Mehrsprachigkeit des Menschen. München, 1979.

Wartburg, Walther von:"Zum Problem des Frankoprovenzalischen", in: Von Sprache und Mensch. Gesammelte Aufsätze. Bern, 1956.

Weinreich, Uriel: Languages in contact. 8. Auflage, The Hague, Mouton, 1974.

Zanotto, André: La minorité linguistique valdôtaine. Aosta, 1964.

Zanotto, André: Le particularisme valdôtain. Aosta, 1986.

Eidesstattliche Erklärung:

Hiermit versichere ich, daß ich die Arbeit selbständig verfaßt und keine anderen als die angegebenen Hilfsmittel benutzt habe.

Hilchenbach, im September 1994